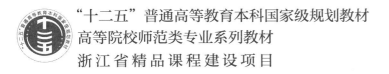

"十二五"普通高等教育本科国家级规划教材

高等院校师范类专业系列教材

浙江省精品课程建设项目

数学课程与教学论

（第三版）

MATHEMATICS
Curriculum and Teaching

叶立军　斯海霞　郑欣　王思凯◎编著

ZHEJIANG UNIVERSITY PRESS
浙江大学出版社

·杭州·

图书在版编目（CIP）数据

数学课程与教学论 / 叶立军等编著. —3 版. —杭州：浙江大学出版社，2024.2（2025.8 重印）
ISBN 978-7-308-24204-2

Ⅰ.①数… Ⅱ.①叶… Ⅲ.①中学数学课—教学研究
Ⅳ.①G633.602

中国国家版本馆 CIP 数据核字（2023）第 176465 号

数学课程与教学论（第三版）

叶立军　斯海霞　郑　欣　王思凯　编著

责任编辑	黄兆宁
责任校对	李　琰
责任印制	范洪法
封面设计	春天书装
出版发行	浙江大学出版社
	（杭州市天目山路 148 号　邮政编码 310007）
	（网址：http://www.zjupress.com）
排　　版	杭州青翅图文设计有限公司
印　　刷	浙江新华印刷技术有限公司
开　　本	787mm×1092mm　1/16
印　　张	16
字　　数	410 千
版 印 次	2024 年 2 月第 3 版　2025 年 8 月第 3 次印刷
书　　号	ISBN 978-7-308-24204-2
定　　价	48.00 元

第三版前言

党的二十大报告明确提出"教育是国之大计、党之大计"。《数学课程与教学论》第一版出版至今已整整十二年,恰逢基础教育改革进入新时期,为更好地适应当前基础教育课程改革需要,提升教师专业素养水平,为教育强国建设激活力、增动力,课题组对第三版内容进行了适当增减,融入了叶立军、斯海霞近年来的部分研究成果,以系统呈现数学课程发展背景、具体要求、资源设计、教学实施及评价等内容。同时,用一章的篇幅探讨如何开展数学教育研究、校地合作,以促进教师专业发展。

除了文字上的修订,第三版内容较为重要的修改有:第一,第二章"数学课程改革与标准解读"中,新增国内外数学课程改革与发展的内容,并更新了对我国中小学数学课程标准的解读。第二,新增第三章"数学课程资源开发与利用";改编原第三章为现第五章"数学教学模式",突出数学课堂教学特征;第六章"数学教学设计"新增教学结尾与板书设计的内容;第七章在原"数学教学技能"的基础上,新增数学教学方法、数学教学行为,以及信息技术与数学教学的内容;第八章新增"基于课程标准的教学评一致性分析";第九章新增"数学教师专业发展模式实践探索"。第三,删去了第二版中的第六章内容。

本教材由叶立军、斯海霞、郑欣、王思凯编撰,其中傅勉、徐蒙恩、相丽莎、陈恒耘、赵亚婷、杨逸静、徐佳怡、张霞、潘威丽参与了部分章节的撰写和修改。

教材在编撰过程中,吸收了许多专家学者的著作和研究成果,在此深表感谢。

由于作者学识有限,时间仓促,书中难免有不当之处,恳请各位专家、广大师生批评指正。

最后,作者感谢浙江大学出版社对本书再版的支持,感谢黄兆宁编辑在第三版修订中给予的帮助。

斯海霞

2023 年 9 月于杭州西溪

再版前言

　　"数学学科教学论"是高等师范院校数学与应用数学本科专业的一门必修课,是培养学生从师素质,使其走向数学教师专业化的重要课程。它在教师培养和教育中起到了十分重要的作用。本课程的目标是:使学生深入了解国内外数学教育的发展历史和改革趋势,树立现代教育理论与教育思想;明确中学数学的教育目的、教学原则,了解国内外的主要教学理论、学习理论、课程理论,掌握数学学习理论数学观、数学教育观;掌握数学教育教学方法和教学模式,理解中学数学思维方法、数学思维品质、思维过程、思维的一般方法,以培养数学创新思维。

　　为了实现这些目标,本书在编写过程中努力做到:第一,采用现代数学教育理念、新的教学观点阐述数学教学理论,构建了新的数学教育体系,并与正在进行基础教育改革实验的国家数学课程标准相适应。第二,从现代数学教育的特征入手,根据新课程标准的理念,阐述了数学的教学目的、内容,阐述了数学观、数学教育观,介绍了国内外的主要教学理论、学习理论、课程理论。第三,对中国数学课堂教学实践进行了分析和讨论,介绍了数学教育教学方法和教学模式,并探讨了中学数学思维方法,对数学思维品质、思维过程、思维的一般方法以及如何培养良好的数学思维品质进行了详尽的叙述。第四,本书详细地介绍了数学教师教学技能、数学教学评价,同时还介绍了数学教育研究方法和论文写作,以提高师范生的教学技能。

　　本课程是杭州师范大学的主要建设课程之一,于 2007 年被列为杭州师范大学精品课程建设项目,2009 年被列为浙江省精品课程建设项目,开展了系列研究、建设,并开展了多个教学改革项目研究,取得了丰硕的成果。多年来,课题组紧紧围绕高等院校师范类本科人才培养目标和规格,密切结合基础数学教学改革的实际,深入研究高等院校师范类数学本科"数学学科教学论"课程的内容体系、教学方法等。在此基础上编写了《数学课程与教学论》一书。

　　本教材用一章的篇幅探讨了中学数学教学的主要工作,如备课、说课、评课、研课、评课、微课制作等教学基本技能,主要是让学生通过学习了解数学教师的基本工作,并在学习中不断地提高自身的素养。本教材还增加了教学案例,可以使学生在撰写教案、说课以及评课的技能培养中得到启发。

　　本教材体现了时代性、国际性、学术性,努力探求中学数学教育的特色,以逐步形成一定的数学教育理论体系。教材于 2014 年被列为"十二五"普通高等教育本科国家级规划教材。

　　本教材由叶立军、斯海霞编撰，其中，斯海霞博士编写了第二章、第三章，并认真阅读、修改了其他章节，程翠婷、王娇娇参与了部分章节的撰写和修改，其他章节由叶立军编撰。

　　本教材在编撰过程中得到了杭州师范大学教务处、理学院领导的支持和帮助，在此表示衷心的感谢。

　　本教材在编撰的过程中，吸收了许多专家学者的著作和研究成果，在此深表感谢。

　　由于作者学识有限，时间仓促，书中难免有不当之处，恳请各位专家、广大师生批评指正。

叶立军

于杭州西子湖畔

2015 年 8 月

目　录

第一章 绪 论

✤ 学习目标

(1)掌握数学课程与教学论的基本特征和基本性质,关注数学教育发展前沿方向。

(2)明确数学教育的研究对象,对其概貌有较全面的认识,从而切入数学教育的核心内容。

(3)了解数学教育的发展演变过程,了解历史上几次重要改革事件及其对我国数学教育改革的启示。

(4)掌握数学课程与教学论的研究方法,勇于创新,探索数学教育领域前沿发展方向。

(5)感受数学教育的魅力,增强数理底蕴,培养人文情怀。①

✤ 导 语

《数学课程与教学论(第三版)》与多数关于数学学科教育的论著一样,关注数学教育、关心数学教育和研究数学教育,为有志从事数学教育行业、关心数学教育事业发展的人们,提供有关数学教育的基本背景资料、一般研究问题、领域前沿思考和变化发展方向。本章主要探讨数学课程与教学论的基本性质、研究对象、发展演变及研究方法,力求客观地介绍本课程的发展脉络、特点和展望,使我们能够较为快速地阅览数学教育领域的概貌,了解数学教育的研究对象,切入数学教育的核心内容。

第一节 数学课程与教学论的基本性质

数学教育虽然只是整个教育领域中的一个分支,但数学教育涉及范围广,参与人员众多,社会影响力大,它的一些改革举措往往备受关注,因此可以说数学教育已经成为一种社

---

① 朱长江,何穗,徐章韬.数学与应用数学专业综合改革目标、方案与实施[J].中国大学教学,2013(2):30-33.

会文化现象,所以对数学教育本身特点的分析和把握显得尤为必要。综合多数研究者的看法,一般认为数学教育具有综合性、实践性、科学性、教育性和学科性等基本特点。下面对这些基本特点进行介绍。

一、数学教育具有明显的综合性

从学科结构上看,数学教育学与众多学科相关,是涉及多门学科的交叉学科,因而这些学科的部分理论、思想和方法可以引入数学教育学,作为其基本的理论基础。

同时,数学是数学教育的具体内容,数学学习是一个特殊的认知过程,这是由数学本身的特点决定的。因而,数学教育学要研究数学课程的结构、教学原则、教学方法、学生学习以及教学全过程,必须立足于数学专业知识和教育理论。因此,数学教育学是一门具有理论性、综合性的学科。

当然,这种综合性具有一定的层次结构。第一层次包括信息论、控制论、社会行为学、文学语言、艺术修养、社会伦理等,被称为人文通识修养层次,是最为广泛的基础支撑。第二层次是以教育学、心理学为中心的现代教育理论以及相关内容,被称为教育通识修养层次。该层次所涉面相对较窄,专业性较强。第三层次是以数学、哲学、逻辑学为主要内容的学科专业理论,被称为学科通识修养层次。该层次所涉面相对更窄,但最具专业性。这样的综合层次结构可用金字塔表征,如图 1-1 所示。

图 1-1　数学教育学的综合结构层次

二、数学教育具有强烈的实践性

教学是一种实践,这就决定了数学教育学是一门实践性很强的理论学科。

首先,数学教育理论是以广泛的教学实践经验为背景,在实践的基础上产生和发展起来的。数学教学实践是数学教育学的根基,离开了教学实践,数学教育学便成了无源之水。因此,数学教学所制定的教学目标、评价体系等,都必须经过实践,同时在实践的过程中积累经验,再总结和概括出理论体系,所形成的理论又必须经受实践的检验。此外,数学教育还需要以实验为基础。课程教材的改革、新教学方法的使用,都必须进行试验,经过验证、修订后,再加以推广。"新数"运动由于受潮流的推动,未经试验便加以推广,结果遭受挫折。这一历史的教训表明了数学教育研究必须立足于实践。

其次,数学教育又反过来指导实践,服务于实践。由于数学教育是若干数学教学经验的积累,再经过实践的检验,去伪存真而逐步形成和发展起来的,因此,这些理论可以指导新的数学教学实践。

三、数学教育具有严肃的科学性

科学性是任何一门学科最基本的特点。数学教育理论的内容、方法是随着社会发展和时代进步对教育提出的新要求以及科学技术和教育科学研究的发展而不断充实和改进的。

数学教育的一般规律是客观存在的,然而揭示这些规律的方式又不唯一。就教学论而言,根据教学原理对教学提出的原则就有几十种之多,由于人们认识的角度和深度不同,对同一个问题可能有多种不同看法。但人们的目标却是相同的,都是为了揭示数学教学规律,使教学过程最优化,使数学教育的功能得以充分发挥。事实上,这也就决定了数学教育必须随着人们认识客观事物的逐步深入而不断发展。

数学教育理论和实践的发展性,同时体现在受到科技发展水平的制约这一方面。例如,人工智能理论的崛起,直接促进了现代认知心理学的理论研究,从而也就扩展了数学学习心理学的研究领域。计算机的出现并广泛地应用于辅助教学,使数学教育对教学内容的选择、教学方法的改革和教学形式的更新诸方面都必须做相应的重新认识和深入研究。

数学教育研究还体现了科学的态度。严谨、求实、实证的科学理念将是研究数学教育的重要保证。浮夸风气、盲目跟风、空洞说教等陋习被人们所摈弃,在数学教育的研究领域也逐渐失去了它们的市场,这是一个令人欣喜的现象。

四、数学教育具有广泛的教育性

人是教育的对象,这就从根本上决定了数学教育的教育性。首先,人才观的不断更新,带来数学教育学课程在人才培养观念上的变化。例如,原来的计算型人才向应用型人才转变,传统的知识型人才向能力型人才转变,伴随着社会的发展,单纯的研究型人才也需要向创新型人才转变。其次是现代教育的形态变得愈加多样,教育的形态表现得更加开放,这使得数学教育课程本身应该接纳来自各类专家和各个不同领域的学者的建议和观点,博采众长,同时也要积极开展地区之间、省际和国际广泛的合作与交流,来不断地适应社会对数学教育提出的新要求。所以我们对课程安排、教材编写、教学设计、学习指导等各个教学环节都要做严谨的研究,以追求教书育人的最佳效果。

五、数学教育具有突出的学科性

学科性是指由学科本身的独特性而带来的(产生的)对相应学科教育的特殊要求。数学教育的学科性主要由如下两方面的变化来体现:一是数学观与数学教育观逐渐形成,并且愈发受到大家的关注,人们对它们的认识也逐渐深入;二是人们对数学本身以及它的性质的把握较以往更加准确和完整。下面对这两点做如下分析。

(一)数学观与数学教育观

对数学教育的研究,让我们不得不关注两个问题:数学观和数学教育观。两者分别是对数学和数学教育在高维度和宽视野中的审视,是对数学和数学教育在宏观形态上的把握,是一种意识与态度的表达,它们的影响力对数学教育的辐射作用日趋明显。与此同时,数学观和数学教育观两者本身是密切联系的。首先,数学教育必须反映数学内在的规律。其次,数学教育是为数学的发展和应用服务的。因此,完整的数学观对数学教育的引导作用是显而易见的。反过来,先进的数学教育观也为数学的发展和应用指明了正确的(即符合社会进步和发展主流的)方向。

数学教育的发展史表明,数学教育改革的焦点一直是在数学课程的改革上。但这只是表面现象,其背后存在的是数学教育观的转变这条主线。历史上每一次重大的数学教育改革运动无不由数学教育观念的变革所主导。并且,这些数学教育观变革的成果对数学、数学教育、科技发展乃至社会进步都带来了深远的影响。由此可见,数学教育观左右着数学教育的数学学科属性。

另外,人们对数学的看法其实是各不相同的,可谓是仁者见仁、智者见智。但从数学完整的发展历史过程看,不同国家、地区在各个社会历史发展时期表现出来的对数学的看法,有几种较为典型的代表,我们把这些观点加以汇总,并称之为数学观(the view of mathematics)。完整的数学观将引导数学教育的走向,同时也能够突出数学教育的数学学科特点,但是,目前学界对数学观的研究还不够深入,以下对几个有代表性的类型做解释。

1. 数学的哲学观

把数学看作一门哲学,古而有之。数学要回答自然的本源问题,在这点上数学与哲学的研究目的完全相同。其中比较有代表性的是古希腊与德国的学者。

古希腊哲学鼻祖泰勒斯(公元前 624 年—前 547 年)所创立的爱奥尼亚学派,致力于数学问题的研究,如测量金字塔高度、探究全等三角形定理等。毕达哥拉斯更是把"万物皆数"作为哲学基础,试图用数(整数)解释整个世界。因此,他心中的哲学就是数学。后来的古希腊哲学家柏拉图、亚里士多德等人的哲学研究也无一不涉及数学领域。可见,在古希腊,数学和哲学是融于一体、不分彼此的。

德国在文艺复兴之后,重新拾起古希腊先贤们所恪守的追求理性、严整的哲学精神,涌现出一大批优秀的哲学家,如尼采、黑格尔、恩格斯等。在数学上,德国也同样如此,出现了众多数学巨匠,同时开拓了许多新的数学领域及分支,如高斯的算术研究、雅可比的椭圆积分、魏尔斯特拉斯的解析函数论、狄利克雷级数、格拉斯曼的 n 维空间、库默尔的理想数、里斯丁的拓扑学、黎曼几何、戴德金分割、康托尔的集合论、希尔伯特公理体系,等等。这些例子不胜枚举。可见,某种程度上,德国数学家不仅在研究数学问题,更是在哲学的高度上用哲学的观点、哲学的研究范式来刻画数学。

2. 数学的科学观

数学的出现和发展,是因为实用,是为了解决实际生活中碰到的问题。后来由于数学研究的特殊性,数学便从自然科学中分离出来,成为一门独立的科学。但是科学的一些主要特征依然被保留了下来,如实用性、创造性等。因此,许多国家一直以来都把数学归为自然科学的范畴,数学的科学观因此而形成。其中,在古代中国、近代英国和现代美国体现得较为明显。

中国古代的数学代表著作,像《周髀算经》、《九章算术》以及《孙子算经》等,以实际问题为研究对象,所涉问题遍及日常生活、农业生产、天文历法等实际领域。中国古代的数学研究状况反映了当时科学的发展水平。数学涉及一切当时已知的科学领域。与古希腊数学有明显区别的是,中国古代的数学轻理论归纳而重应用创造,因此对墨子、祖冲之这些人物更准确的定位是科学实践家。

近代英国爆发工业革命,生产力跨越式发展,资本急剧扩张。数学的应用功能便是其强有力的支撑,同时也促进了数学各重要分支领域的蓬勃发展。

现代美国,特别是二战之后,出于东西方军事竞备、太空较量的需要,在全世界范围内收罗数学顶尖人才,并将数学应用在各个领域,特别是高科技领域,以此提升并巩固其世界霸主地位。

3.数学的艺术观

艺术是一种社会文化现象、社会事物。目前流行的艺术以"美"的范畴统摄各个门类,诸如文字、绘画、雕塑、建筑、音乐、舞蹈、戏剧、电影等任何可以表达美的行为或事物,皆属于艺术。概括起来,艺术具有三大基本特征:一是技术性,二是形式性,三是审美性。数学亦是如此,在数学创造的过程中,无论是合情推理遵循归纳、类比的方法,或是数字证明遵循演绎推理的方法,数学活动都始终以一定的规则为基础。其次,数学以字母符号为表征基础,无论是数学过程还是数学结果,表征方式独具特色,自成体系。最后,数学具有纯粹审美意义的美,特指透过视觉领域而给予人美感的事物,如图形的对称美、平面图形密铺的镶嵌美等。因而,人们同时将数学看作一门艺术,数学的艺术观因此而提出。

无论是古希腊毕达哥拉斯学派的"毕达哥拉斯音阶",达·芬奇的加减(＋、－)符号和几何研究,闵可夫斯基的"时空"观念,还是近代英国牛津大学数学讲师刘易斯·卡罗尔(Lewis Carroll)对儿童文学的突出成就,都说明在许多时候人们会不由自主地在艺术的层面上"摆弄"数学,或者在数学的海洋中捕捉艺术的灵感。

法国在数学艺术观方面具有一定的代表性。我们很难定论是这个充满浪漫主义气息的艺术王国开拓了法国数学家们的想象空间,还是法国数学家们的数学创造灵感和数学艺术成就为艺术领域提供了广阔的土壤和崭新的工具,抑或是艺术家的数学特质还是数学家的艺术特质造就了法国数学的"艺术特色"。但众多法国数学家的特别成就给我们留下了深刻的印象。从 16 世纪以来法国数学家们的伟大创造中就能看出这一现象。如笛卡尔的解析几何、笛沙格的射影几何、费马的数论、帕斯卡的概率、达朗贝尔的判别法、拉格朗日的幂级数、蒙日的画法几何、拉普拉斯变换、傅立叶级数、柯西极限,以及庞加莱猜想,等等,他们的成就无一不是"开创式"的。

4.数学的文化观

在早期的数学研究中,人们往往只是把数学看作一种简单的工具、一个临时解决个别问题的手段。随着数学的发展,数学的结果(特别是它的思想方法)逐渐渗透于人们的日常生活和社会行为之中。影响力的不断扩大,使数学逐渐融合于各国的文化体系之中。如古希腊数学融入了它的哲学思辨、逻辑理性的文化之中,中国古代的数学也带有明显的"治理""统治"的封建政治文化色彩,而在法国这样的国度,数学早已被打上了浪漫主义的、自由开放的文化烙印。但真正将数学视为一种文化,将数学活动作为一种文化传播行为的是美国。美国率先发起的"数学大众化"运动便是一个例证。

当然,信息社会的浪潮席卷全球,互联网迅速波及世界每个角落,已经使得当今社会再也离不开数学了,数学也不再是少数人的"奢侈品",而是人人必需的"日用品"。总之,在当代人的眼里,数学不是"小圈子",而是"大文化",人们已经慢慢地适应于在数学文化的氛围中生活、学习和工作了。

以上,我们从哲学、科学、艺术、文化等多个维度探讨数学,说明数学的姿态是"开放"的,数学的内容是广博的,数学的思想是精深的。因此,数学教育的学科性也恰恰体现在数学观的上述特性之上。

(二)数学和数学的特征

数学是什么?数学具有什么样的特征?对这些看似简单的问题,数学界至今没有一个统一的回答,并且存在很大的争议。这是一个颇具意味的现象。产生这一现象的因素众多,既有认识方式的因素,也有认识角度的因素。值得关注的是,以静态的观点看待数学及其特征,或是以动态、发展的观点看待它们,两者区别明显,由此得出的结论也迥然不同。事实上,若通过分析能使大家对数学及其特征有一个较为深刻的认识,是一件于数学研究和数学教育研究都有所裨益的事。为此,下文对这两个问题做一般性的分析。

1. 数学是什么?

关于数学研究的对象,从历史角度看,以古希腊为代表的西方数学的研究对象包含了"数"(数的性质)和"量"(几何量)。两者因古希腊数学家欧道克斯将数与量人为地分离而产生,曾被人们比喻成数学的两条腿,也可以说,数学正是迈着这两条坚实有力的"腿"由古到今一路走来。而以古代中国为代表的东方数学的研究对象则是"数学问题",这些问题部分是数学本身的,但更多的是现实中的实际问题。对这些问题的研究和解决,使人们更为深入地理解数学,同时促进了数学的发展。可以说,数学的研究对象,从内部来说是数与量,从外部来说则是问题。

恩格斯在《反杜林论》中曾经给出一个经典的数学定义:数学是一种研究思想事物的抽象的科学。纯数学的研究对象是现实世界的空间形式和数量关系。

随着数学的发展,数学对空间形式和数量关系的研究已经远远超越了现实世界的范围,表现得更加抽象化和非现实化。例如 n 维空间、向量、矩阵、群、环等研究对象很难再回到现实世界中加以复原描绘。因此人们普遍认为恩格斯这一经典的数学定义仅仅描述了 19 世纪以前的数学发展状况,而不能涵盖 20 世纪以来数学研究的新变化。

为此,人们提出了多种对数学的定义。如根据数学的发展变化情况,数学的研究对象是现实世界中包括非现实的、想象的空间形式和数量关系;或由布尔巴基学派的结构思想提出的数学是研究结构的科学;抑或随着对数学模型的广泛研究,部分人认为数学也是模式的科学。同时,华罗庚指出,凡是要研究量、量的关系、量的变化、量的关系的变化、量的变化的关系时,就少不了数学。[①] 所以数学还研究变化的变化、关系的关系、共性的共性,循环往复,逐步提高,以至无穷。因此,从现代数学来讲,数学是研究量和量变的科学。其中基础数学是研究纯粹的量的科学,它是数学的基础部分。《义务教育数学课程标准(2022 年版)》就此指出,数学是研究数量关系和空间形式的科学。[②]

2. 数学有什么特征?

因为人们对数学的研究对象看法不一,所以在对数学特征的把握上也各不相同。只有

[①]　华罗庚.大哉数学之为用(节选)[J].教育视界,2020(29):73-74.
[②]　中华人民共和国教育部.义务教育数学课程标准(2022 年版)[M].北京:北京师范大学出版社,2022:1.

正确而完整地把握数学的特征,才能更好地发现数学教学的特点,也才能掌握数学教学的内在规律,提高教学效果,因此在数学教育领域中,探讨这一问题显得非常必要。

通过前文对数学观的剖析可知,数学既具备哲学和自然科学的基本精神,也具备艺术和文化的一般特征。这类共性属于第一层次,我们称之为数学的普遍性质。

同时,数学具有抽象性、严谨性和应用的广泛性。其中抽象性指数学理论具有抽象化的特点;严谨性指数学理论的表达缜密,逻辑性强;而数学应用的广泛性指各行各业的发展均离不开数学。但是有专家、学者对上述3个数学性质提出了质疑。如抽象性并非数学所特有,各门学科都具有抽象性,哲学甚至比数学更为抽象。严谨性作为各门学科都具备的共同性质,不应作为数学的特性。应用性应该是任何一门学科的生命线,同样是所有学科的共性。只是相比于其他学科,数学应用的广泛性显得更为突出。

显然,抽象性、严谨性和应用的广泛性并非数学所独有,将它们作为数学独有的特征似乎并不恰当。但这3个性质确实反映了数学的内在本质,因此可以将这3个性质归属于数学性质系统中的一般性质,作为第二层次。

数学应该具有明显区别于其他学科的特征。首先,形式化是数学的重要特征。从数学史的角度看,数学虽来源于实际,但数学的研究对象往往需将附着于具体实物或实际问题上的非本质的,或者非数学研究所关注的特征进行剥离,保留形式化材料。如,当研究一只羊、一头牛以及一匹马时,从数学的角度看,它们共同具有的形式特性是"一",这是一种抽离了具体内容随后形成抽象内容的形态。正如恩格斯所指出的:"为了对这些形式和关系能够从它们的纯粹状态来进行研究,必须使它们完全脱离自己的内容,把内容作为无关紧要的东西放在一边。"①

数学从哲学中脱离出来,形式化是一项重要的标志。形式化、模型化也是促进数学发展的根本基点:没有形式化就没有数学;而没有模式化,数学将失去活力。辛钦曾提到:一切数学学科的决定性特点总是某种形式化的方法。② 著名的"七桥问题"便是由数学大师欧拉对其形式化后,抽象为"一笔画"的数学模型而得以解决的。克莱因在《古今数学思想》中对牛顿的成就做了如此的描述:"但是,只有依靠数学的描写(即使完全缺乏物理的了解时也依靠它)才使得牛顿惊人的贡献成为可能,更不用说后来的发展了。"可见,数学的形式化特征所产生的力量是惊人的。

其次,策略性是数学的另一个重要特征。数学研究的中心是问题解决。问题可以是数学内部的,但更多的来自外部世界。问题解决的关键是策略的运用,是方法的创造,是想象的发挥。数学的发展历程实质上就是方法的不断创造过程。阿基米德在解决抛物弓形的面积时采用了"穷竭法",刘徽在解决圆的面积时采用的是"割圆术",戴德金在定义实数时使用的是著名的"戴德金分割法",等等。可见,数学是一门讲究策略,善于使用方法,不断创造、发现的科学。因此,数学的策略性包含无穷无尽的创意,是数学与生俱来、无法剥离的特征。

最后,符号化是数学的又一个重要特征。数学语言是符号语言,是一种形式简洁、表达精确、广泛通用的语言。正是数学的高度符号化才使数学展现出其独特的魅力,在思维上提

---

① 恩格斯.反杜林论[M].北京:人民出版社,2018:38-39.
② 张冬燕,崔国忠,王耀革.例谈"结构分析法,形式统一法"在微积分问题解决中的应用[J].高等数学研究,2021,24(5):64-67.

供给人们充分自由的想象天地,这好比给数学思维插上了翅膀,任其翱翔。数学要是不走上符号化的道路,任何的发展都是不可能的。

当然,其他学科语言中也有符号化现象,例如化学学科使用的化学符号和方程式,逻辑学使用的逻辑符号语言(实际上也是数学语言),经济学使用的图表符号语言,但它们与数学符号语言相比,其符号化程度要低得多。

综观历史,数学的每一次进步都与数学符号语言的发展有关。公元 3 世纪,丢番图发明的一套缩写符号使得初期代数的研究得以延续;16 世纪,韦达等人创造的字母符号语言促使代数数学获得长足发展;17 世纪,费马、笛卡尔和莱布尼兹等创立的坐标符号语言为近代数学取得辉煌成就奠定了语言的基础;而后,莱布尼兹的微积分符号语言、魏尔斯特拉斯的 $\varepsilon\delta$ 语言以及康托尔的集合符号语言都为数学的发展做出了重大的贡献。符号是数学的标志,是数学思想的唯一载体。

我们把上述这三个明显区别于其他学科的特征放在数学性质系统中的第三层次,把它们称作数学的固有性质。

综上,可将数学的性质分成 3 个层次,组成一个性质系统,分别由数学的普遍性质、数学的一般性质和数学的固有性质构成,如图 1-2 所示。

图 1-2　数学学科性质层次图

第二节　数学课程与教学论的研究对象

"数学课程与教学论"的研究对象指向数学教育领域中的所有内容,主要包括研究整个教育系统中的数学教育现象、揭示数学教育规律这两点。具体而言,本课程的目标是中学数学教学中的教学过程、学生的学习过程及教材研究,除此之外,还涉及其他直接相关的内容。当然,我们还可以把"数学课程与教学论"的研究对象进一步分解成下列 6 个方面:

(1)教学目的(为什么教);

(2)教学对象(教谁);

(3)教学内容(教什么);

(4)学习方法(如何学);

(5)教学方法(如何教);

(6)教学评价(效果如何)。

从中学教育的总目的出发,结合数学学科特点及其在现代科学、技术和生产中的地位和作用,根据中学生个性发展和年龄心理特点的发展,首先必须确定中学数学教学的目的和任务。其次,依据目的和任务,确定教学内容,并且依据教材内容和学生思维活动水平制定出适宜的教法。学生学习效果的优劣,直接影响教师的进一步教学和学生的进一步学习,因此对学生学习质量的测试与评估亦不可忽视。

20 世纪以来,随着科学技术的迅猛发展,社会对数学教育提出了更高的要求,因而各国对数学教育,特别是中小学数学教育的改革都进行了不同程度的探讨,这些探讨不仅在理论上,同时也付诸实践。数学教育改革还在不断地深化和发展着。

从理论上看,数学教育的研究对象已形成了包括数学教学论、数学课程论、数学学习论、数学方法论、数学教育测量与评价等以数学教育为中心的学科群。数学教育已成为学科教育研究中最活跃的学科之一。相应地,数学教育类的课程正在不断地改革、不断地充实和完善。

数学教育的研究与实践范畴应包括数学课程论、数学学习论和数学教学论 3 个部分。具体来说,数学教育的主要研究内容可概括如下。

一、数学课程论的内容

具体包括:

第一,数学教学内容,即包含教什么内容、为什么要教这些内容等问题。这涉及数学教学内容的选择和编排。显然,要回答这类问题,必须研究数学课程与社会的关系、与数学教育价值的关系以及与学生认知水平发展的关系等,研究如何协调好数学课程与社会、知识、学习者之间的关系,使之和谐统一地发展。

第二,数学课程的发展,即了解数学课程发展历史,揭示课程演变的某些客观规律,对目前的数学课程进行修正和对未来的数学课程编制做出正确决策。

第三,数学课程的评价,即进行新课程教学实验,研究课程目标,建立评价体系,检验课程实施结果等,为课程改进和新课程的编制提供依据,同时还可促进教学方法的改革和发展。

二、数学学习论的内容

具体包括:

第一,数学学习的心理规律,包括数学概念、命题、问题解决学习的心理过程,技能的获得与应用,数学认知结构与迁移,数学学习中的非认知因素等。

第二,数学核心素养与数学思维,即研究数学核心素养的结构与成分,数学核心素养与一般素养的关系,数学核心素养的培养途径,数学思维的分类、过程及方法,数学思维的培养等。

三、数学教学论的内容

具体包括:

第一,数学教学的目的和任务。

第二,数学教学原则。

第三,数学教学过程、教学组织形式以及教学手段等。

第四,数学教学方法。

第五,数学教学效果的检测与评价。

从上述内容可以看出,数学教育与数学、哲学、教育学、心理学、逻辑学以及其他现代边缘学科,如信息论、控制论、社会行为学等密切相关。数学教育具有明显的综合性,但这种综合性并不是将这些学科的内容随意地、简单地加以拼凑与组合,而是从数学与数学教育的特点出发,运用各个相关学科的原理、结论、思想、观点和方法来研究并解决数学教育本身的问题。因此,从这个意义上看,数学教育研究已经自成一体、相对独立,有着自己特定的研究对象和特殊的研究方法。

总之,本课程将以数学课程论、数学教学论为主线,加入部分数学学习理论以及数学思维、数学核心素养的研究组成框架。围绕这一主线,在框架内的讨论力求全面且深入。

第三节　数学课程与教学论的发展演变

数学无论是作为一门技术还是一种文化,为了延续和推广都需要传承。为此,数学教育孕育而生。一门学科的发展历史必然伴随着这门学科的教育历史,数学也不例外。现代意义上的教育,主要体现在课程设置和教学研究上,但一门学科的教育历史应该更为悠久和复杂。下面将从古代数学教育的历史、近代数学教育的发展、现代数学教育的变化和趋势以及中国数学教育的特点等方面入手,从各个阶段、不同角度了解并审视数学教育。

一、古代数学教育史概况

古埃及曾开办各种类型的学校,如宫廷学校、职官学校、寺庙学校和文士学校等,这些学校均开设了数学课程。古埃及历史的主要考证文物是纸草书,其中以莫斯科纸草书(约公元前 1850 年)和兰德纸草书(约公元前 1800 年)最为著名。在莫斯科纸草书上就曾记载四棱台体积的算法。而在兰德纸草书中曾记载求解一元一次方程的问题:一个量与其 1/4 相加之和是 15,求这个量。

在古巴比伦创办的学校中,数学也是学校的主要教育内容。两河流域文明的记载主要从泥板书中获取,泥板书是古巴比伦人的一种记录和保存文字的载体。其中,普林顿 322 号泥板书(约公元前 1900 年—前 1600 年)被称为数学泥板书。在这块泥板书上发现了符合毕达哥拉斯定理的数组。它比毕达哥拉斯早 1000 多年,比我国《周髀算经》中描述的勾股定理也要早几百年。汉谟拉比时代的泥板书(约公元前 1700 年)则记有如下的问题:一块长方形土地面积加上长与宽之差为 183,而长与宽之和为 27,这块地的长、宽、面积各几何? 这样的数学问题在那个年代已经是非常高深的了。

古印度的教育与宗教密切相关。公元 5 世纪之前,古印度的各类学校的教学同样涉及数学内容。公元 5 世纪以后,以寺院为中心的古印度学校具有浓重的宗教色彩,但也促进了代数学的发展。古印度的阿拉伯记数法、一元二次方程的求根公式等数学知识对周边国家的影响深远。

中国古代数学成就以《周髀》(西汉初期的一部集天文和数学内容为一体的著作,唐朝时改名为《周髀算经》)和《九章算术》最为著名,后分别经魏晋时期的赵爽和刘徽注释,广为流传,影响深远。如果说这两本书的原著是以记载式为特色、以收集数学知识内容为目的的数学书,那么相应的注释则可以说是古老的数学教科书。这些注释起到了推广数学、传播数学的作用。其中勾股定理、十进位值制后来都成了家喻户晓的数学常识。而"鸡兔同笼""今有物不知其数,三三数之剩二,五五数之剩三,七七数之剩二,问物几何?"等数学问题则以"游戏"的形式传播,寓教于乐。

古希腊的许多著名哲学流派与数学渊源深厚,如爱奥尼亚学派、毕达哥拉斯学派、柏拉图学派、巧辩学派等。这些团体的学术活动以数学研究为主要内容,它们的许多成果,如几何、古典数论等,均对后世数学的发展产生了深远的影响。而数论、几何、音乐和天文在当时又被称为"四艺"。欧几里得的《几何原本》(约公元前 300 年)既是一个集古希腊众多思想家智慧于一身的学术成果,也是一本完整的教科书,且是历史上使用时间最长的数学教科书,被誉为"西方数学的代表作"。另外,作为天文学家、力学家和数学家的阿基米德是古希腊少有的"应用数学"的楷模,他在杠杆原理和重心理论等力学问题上做出了突出的贡献,他的著作《论杠杆》《平面图形的平衡或其重心》都是数学应用的典型例子。

二、近代数学教育的发展

数学的发展经历了长达一千年的黑暗中世纪,曾一度停滞不前。伴随着文艺复兴这场反封建、反神权的伟大运动的到来,束缚了人们一千多年的思想似乎一夜之间获得了解放,数学也不例外地重新进入人们的视野。"复古"与"新生"交相辉映,数学既恢复了古希腊数学的优良传统,又在新的时代之中插上"思想自由"的翅膀,带来了"数学想象"的巨大活力。在各个国家的大学课程中陡然增加了数学课程的授课时数和数学知识内容的比重,代数学、三角学则成为数学学习的全新内容,为近代数学的大力发展奠定了坚实的基础。

特别是 17 世纪英国资产阶级革命的爆发、18 世纪美国独立战争取得胜利以及法国资产阶级革命的成功等,促使社会对人才有了迫切需求,教育的革新也被提上日程。同时,夸美纽斯、洛克、卢梭的新思想极大地影响了数学教育,促进了数学的发展。

其间,在数学课程与教材方面,也取得突破性的发展。除了欧几里得《几何原本》继续被广泛地使用之外,《几何原理及测量》《数学原理》《数学教程》以及《当代代数全书》等成为当时较有影响力的数学教科书。19 世纪为了适应经济发展,"计算数学"新兴,甚至出现了"计算学校"。

对数学本身的研究也在这几百年的时间里得到迅猛发展。例如:费马先后对数论、解析几何、概率论、微积分等做出了开创性的研究;作为《方法论》的附录,笛卡尔发表了《几何学》,开创了解析几何之先河;牛顿于 1687 年出版《自然哲学的数学原理》,微积分理论的"古老方法"获得新生;高斯的名著《算术研究》于 1801 年问世,现代数论研究从此拉开序幕。傅立叶级数、柯西定理、阿贝尔函数、罗巴切夫斯基非欧几何、伽罗瓦群论、魏尔斯特拉斯语言、狄利克雷级数、布尔代数、黎曼几何、戴德金分割、康托尔集合论、庞加莱拓扑学、希尔伯特公理体系、波莱尔测度等,都是那个时代数学皇冠上耀眼的明珠。

三、现代数学教育的变化和趋势

19世纪末20世纪初,社会生产力和科学技术的迅猛发展,使教育的变化更为复杂和曲折。数学教育的改革既取得了不少成功的经验,也走过不少弯路。具有代表性的事件有关于数学教育改革的如下"三大运动"。

(一)培利—克莱因运动

1901年,英国皇家理科大学教授、被誉为近代数学教育改革先驱的数学家培利(John Perry,1850—1920)在格拉斯哥召开的英国科学促进会的甲组(数学与物理)与乙组(教育)联盟会议上,发表了题为《论数学教育》的演讲。他主张数学的实践并不是教会学生一些技巧,也不是将抽象的理论运用于自然现象和社会现象。恰恰相反,是在自然现象、社会现象和实践中发现数学的法则,明确提出数学教育的目的要强调应用。1902年,培利发表著作《关于数学教育的讨论》,进一步提出了一系列的改革方案,其中心思想是:

第一,强调数学的实用价值问题。

①数学要从欧几里得《几何原本》的束缚下解放出来;

②注意数值计算、对数的使用、代数公式的应用、坐标纸(graph paper)的应用,重视实验实测等技术教育。

第二,要实行适应学生个性发展的个性教育。

第三,反对为了通过考试的数学教育。

培利的这些数学教育改革措施以及所包含的数学教育思想逐渐被人们所接受,存在两千多年的欧洲数学经典教科书《几何原本》第一次遭到空前的挑战,数学教育中欧氏几何一统天下的格局由此而被打破。此后出版了许多不同类型的教科书,影响广泛,学生学习数学的兴趣也因此得到极大的提高。20世纪的数学教育被带入了一个崭新的阶段。

与此同时,慕尼黑工业大学教授,在椭圆函数论、微分方程论、几何学方面都有卓越贡献的德国数学家克莱因(Flix Klein,1849—1925)则积极主张数学、物理、工学内容一体化。他在大学任教期间,就一直关心数学教育,并给有志愿当教师的学生开展特别的数学教育讲座。他于1904年在德国自然科学会议上发表了《关于中学数学与中学物理的若干问题》,也提出了与培利类似的数学教育改革措施。

(1)顺应学生心理自然的发展,安排教材,选取教材。

(2)融合数学诸分支,并且使数学和其他各门学科紧密联系。

(3)不过于重视数学的形式陶冶,应该把重点放在应用,培养学生用数学的方法观察自然现象和社会现象的能力。

(4)为培养这种能力,必须以"函数观念"和"直观的几何"作为数学教材的核心。

这些措施的要点是强调数学的应用性和教育心理研究成果的指导性,以及突出函数的核心性。这些全新的观念无疑给当时沉寂而落后的数学教育注入了活力,推动了整个数学教育观的变更。例如,1908年德国出版了全新的教科书,在内容上把平面几何、立体几何、代数、三角、解析几何、微积分等内容融为一个整体,增加授课时数(每周4～6小时),教学效果显著。此外,克莱因还发表著作《高观点下的初等数学》,从理论上对其观点做出积极的宣扬,从而促进了数学课程的现代化进程,推动数学教育观的更新和数学教育的发展。

培利、克莱因在 20 世纪初极力提倡对数学教育进行改革,并提出了自己的主张,成为 50 年后世界范围内数学教育现代化的先声。随后,法国的波利尔、美国的慕尔也纷纷响应号召,提出数学教育改革(现代化)的主张。这次数学教育的改革影响广泛,波及包括美国、日本在内的几乎所有资本主义国家,在数学教育历史上是一次重要的数学教育观的转变,被称作培利—克莱因运动。

(二)"新数"运动

第二次世界大战结束后,一些工业先进的国家转入了经济恢复时期。由于生产发展的需要、科学技术发展的需要、数学科学自身发展的需要,中学数学教育不能再保持传统的教学内容和方法了。特别是 1957 年 10 月 4 日,苏联发射了第一颗人造地球卫星,震惊了以"世界霸主"自居的美国。经过反思,美国认为出现这种差距的根本原因在于数学教育的落后。于是美国便从数学教育的改革入手,发起了"新数"运动。

1958 年春,美国成立了规模宏大的"学校数学研究小组"(School Mathematics Study Group)进行数学教育改革的研究工作,并动员了全国的人力和舆论,致力于数学教育现代化工作。

对"新数"运动的兴起有决定意义的是 1959 年 9 月美国"全国科学院"在伍兹霍尔召开的会议。会上全面研究了中学数理学科的改革问题,提出了课程改革的 4 个新思想。

第一,学习任何学科,主要是使学生掌握该学科的基本概念、基本原理和基本方法,即所谓结构思想。

第二,任何学科的基础知识都可以用某种方法教给任何年龄的学生,即所谓早期教育思想。

第三,以往教学只培养逻辑思维能力,而今后则应重视发现的能力,或称之为直觉思维的能力。

第四,学生学习的最好动机不是为了应付考试,而是对数学真正的兴趣,因而提出了教材的趣味性和教学方法上的一系列问题。

该会议还提出了数学教育的实用性要求。1959 年 11 月,在法国莱雅蒙召开了关于数学教育改革的国际会议。会议一致肯定了数学教育改革的重要性,并组织了一批学者编写了供理科学生使用的"中学数学教育现代化大纲"。会上集中讨论了 3 个问题:第一,新的数学思想;第二,新的数学教育手段;第三,教学手段的改革。

会后,西方各国纷纷组织了研究机构,形成了国际性的数学教育现代化运动。1962 年在瑞典召开了国际数学教育会议,有 21 个国家报告了 3 年来教学改革的进展,引起了国际数学教育界的重视。同年联合国教科文组织在匈牙利布达佩斯召开了国际数学教育会议,有 17 国参加。会议为参与者提供了交流经验的平台,推动了数学教育改革。

数学教育现代化在 20 世纪 60 年代形成高潮,其中最具影响力的是美国的学校数学研究小组。他们集中人力,在几年之内编写了从幼儿园到大学预科的"新数"教科书和数学教师手册,各类课外阅读物达百种之多。

英国的"学校数学项目"(School Mathematics Project)编写了从幼儿园到大学预科的系列数学教材。20 世纪 50 年代末至 60 年代这场以学校数学课程现代化为主要内容的数学教育改革运动几乎波及全球,世界各地相继出现了新的学校数学教学大纲、新的数学教材。

1969年8月,国际数学教育大会(ICME)在法国召开第一次会议,有37个国家参加。以后大会历年主题均围绕数学教育改革问题,以促进数学教育现代化的进展。

虽然"新数"运动盛极一时,但是由于各种因素相互制约,"新数"运动在美国某些地区受到挫折。一些地方的中小学数学教学质量下降。60年代末70年代初,"新数"运动遭到猛烈批评,许多人提出了"回到基础"(back to the basics)的口号,原因主要有以下5点:第一,学校数学应面向全体学生而不是为了培养数学家;第二,过早引入抽象概念学生接受不了;第三,"新数"运动片面强调数学形式化,忽视应用;第四,数学不能与历史割裂,传统数学是基础,不能大量删除;第五,二进制这类内容不必人人都学。总之,"新数"运动的高潮已经过去。

1980年在美国伯克利举行了第四届国际数学教育会议(ICME-4)。会议对20年来的数学现代化改革的成败得失进行了分析和评价。会议总结报告认为,这次现代化运动的主要特征是在中学引进了现代数学的概念,使数学课程结构化。其特点是:

1.追求现代化

为追求现代化,在中学数学教材中加入了大量现代数学内容,如集合、逻辑、群、环、域、矩阵、向量、概率、统计、计算机科学等,使用了大量的现代符号,如$\in$、$\cup$、$\cap$、$\subset$、$\Rightarrow$、$\forall$、$\exists$等,甚至在小学里也加入数论、简单的概率、统计、代数、函数等。

2.强调结构,追求统一化

不分算术、代数、几何等科,以集合、关系、映射、运算、群、环、域等现代数学观点把中学数学教材统一为浑然一体的逻辑内容。

3.采用演绎法,追求公理化方法

强调了集合论,从小学就渗透集合的概念。强调数理逻辑的初步知识,同时把几何中的公理法搬入新教材,公理化了代数结构。这种做法,对培养学生的抽象思维能力和逻辑推理能力有益。

4.破欧几里得体系,简欧氏几何内容

现代化的目标之一是打破欧几里得体系,力图用其他方法解决几何问题,如代数法、向量法、变换群、测度理论等。总之,企图改造欧几里得几何学,删去其繁杂内容。

5.削减传统计算

认为大量的传统计算无助于加深学生对方法的理解,应削减计算的相关知识。

总结报告指出这次改革运动的主要缺点是:

第一,增加的现代数学内容过多,内容十分抽象、庞杂,且教学时间不足,致使学生负担过重。

第二,强调理解,忽视基本技能训练;强调抽象理论,忽视实际应用。

第三,只面向优等生,忽视了不同程度学生的需要,特别是学习困难的学生。

第四,对教师的培训工作不足,不少教师不能胜任新课程的教学。

总结报告还认为,这次数学现代化运动取得了一些有益的成果:

第一,出现了一些对数学和数学教育有远见、有洞察力、有影响的数学教育工作者,在一些国家里建立了合作机构来研究课程的发展。

第二,大多数国家的中学数学课程形成了统一的整体,强调结构和原理。

第三,在国际上形成了数学教育工作者活动的联络网。四年一届的国际数学教育大会云集了多方数学家、数学教育家和数学教育工作者。

第四,使得教师更加关注教育研究的成果。

上述评价基本上总结了前一阶段现代化运动的经验和教训。"新数"运动展现了数学教育观的变化和更新,反映了数学教育的内在矛盾和冲突,其背后的深层次原因是社会进步、科技发展对数学教育提出的新要求。

(三)"数学大众化"运动

20 世纪 80 年代以来,在吸取了"新数"运动的经验后,通过多年"回到基础"的"抚平创伤",数学教育面向大众成了明智的选择。1983 年在华沙国际数学大会的数学教育委员会上,德国数学家达米洛夫率先提出"大众数学"(mathematics for all)的口号,产生了世界范围的反响。联合国教科文组织由此提出了"科学为大众"(science for all)的口号。1986 年国际数学教育大会在科威特召开了"90 年代的学校数学"专题讨论会,把"大众数学"的口号列在首位,并出版了由豪森等人编辑的总结报告——《90 年代的学校数学》。

"大众数学"这一口号已深入人心,其影响延续到了 21 世纪。世界各国都在这一潮流的推动下积极行动。美国的全美数学教师协会(NCTM)于 1989 年 3 月出版了《中小学数学课程与评价标准》,旨在促进改革,提高质量,使就学的中小学生适应 21 世纪的生存需要。德国统一以后,巴伐利亚州学校用书出版社出版了与由德国文化教育部部长会议制定的数学教学目标与建议总原则配套的教材,供部分州使用,对全德影响甚大。1982 年英国政府正式出版了《科克罗夫特(Cockcroft)报告》。这是由英国政府组织的学校数学教育调查委员会经过 3 年的广泛调查,研究了当代英国中小学数学教育问题,以该委员会主席科克罗夫特(Cockcroft)博士的名字命名,向英国政府提供的一份报告。它不仅是英国公认的 20 世纪 80 年代数学改革的纲领性文件,在国际上也具有很大的影响。20 世纪 90 年代初,苏联的全苏中小学教育科研委员会数学组就中小学教育改革提出了一份关于发展中小学数学教育的若干观点的报告,后因苏联解体而未及实行。我国则在大力提倡普及九年制义务教育的同时,提出从应试教育向素质教育转变的观点,"教育面向世界,面向未来,面向现代化"已成为数学教育的改革方向。

"大众数学"就数学教育而言,蕴含两层意思:其一是数学教育具有普适性,即所有人之所需,每个人都能在数学教育中得益;其二是指虽然不同的人可以达到不同的水平,但数学教育存在一个人人都能达到的水平。随着"大众数学"思想的兴起,下列问题亟待解决:

(1)数学是否应以"大众数学"保持其课程核心地位?

(2)什么样的数学课程才符合大多数学生的需要?

(3)如何根据不同的需要有效地区分学生和课程?何种程度的区分是需要的、可能的?

(4)如何理解数学教育的"机会均等"与"各取所需"的矛盾?

"大众数学"作为国际性的思潮,不仅对数学课程的设计提出了新的要求,而且将对整个数学教育产生深远的影响。"数学大众化"运动反映了数学精英教育向数学大众教育的转变,标志着数学教育观的又一次重大转变,使数学教育变得更加成熟且更具合理性,也更符合现代社会的发展趋向。"大众数学"任重而道远,也会遇到种种阻力,产生新的问题,遇到新的挑战,但是数学教育观念的不断更新将是一种永恒不变的规律,也许将来数学教育领域还会再一次出现改革运动,那应该也是一次数学教育观的转变,是数学教育的又一次历史性进步。

四、中国数学教育的特点

从我国的情况看,数学教育经历了一个由"数学教学法"到"中学数学教材教法"再逐步过渡到"数学教育学"的发展过程。

19 世纪中叶,近代教育理论和教育制度跟随西方文化意识涌入中国,后来逐渐建立各学科的教学法,其中包括数学教学法。

新中国成立以后,我国高等师范院校数学教育专业开设了"数学教学法"课程,其研究对象主要是中学数学的讲授方法。其基本上是照搬苏联的做法,表现特点是典型的"教学原理配数学例子"。

到了 20 世纪 60 年代,随着经济的发展,社会对人才的培养有了新的要求。数学教育不再以传授知识和培养技能为主要目的,而是通过传授知识去开发学生的智力、培养能力,使学生得到全面的发展。由于数学教学目标的转变,数学教学法的研究对象和任务也相应地得到了扩展,除了研究中学数学的讲授方法外,还要分析教材,研究学生数学能力的培养等问题。于是在 20 世纪 80 年代,"数学教学法"课程发展为"中学数学教材教法"课程。

随后,数学教育目标进一步扩展,提倡在数学教学活动中,突出发展学生的思维能力。在"大众数学"的意义下,全面提高学生的数学素质,即数学教育不再是以少数学生的升学作为主要目标,而是以提高全民的数学素质为宗旨。这给数学教育的理论研究提出了新的课题。要使数学教育面向大众,同时又要充分发挥数学教育的功能,就必须研究学生的数学学习心理,研究数学的课程理论。

到了 20 世纪 80 年代末期和 90 年代,"数学教育学"应运而生。其间,各式各样的以数学教育研究为主题的讨论班、学习班、研讨会在全国各地频繁展开,而相应的专著和教材也是层出不穷。

提及中国数学教育的特点,离不开中国教育的 3 个关键词:减负、素质教育、新课程标准。

1964 年,北京铁路二中校长魏莲一在给上级写的信中建议为中小学生"减负"。这是新中国第一次"减负"的呼声。毛泽东主席曾为此作出批示:"现在学校课程太多,对学生压力太大。讲授又不甚得法……"2009 年《中国教育报》在庆祝新中国成立 60 周年特刊上报道了此事。

21 世纪之交,中国教育改革风起云涌。1997 年 10 月,国家教育委员会率先发布《积极推进中小学实施素质教育的若干意见》;1999 年 6 月,中共中央、国务院发布《关于深化教育改革全面推进素质教育的决定》,"素质教育"受到全社会的极大关注和期待。

在这样的教育改革氛围渲染下,新课程改革很快就拉开了序幕。2001 年 5 月,国务院发布《关于基础教育改革与发展的决定》,2001 年 6 月,《教育部关于印发〈基础教育课程改革纲要(试行)〉的通知》下发,全国各地从此进入了如火如荼的新课程改革大试验。新课程改革至今,已有 20 个年头了。数学教育在我国教育改革大背景下,进行着自己的试验、研究和探索。

第四节　数学课程与教学论的研究方法

数学课程与教学论的研究方法，主要围绕与数学教育相关的主题。我们如何了解它的特点，把握它的核心，发现它的规律？这涉及方法、策略和手段等问题，还涉及研究者个人的兴趣、能力以及经验等方面的情况，因此无法给定一个研究方法的具体模式，但我们认为学习或研究数学教育应注意以下几个方面。

一、数学学科素养的培育

通过对数学教育的学科性分析，可以注意到研究者应具备坚实的数学基础知识。问题是：数学学科素养如何培育？培育什么？下面三点需重点关注。

首先是数学学科知识的掌握，包括初等数学的内容、近代高等数学的重要内容以及现代数学的部分内容。对于初等数学，要求理解基本理论，熟悉初等数学的基本理论体系，掌握解题的方法和规律；对于高等数学，则应理解各种数学理论中的思想和方法，把握高等数学和初等数学的联系，能在高等数学的观点下去处理初等数学的问题。对于现代数学，主要把握现代数学的发展动态，了解现代数学思想的渗透和启示作用，提高数学的认识水平，拓宽数学视野。

其次是数学教材的研读。其中包括各年级数学教材的内容、体系和结构，特别是教学内容的选取，编排的依据、用意和观点。对于后一点，是一般学习者最容易忽视或者还不具备审视的能力，因为这涉及课程论的问题，也是数学学科知识根基扎实与否的直接反映。因此分析教材、钻研教材十分重要。

最后，数学泛文化元素的积累在现代数学教育研究领域中越来越受到重视。如由数学文化、数学历史、数学哲学等组成的"大数学"将是未来数学教育工作者不断积累数学精神元素、提升自身数学素养的方向和目标。要想将丰富多彩的数学展现在学生面前，教师自身数学素养的培育必不可少。

二、教育心理理论的学习

要系统地学习教育学、心理学理论，就要了解教育史的各种流派、各种教学理论产生的背景、各种学习心理理论的观点。现代教育心理理论对学科教育的指导和借鉴作用是显而易见的，而且许多教育、心理研究本身也是建立在学科教育研究的基础之上，来自学科教育的实践前沿。因此，在将一般的教育、心理理论再一次运用到某一具体学科时，要注意它们的契合性，需要学习者了解现代教育、心理理论，真正领会其实质内涵。

另外，还必须熟悉教育学、心理学的科学研究方法。数学教育理论的研究又不同于数学的研究方法。数学研究是以演绎为主，通过严格的推理去获得正确的结论；而数学教育的研究则与教育学和心理学的研究范式相近，重实践，以调查、观察、比较、实验、经验总结等形式为主。因此，熟悉教育学、心理学的研究方法对于数学教育理论与实践的研究是极其重要的。

三、教学实践经验的积累

数学教育的研究看似理论性很强,实则更为偏重教育前沿的实践。积极开展教学实践活动,是学习本课程的一项重要内容,也是学好这门课程的关键。

对于初任教师或者将要从事这项工作的人员,可采取专题讨论、教学观摩、微格教学等手段,加强实践性活动,并在活动中自觉地、有计划地运用所学的基本理论、基本观点、基本方法去解决实际问题。在情境"模拟教学"的活动中,加强教学技能的训练,如教学语言、教学形态、板书等,为顺利进行教育实习奠定坚实的基础。

四、书籍阅读方法的掌握

本课程所涉的书籍兼有文、理科书籍的综合特征,读起来不像人文学科书籍那样流畅,但也不像阅读纯数学理论书籍那样晦涩、难懂。因此,掌握阅读本课程书籍的正确方法是十分必要的。

第一,精读与泛读相结合。对课本中的重要理论、方法要精读,同时泛读一些与数学教育理论相关的学科论著、文献,并做必要的读书笔记,使知识系统化。

第二,勤于思考,勇于提出问题。由于数学教育理论具有发展性,而且对数学教育规律的认识也有多种途径,因此,阅读相关书籍时,一方面,要领会已经形成的诸多教育学、心理学理论,尊重经过无数次实践经验逐步积累起来的数学教育理论观点。另一方面,要以辩证的眼光阅读文献,不受已有结论的束缚,善于从各个侧面、不同方位去思考和探讨问题,勇于提出新的观点、方法。

第三,勤于动笔,培养科学研究意识。学习数学教育科学知识固然重要,但学习的目的不能仅限于此,还必须认识到数学教育研究的重要性。因此,在学习中要勤于动笔,写感想和读书体会,养成广泛收集资料、整理资料的习惯,逐步形成对数学教育的科学研究意识,提高自己对研究论文的写作能力。

五、数学教育资源的收集

数学教育资源的积累是研究数学教育的重要基础。主要有两种基本手段:一是围绕某个数学教育主题在特定范围内对特定对象进行调查、取样和分析,这是科学统计的一般做法。这种方式针对性强、说服力强,目的明确,但缺点是需要投入大量的时间、精力。二是教育实践的日常积累,主要是靠平时的点滴累积,这种方式要注意资源收集的广泛性和有效性,如课堂内教育资源的收集,学生作业情况的整理,各种测验、测试、考试结果的统计,等等。

❋ 练习题

1.结合亲身经历,谈谈对数学教育的认识。

2.结合本章的叙述,谈谈你的数学观。

3.举例你身边发生的有关数学文化的例子,说明你对数学文化的感受和体验。

4.结合本章对数学教育改革的描述,谈谈你对我国数学教育改革的发展和走向的看法。

5.对数学的准确把握是数学教育的基础,结合本章内容谈谈你对数学性质的认识。

✳ 拓展阅读

1.杨骞,涂荣豹.数学教育的价值与数学教育改革[J].学科教育,2003(2):5-8,13.

2.张楠,罗增儒.对数学史与数学教育的思考[J].数学教育学报,2006(3):72-75.

3.汪晓勤,林永伟.古为今用:美国学者眼中数学史的教育价值[J].自然辩证法研究,2004(6):73-77.

4.郑欣,刘笛月,徐斌艳.基于设计的研究之架构与实施——对2015—2020年SSCI发表的与数学教育相关DBR论文的内容分析[J].现代教育技术,2021(2):33-39.

第二章　数学课程改革与标准解读

❋ 学习目标

（1）了解数学课程概念的词源发展，掌握数学课程概念的现代释义。

（2）了解国内外数学课程改革与发展的历史，关注数学课程改革与发展的新趋势。

（3）理解数学核心素养指向下，义务教育与普通高中数学课程理念、目标、内容、实施及评价的要求与变化。

❋ 导　语

课程是现代教育学中的一个基本概念，是一种沟通课程理论与教学实践必不可少的工具。国家课程标准作为教材编写、教学、评估的依据，规定了本门课程的性质、目标、内容等，体现了国家对不同阶段学生学习的基本要求。

本章从课程、数学课程等概念入手，在阐述国内外数学课程改革与发展的基础上，进一步解读我国当前的中小学数学课程标准。

第一节　数学课程概念

关于课程的概念，学术界一直存在不同的观点。每一种课程的定义和用法取决于主体的主观建构，都隐含着主体某种特定的意识形态以及对教育的某种信念。同时，个人或群体所持的课程概念，往往又很大程度地影响着课程理论的构建以及课程政策和实践的形态。因此，下文从课程概念开始，对课程的基本问题进行一定的梳理。

一、课程概念

(一)"课程"的词源分析

"课程"是教育学的一个基本概念,由于中国教育学是 20 世纪初从国外引进的学科,"课程"也一直被认为是一个从国外引进的概念,甚至"课程"这个词,也被认为是一个外来词。但事实上,近代中国课程概念是中国传统课程概念自身演变的产物,"课程"这个词并不是外来词。①

一般认为,"课程"一词最早出现于唐朝。《诗·小雅·巧言》云:奕奕寝庙,君子作之。秩秩大猷,圣人莫之。他人有心,予忖度之。跃跃毚兔,遇犬获之。唐代孔颖达为上句"奕奕寝庙,君子作之。秩秩大猷,圣人莫之"作疏:"以教护课程,必君子监之,乃得依法制也。大道,治国礼法,圣人谋之,若周公之制礼乐也。"但其所用的"课程"与我们现在所说的"课程"之意相去甚远。

宋代朱熹在《朱子全书·论学》中多次提及"课程",书中虽然对"课程"没有进行明确界定,但意指功课或者课业的进程,与当前"课程"含义相近,如"宽著期限,紧著课程","小立课程,大作工夫"等。英文 curriculum 一词最早出现在英国教育家斯宾塞(H. Spencer)《什么知识最有价值?》(1859 年)一文中。它由拉丁语"currere"一词派生而来,意为"跑道"(race-course)。根据这个词源,最常见的"课程"定义是"学习的进程"(course of study),又称学程。② 在 19 世纪 60 年代同文馆开办之后,中国已经在近代意义上使用"课程"一词。

(二)课程概念的现代解析

到目前为止,"课程"仍没有统一的定义,不同的定义都是在一定的历史时期基于特定的社会经济背景提出的,有各自的认识论基础和侧重点。将诸多的"课程"概念归纳起来,主要有 5 种:(1)课程即教学科目;(2)课程即有计划的教学活动;(3)课程即预期的学习结果;(4)课程即学习经验;(5)课程即文化再生产。这些"课程"含义大体上可分为两类③:其一是"公共框架",即根据课程标准规定的教育目的、学科门类、教学内容、年级分配、教学目标、上课时数等,不牵涉每一个儿童的经验和兴趣、教师的意图和设想;其二是"教育计划",即教师编制、实施的课程。在我国的教育现实中,"课程"作为"公共框架"的含义较强,以教师为主体的"教育计划"含义较弱。

事实上,一般所谓的"课程",通常是指"教育内容的计划"。但儿童实际的学习是超越了教师的意图与计划而展开的。不管计划如何,归根结底是每一个儿童的经验才能算作"课程"。所以在当今教育界,"课程"术语最广泛使用的是"学习者在学校环境中获得的学习经验总体"或者"儿童学习的履历"。现实儿童的学习经验远超出教师的预测,儿童在课堂里有

---

① 章小谦,杜成宪.中国课程概念从传统到近代的演变[J].华东师范大学学报(教育科学版),2005,23(4):65-74.
② 施良方.课程定义辨析[J].教育评论,1994(3):44-47.
③ 钟启泉."课程"概念的演进[J].基础教育课程,2015(5):72.

意无意地积累着多样的经验。因此,作为"学习经验总体"的课程观,要求对"儿童学习经验的价值"重新把握,这种课程观无疑对教师提出了更高的要求——在儿童经验的设计上体现其专业素养的创造力和构想力。

此外,课程具有层次性,如美国学者古德莱德(J. I. Goodlad)[①]从课程定义的层次上将课程分为五种不同层次的课程:理想的课程(ideological curriculum)、正式的课程(formal curriculum)、领悟的课程(perceived curriculum)、实行的课程(operational curriculum)、经验的课程(experienced curriculum)。从课程测量角度出发,当前我们一般分为三层"课程"含义,即:

(1)意图的课程,即基于国家标准编制的教育内容计划;

(2)实施的课程,即基于"意图的课程",由学校和教师实施的内容;

(3)掌握的课程,即儿童掌握的学习内容。

教材作为反映教育系统所设定的教学目的和目标的重要材料之一,在实际教学中的教师与学生之间起着传递、建构信息等重要的作用。同时,教材的这种作用还取决于教材本身的质量和教师如何使用这两个方面。鉴于教材在整个课程体系当中的特殊作用,TIMSS (Trends in International Mathematics and Science Study,国际数学与科学趋势研究)将教材从目标课程层面抽出来,作为一个独立的层面——潜在的实施课程,列于目标课程和实施课程两个层面之间。因此,在上述三层课程的基础上,TIMSS将课程分为目标课程、潜在的实施课程、实施课程、习得课程四类。

研究者们从不同角度出发,对课程进行了不同的分类。如根据课程内容的不同,课程可以分为学科课程与经验课程。根据课程影响学生的方式或者是否有明确的计划和目的,可将课程分为显性课程和隐性课程。根据课程的表现形态,可将课程分为分科课程与综合课程。根据课程对某一专业的适应性和相关性形式,可将课程分为必修课程和选修课程。根据课程在整个课程体系中的不同地位,可将课程划分为核心课程和边缘课程。

影响上述课程的定义及分类的因素主要有以下几个方面。

(1)社会背景。课程的定义与当时的社会背景存在着紧密的联系。澳大利亚学者史密斯(D. D. Smith)与洛瓦特(T. J. Lovat)分析100多年来具有影响力的课程改革后发现:每当经济强劲、求职机会多时,很少有人关注学校课程;而当经济不景气时,会有人指责学校的课程设置,许多人把找不到工作归咎于没有学到相关的知识技能。因此,每一种课程定义方式都可能反映出其历史、社会、经济以及政治背景。

(2)认识论基础。课程与人类的知识和发现知识的方式具有十分紧密的联系。人们对知识的不同理解就会产生不同的课程定义。例如,人们将知识视为客观不变的东西,或是主观构建的产物。采纳前一种观点的人倾向于把课程定义为必须按照规定的方式向学生传递的知识体系,课程的控制权应该在学科专家手里,因为专家比其他人更了解学科的知识体系,他们给出的课程定义会更注重具体的目标、内容体系及标准测验。

(3)对课程过程与课程结果的认识差异。在具体定义方式上,有注重课程过程与注重课程结果的差异。例如,若把课程定义为教学科目或讲授提纲和课程文献,往往就不会包括实

---

①　丁相平. 对当代课程研究几个理论问题的综述[J]. 太原师范学院学报(社会科学版),1998(1): 67-69.

施课程教学的过程,这就是注重课程结果,而未考虑到不同的课程过程之间的差异性。因此,在定义时,应该考虑课程过程与课程结果的差异性以及两者之间的有机联系。

二、课程编制

(一)课程编制分层

结合课程定义的层次性,课程编制也存在如下层级。[①]

第一,国家课程。国家编制的课程,即课程标准。教科书根据课程标准编写,它是课程标准的具体化。

第二,地方课程。即以地方教育行政机构为主体编制的课程。

第三,学校课程(实施课程)。即各个学校分学年和学科编制的计划课程,学校根据这种课程进行教学。但教师实施的课程未必就是儿童的经验课程,所以,必须依据儿童的经验课程来评价教学的成果。

第四,儿童的学习经验(经验课程)。即儿童现实的学习经验。

其中,学校课程的开发主要依赖于教师的专业素质,特别是取决于教师对课程单元组织的把握,而课程的单元组织大体可以分为两种。

一种是以"目标"为中心的组织样式,即"阶梯型"课程。其课程组织的特征是系统性和效率性,追求效率和生产的模式,学习的终点作为目标已规定好,学习的构成被划分成小小的阶梯固定下来。其弱点是:整齐划一的教学,狭窄封闭的经验,一旦某一级踏空,就会导致"掉队"。

另一种是以"主题"为中心的组织样式,即"登山型"课程。其课程组织的特征是以特定的主题为中心来组织教材与学习活动。这种课程,无论选择哪一种路线,攀登顶峰都是目标。即便未登上顶峰,也可以体验到获得学习经验的喜悦。在"登山型"课程中,教师不是"知识的分配者",而是作为"导游",发挥着引导儿童的学习经验成为有意义经验的作用。

(二)课程编制模式

在编制课程时,由于编制的理论基础不同,不同课程的编制程序与方法也不一样。目前比较有代表性的课程编制方法有目标发展模式、过程发展模式和环境发展模式等。[②]

第一,目标发展模式。这是最具代表性的课程编制模式,它受行为主义的影响,强调先确定目的和目标,再以精确表述的目标为依据进行评价,其基本过程如下。

(1)先确定课程目标,在此基础上,进一步确定特定目标和行为目标;

(2)课程内容选择主要依据心理学、社会学、哲学和知识结构等;

(3)教学内容组织上,以认识概念之间的关系为基础,并在此基础上,融合各种概念,以解决实际问题;

(4)在教学过程控制中运用了一定的反馈,主要通过练习;

---

① 钟启泉."课程"概念的演进[J].基础教育课程,2015(5):72.
② 汪霞.国外几种课程编制的方法、程序及模式[J].外国教育研究,1994(1):10-14.

(5)教学评价主要依据教学目标,对教学过程中可能出现的问题不予考虑。

第二,过程发展模式。其又称为历程模式,它是指在设计中详细地说明所要学习的内容、所要采用的方法及该活动中固有的标准。其基本过程如下:

(1)不预先确定特殊的目标或行为,而是详细说明内容和过程中的各种原理及其教学目标;

(2)实施有创造性的教学;

(3)记述教学活动所引起的各种结果;

(4)记述与目标无关的一些情况;

(5)在评价中,采用不受目标限制的评价方法,重视个案和多侧面评价方法。

第三,环境发展模式。该模式是一种更为综合性的结构模式,包含上述两模式成分,其倡导者是英国学者斯基尔贝克(M. Skilbeck)。其基本过程如下:

(1)分析环境,目的在于对学校的环境以及其中相互作用的各种内部因素进行考察和分析。

(2)表达目标。这些目标产生于对环境做出分析,它们体现着想要在某些方面改变那个环境的各种决策。

(3)制订方案,包括选择学习材料、安排教学活动、调配教职员,以及挑选合适的补充材料和教学手段。

(4)阐明和实施,即让新方案在实施之前就把可能出现的实际问题暴露出来,并在实施中逐个解决。

三、数学课程

数学课程的概念既在课程概念背景之下,也同时体现了数学学科的特点。从上文的分析中可以看出,"课程"概念有多种界定,"数学课程"的概念也并不统一,主要分为两类:一类强调课程的计划性、静态性、结果性,如"数学课程是数学学习的内容、范围和进程,是经过组织的具有学科目的的教育内容"。另一类强调客观性、目的性、经验性、教育性和系统性,如章建跃对"数学课程"的界定[①]:数学课程是一种用于指导学校数学教育的方案(育人计划),它的内容经精心挑选,体现系统性,同时课程结构需精心设计,包含课程目标、课程内容和学习活动方式3种基本成分。这3者密切联系、相互制约,按照育人的实际需要而协调组合成为一个数学课程结构,用以发挥整体作用。

上面所介绍的课程的分类、影响课程界定的因素、课程编制及模式,在数学课程发展中也相似,这里不再作介绍。事实上,随着社会科学技术、数学学科本身的发展,特别是与计算机的结合,数学的应用范围得到空前发展,数学开始渗透到生活各个方面,成为公民必需的基本文化素养,这都是当前国际数学课程改革的基础,它们促使原有数学课程的概念、内容、结构、实施等也在不断做出调整,且各国数学课程改革呈现出了一些共同的趋势:注重数学应用,注重目标差别化,注重内容选择性,注重问题解决,注重数学交流,注重情感目标,注重

---

① 章建跃.中学数学课程论[M].北京:北京师范大学出版社,2011:7-8.

数学与其他学科的整合，注重现代信息技术与数学课程的整合等。①

特别地，数学课程标准作为一种陈述，是数学课程一种重要的呈现方式，也可以被用于判断数学课程或评价方法的质量。② 下面将从我国义务教育阶段和普通高中的课程目标入手，从课程理念、目标、内容、实施评价等方面解读我国中小学数学课程。并在此基础上，分析比较其他国家数学课程的发展现状，以期对我国的数学课程发展有所启示。

第二节　国外数学课程改革与发展

一、近代国外数学课程的改革与发展

在此，我们略过西罗马帝国灭亡（公元 476 年）至文艺复兴这长达 1000 年的漫长的"黑暗中世纪"，因为其间数学研究和数学教育几乎处于"停滞"的状态。但是，伴随着文艺复兴这场反封建、反神权的伟大运动的到来，束缚了人们 1000 多年的思想似乎一夜之间获得了解放，数学也重新进入人们的视野，获得了前所未有的重视。"复古"与"新生"交相辉映，数学既恢复了古希腊数学的优良传统，又在新的时代之中插上"思想自由"的翅膀，带来了"数学想象"的巨大活力。在各个国家的大学课程中陡然增加了数学课程的授课时数和数学知识内容的比例，代数学、三角学成为数学学习的全新内容。这一切，为近代数学的大发展奠定了坚实的基础。

特别是 17 世纪英国资产阶级革命的爆发、18 世纪的美国独立战争取得胜利以及法国资产阶级革命的成功等，促使资本主义获得快速发展。思想的解放，文化的繁荣，生产的发展，资本的扩张，经济的腾越，必然带来对人才的迫切需求，教育的革新也被提上日程。同时，夸美纽斯、洛克、卢梭的新思想也极大地影响了数学教育，促进了数学课程的发展。

其间，在数学课程与教材方面，取得突破性的发展。除了欧几里得《几何原本》继续被广泛地使用之外，《几何原理及测量》、《数学原理》、《数学教程》以及《当代代数全书》等也成为当时较有影响的数学教科书。

19 世纪，对教育具有划时代意义的是，义务制教育被各国强制推行，数学教育也因此受惠。且为了适应经济发展的需要，"计算数学"有了巨大的发展，甚至还出现了"计算学校"。

二、现当代国外数学课程的改革与发展

19 世纪末 20 世纪初，社会生产力和科学技术迅猛发展，反映在教育上则变化更为复杂和曲折。数学教育的改革取得了不少成功的经验，也走过不少弯路。随着数学教育改革"三大运动"的开展，数学课程也经历了"强调实用—过于抽象—回到基础—问题解决"的发展过程。

---

① 徐斌艳.数学课程与教学论［M］.杭州:浙江教育出版社,2003:9.
② 刘水凤.从美国数学课程标准的变革看现代数学课程的发展［D］.桂林:广西师范大学,2000.

1995 年之后，TIMSS 和国际学生评定项目（Programme for International Student Assessment，简称 PISA）中学生数学成就与素养测试结果受到社会各界越来越广泛的关注，数学素养也逐渐成为数学课程改革的焦点。①

1986 年，美国的全美数学教师协会（NCTM）便提出培养学生数学素养的愿景；随后，1989 年出版的《学校数学课程与评价标准》中明确了 5 个应达成的数学素养目标；2002 年，美国发布"21 世纪技能"掀起了对素养的讨论热潮；2010 年，美国出台《美国州共同核心数学标准》，在整合先前经验的基础上，提出衡量数学学习的 8 项指标。2000 年，丹麦的学者尼斯（Niss）领导的研究团队开启数学素养与数学学习研究计划（KOM 计划），对丹麦的数学课程进行改革②，其研究团队将学生需要的数学能力组成了一朵"数学能力之花"，以此彰显其中的关联性。2012 年底，德国颁布《高中数学教育标准》，其构建了一个包括数学核心能力、能力水平、数学核心思想以及课程分层的四维度模型。③ 其中数学核心能力由数学论证，数学问题解决，数学建模，数学表达的应用，数学符号、公式及技巧的熟练掌握以及数学交流六大部分组成。

2017 年 6 月，首届中学数学课程与教材国际论坛（IFMCT-1）在北京召开。论坛聚焦核心素养，对中学数学课程与教材改革的最新进展进行了梳理，为基于核心素养的数学课程改革带来一定启发④：

（1）由"基础"到素养，是国际数学课程发展的一致趋势；

（2）各国数学课程目标关注思维品质、关键能力、情感态度价值观；

（3）数学核心素养内涵、要素构成、水平划分的框架架构需要切实可行。

完善及落实数学核心素养的课程目标，仍是当前国际数学课程改革与发展的重点任务，大部分国家在延续与传承优秀数学教育理念的同时，也不断汲取外来经验，反省自身不足，为推动数学课程与教材发展而不懈奋斗。

第三节　国内数学课程改革与发展

19 世纪中叶，随着国门"被打开"，近代教育理论和教育制度跟随西方文化意识涌入中国。在跌宕起伏的百年历史进程中，我国数学课程经历了学习与效仿他国数学课程、探索与修正本土数学课程这两个时期。1862 年至 1928 年间，我国中学数学课程以效仿欧洲、美国、日本等为主，在翻译引进他国学制、课程设置与数学教材的过程中逐步形成我国课程体系。⑤ 1929 年至 1949 年期间，我国数学课程以课程标准修订为主线开始本土化探索。⑥

---

① 范良火.英国、荷兰和印度尼西亚等国数学课程发展和改革的研究及分析[J].教育导刊,2016(8)：20-24.

② 斯海霞,朱雁.中小学数学核心能力的国际比较研究[J].比较教育研究.2013(11)：105-110.

③ 徐斌艳.德国高中数学教育标准的特点与启示[J].课程·教材·教法,2015(5)：122-127.

④ 郭玉峰.基于核心素养的国际数学课程教材改革动向及启示[J].数学通报,2019(6)：9-14.

⑤ 吕世虎.中国当代中学数学课程发展的历程及其启示[D].吉林：东北师范大学,2009.

⑥ 课程教材研究所.20 世纪中国中小学课程标准·教学大纲汇编（数学卷）[G].北京：人民教育出版社,2001：144-145.

1949 年新中国成立,我国当代数学课程改革与发展拉开序幕。

一、学习苏联数学课程

1949—1957 年,我国数学课程发展处于学习苏联时期。中华人民共和国成立后,在数学课程方面,我国以苏联十年制中学数学课本及教学大纲为蓝本,翻译出版十二年制中学数学编译课本,重新制定我国中学数学教学大纲(即"52 大纲")。该时期的大纲和教科书重视基础知识和基本技能,在编排上兼顾学科的系统性和学生的接受能力,学生学习成绩普遍有所提高。[①]

然而,一味生搬硬套并不可取。由于我国与苏联学制上的差异以及部分数学课程内容的删减,此时的数学教学无法满足学生的后续发展及社会劳动需要。随后,我国数学教育界对此进行了反思,在探索适应本土的中国数学课程的道路上砥砺前行。

二、探索中国数学课程

1958—1991 年,我国数学课程发展处于探索时期。1958 年,中共第八届全国人民代表大会第二次会议通过"鼓足干劲、力争上游、多快好省地建设社会主义"的总路线及其基本观点。随着"大跃进"走向高潮,"教育大革命"也迅速掀起波澜。受"多快好省"思想的影响,该时期的课程与教学计划频繁修改,数学课程亦随之摇摆不定。

在吸取先前经验及征求各方意见后,1963 年,人民教育出版社起草《全日制中学数学教学大纲(草案)》(简称"63 大纲"),这也是我国数学课程史上第一次拥有了自己的教学大纲。较之效仿苏联时期的数学课程,"63 大纲"指导下的数学课程在教学内容的深度与广度上均有所延伸,数学课程水平迅速拔高,数学教育开始走向现代化,但依据各地数学课程开展情况,1963 年的数学课程对于普通学生而言负担过重,更适用于精英教育。

自 1977 年起,为恢复教学秩序、明确教育战略地位,我国在学校建设、课程建设、教材编写等方面投入大量人力、物力,开展一系列草案的讨论与修改。1978 年 2 月,教育部颁布《全日制十年制学校中学数学教学大纲(试行草案)》(简称"78 大纲")。较之"63 大纲","78 大纲"在教学内容的规定上有所拓宽。1980 年 12 月,中共中央、国务院提出"中小学学制,逐步改为十二年制"。1982 年,人民教育出版社修订《全日制六年制重点中学数学教学大纲(征求意见稿)》(简称"82 大纲"),为编写全日制六年制重点中学数学教材提供了依据。

1987 年,我国颁布《全日制中学数学教学大纲》(简称"87 大纲"),其中明确提出"基础知识"与"基本技能",数学"双基"教学理念在大纲中被正式确立。[②] 不同于以往的教学大纲,"87 大纲"落实"教学要求具体明确"的原则,细化知识点在单元教学中的具体要求。此外,"87 大纲"是在九年义务教育数学教学大纲和新的高中数学教学大纲颁发实施之前,在全国

---

① 吕世虎.中国当代中学数学课程发展的历程及其启示[D].吉林:东北师范大学,2009.
② 朱雁,鲍建生.从"双基"到"四基":中国数学教育传统的继承与超越[J].课程・教材・教法,2017,37(1):62-68.

通用的过渡性教学大纲。①

三、数学课程新建期

1991—2000 年，我国数学课程发展处于新建期。20 世纪 90 年代，在科技迅猛发展、国际竞争激烈的大背景下，社会对人才的要求日益提高，为构建适应时代需求的课程体系，国家教委（教育部）陆续对教学大纲、教材等进行了改革。我国在大力提倡普及九年制义务教育的同时，提出了从"应试教育"向"素质教育"转变的观点。"教育面向世界，面向未来，面向现代化"已成为数学教育的改革方向。

（一）建立九年制义务教育数学课程

1988 年 9 月，国家教委颁布《九年制义务教育全日制初级中学数学教学大纲（初审稿）》（简称"88 大纲"）。自 1990 年秋季起，根据"88 大纲"编制的教材于试验区开始试行。后汲取经验，国家教委在 1992 年正式颁布《九年制义务教育全日制初级中学数学教学大纲（试用）》（简称"92 大纲"）。

有别于其他版本的大纲，"92 大纲"中首次以了解、理解、掌握以及灵活运用这四种层次划分教学的具体要求，并做出界定。其后，2000 年 3 月，教育部颁布《九年义务教育全日制初级中学数学教学大纲（试用修订版）》。该版大纲强调数学学习过程和探究活动，渗透了新课程的理念。

此外，该时期的数学教材具有多纲多本并存、多种学制并用（"六·三学制"与"五·四学制"）以及地区版本差异等特征。总体而言，随着课程改革的不断深入，我国教材的发展也逐渐呈现多元化的趋势。

（二）建立全日制普通高级中学数学课程

1996 年，国家教委颁布了《全日制普通高级中学课程计划（试验）》和 12 个学科的教学大纲，其中包括《全日制普通高级中学数学教学大纲（供试验用）》（简称"96 大纲"）。较之"87 大纲"，"96 大纲"新增简易逻辑、平面向量、概率统计及微积分等教学内容。1997 年"96 大纲"正式投入试验，2000 年教育部修订并颁布了《全日制普通高级中学数学教学大纲（试验修订版）》，其中亦体现新课程的理念。

此外，人民教育出版社根据"96 大纲"编写了《全日制普通高级中学教科书（试验本）数学》。这套高中数学教材改变了以往分科编排的模式，将多科数学知识综合编排。

四、素养驱动的数学新课程改革

2001 年 5 月，国务院印发《关于基础教育改革与发展的决定》。同年 6 月，教育部印发《基础教育课程改革纲要（试行）》，从此全国各地进入了新课程改革的大试验。2010 年以

---

① 　吕世虎.中国当代中学数学课程发展的历程及其启示[D].吉林：东北师范大学，2009.

来,随着全国基础教育课程改革经验交流会的召开以及各学科义务教育阶段课程标准和普通高中课程标准的修订与颁布,新课程改革从实验阶段走向深化阶段。[①]

(一)义务教育数学课程改革

2001 年 7 月,《全日制义务教育数学课程标准(实验稿)》(简称"2001 年版课标")正式出版。较之以往的课标,"2001 年版课标"将数学教学内容分为"数与代数""图形与几何""统计与概率""实践与综合应用"4 个领域,并提出 6 个方面的基本理念,体现了数学教育以生为本、关注学生发展的指导思想。

2001 年版课标经过 10 年的试行与推广,教育部于 2011 年修订《义务教育数学课程标准(2011 年版)》(简称"2011 年版课标"),使我国义务教育阶段的数学课程理论体系有了更进一步的发展。除却对 2001 年版课标中理念的延续、发展、调整与修改,2011 年版课标正式提出"基础知识"、"基本技能"、"基本思想"与"基本活动经验",我国数学教育目标由此从"双基"转变为"四基"。

2022 年 4 月,教育部颁布了《义务教育数学课程标准(2022 年版)》(简称"2022 年版课标")。2022 年版课标不仅保留了 2011 年版课标的合理内核,更延续了 2017 年版《普通高中数学课程标准》提出的数学核心素养培育主张,将数学核心素养培育贯穿课程始终。

(二)普通高中数学课程改革

2003 年 4 月,教育部研制印发的《普通高中数学课程标准(实验)》(简称"实验课标")指导了我国高中数学课程 10 年有余,成效显著,意义非凡,在我国数学教育的课程设置、教学计划、教学方式等方面均有着深远影响。

在党的十八大明确提出把立德树人作为教育的根本任务后,教育部于 2014 年发布《关于全面深化课程改革 落实立德树人根本任务的意见》,要求"研究制定学生发展核心素养体系和学业质量标准"。该要求是修订新版高中数学课程标准的重要原则。[②]

2017 年 12 月,教育部修订印发《普通高中数学课程标准(2017 年版)》(简称"2017 年版课标"),首次提出了 6 个核心素养,即数学抽象、逻辑推理、数学建模、直观想象、数学运算和数据分析。较之"实验课标","2017 年版课标"在数学课程内容中突出函数、几何与代数、概率与统计、数学建模探究活动 4 条主线,在课程结构、学业质量水平等方面也大有不同。总而言之,核心素养是数学课程中超越教学内容的教学目标。[③]

2020 年 5 月,教育部再次修订印发《普通高中数学课程标准(2017 年版 2020 年修订)》。随着课程改革的深化,如何真正在学校的教学实践中实现核心素养落地,仍是现阶段亟待解决的问题。

① 杨九诠.1978—2018 年:中国课程改革当代史[J].课程·教材·教法,2018(10):11-19.
② 史宁中.高中数学课程标准修订中的关键问题[J].数学教育学报,2018(1):8-10.
③ 史宁中.高中数学课程标准修订中的关键问题[J].数学教育学报,2018(1):8-10.

第四节　中小学数学课程标准解读

一、义务教育数学课程标准解读

为满足时代对人才培养的新要求,落实立德树人的根本任务,教育部颁布了最新的《义务教育数学课程标准(2022 年版)》,为我国未来 10 年义务教育数学课程改革研究与实践指明了方向。无论是从课程标准的整体结构,还是从课程的构成要素(课程目标、课程内容、课程实施及课程评价等)上分析,"2022 年版课标"是对《义务教育数学课程标准(2011 年版)》的全面优化,是为落实数学核心素养培育进行的系统设计。为更好地领会与落实"2022 年版课标",下文从宏观与微观两个角度进行解读。

(一)宏观分析

1.围绕数学核心素养,优化编排结构,新增教研与培训要求以强化专业支持

"2022 年版课标"聚焦数学核心素养培育,整体优化了课程编排结构。"2022 年版课标"编排结构较"2011 年版课标"从四章扩充为六章,如图 2-1 所示。

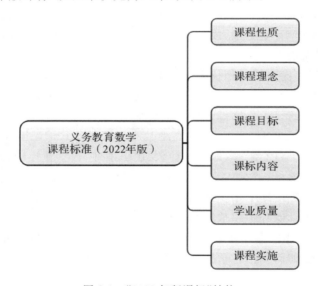

图 2-1　"2022 年版课标"结构

首先,将"2011 年版课标"前言拆分为课程性质和课程理念与设计思路两个独立章节;其次,提炼数学核心素养,将其融入课程目标,实现原有三维目标的有效统整;再者,课程内容从三学段编排改为小学和初中两部分,结合下文分析可知,划分小学、初中以突出数学核心素养阶段性发展要求;最后,新增"学业质量"模块,使课程标准从学科内容标准走向"内容标准+学业质量标准"的统整,学业质量标准明确了学生学完相应课程任务后,在数学核心素养方面应达到的水平及其表现,反映了核心素养导向的质量观。需要说明的是,

"2022年版课标"的学业质量标准虽分学段阐述数学核心素养及其表现,但较《普通高中数学课程标准(2017年版)》中学业质量标准所给出的数学学科核心素养四维度三水平框架,"2022年版课标"有关数学核心素养的阐述仍较为综合,较难以此为标准评估素养具体表现水平。

此外,为更好地落实数学核心素养培养要求,"2022年版课标"在"课程实施"栏目新增"教学研究与教师培训",对培训、教研与科研提出明确要求,强化专业支持以推动素养旨向的教学评一体化。

2.变"核心概念"为"核心素养",结合"三会"明晰核心素养发展课程目标

在课程理念与设计思路中,"2022年版课标"较"2011年版课标"的变化主要为明确提出以核心素养为导向的课程目标。该课程目标从"2011年版课标"的"知识技能＋数学思考＋问题解决＋情感态度"4方面描述转为以"四基"为沃土、"四能"为载体,融合情感态度的数学核心素养发展目标。数学核心素养的具体表现继承与发展了"2011年版课标"中的10个核心概念,并融入在"会用数学的眼光观察现实世界""会用数学的思维思考现实世界""会用数学的语言表达现实世界"(以下简称"三会")中,阐述其相应的数学活动过程。围绕数学核心素养培育目标,"2022年版课标"对课程内容选择、教学活动实施、教学评价进行了系统设计。其中,"2022年版课标"课程评价尤为突出素养培育所需的数学活动要求,它在原基础上提出过程性评价与结果性评价要求,并明确建立指向核心素养的学业质量标准,以帮助课标使用者明确学业质量的具体表现。

3.变"三学段"为"四学段",分小、初两阶段刻画数学核心素养具体表现

相比"2011年版课标"中一以贯之的十大核心概念,"2022年版课标"分小学与初中两个层次区分了数学核心素养具体表现。如图2-2所示,其中小学为9个具体表现,强调基于经验的感悟,形成初步的数学思维意识;初中为9个具体表现,突出基于概念理解,形成明确的数学观念,发展数学能力,如初中用抽象能力代替原来的数感、量感、符号意识,将模型意识改为模型观念。应用意识与创新意识小、初皆有之。以此,小学、初中数学核心素养与高中六大数学核心素养共同呈现了具有一致性与发展性特征的数学核心素养发展图谱。此外,"2022年版课标"对"2011年版课标"的学段划分进行了调整,从原有的3个学段调整为4个学段,划分更为细致,学段素养培育循序而渐进。

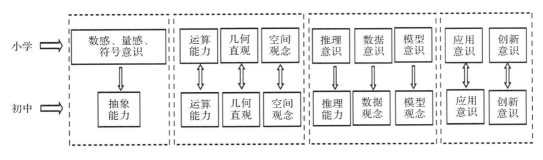

图 2-2　义务教育阶段数学学科核心素养

4.以主题结构化课程内容,新增学业要求与教学提示,使课程内容要求立体化

相比"2011年版课标","2022年版课标"的课程内容新增"学业要求"与"教学提示",并连同"内容要求"三者形成一个指向数学核心素养发展的立体、动态的课程内容结构。

具体表现为:首先,从"数与代数""图形与几何""统计与概率"3个领域中各提炼5个内容主题,并以内容主题为单位整合相应知识点;同时明确以主题活动或项目学习方式开展"综合与实践"领域的学习。其次,相比"2011年版课标"在课程内容表述中仅有的课程内容要求,"2022年版课标"的课程内容表述在"内容要求"的基础上,新增小学、初中阶段各内容领域的"学业要求"与"教学提示"。其中"内容要求"明确了各主题下学什么;"学业要求"明确了各学段各内容领域侧重发展的数学核心素养需达到什么水平;"教学提示"则说明了该学段内容要怎么学,即需经历何种数学活动过程以达到相应的数学核心素养发展水平。

此外,通过"学业要求"与"教学提示"亦可明确各内容领域侧重发展的数学核心素养。"数与代数"领域侧重培养学生的数感、符号意识、运算能力、推理意识(能力)、应用意识、模型意识(观念)等;"图形与几何"主要发展学生的量感、推理意识、空间观念、几何直观等;"统计与概念"内容则关注学生数据意识(观念)的形成;"综合与实践"则强调引导学生经历问题解决全过程,在"三会"中发展数学核心素养。

(二)微观分析

义务教育数学课程标准包含小学与初中两个阶段,为深入分析课程内容变化特征,研究聚焦初中阶段课程内容,下面以微观分析的视角,探究两版课程标准的课程内容变化。

1. 提升了"统计与概率"领域的课程广度,增加了数据分类与代数推理

从课程内容要求的知识点数量上看,相比"2011年版课标","2022年版课标"在3个内容领域的知识点数量有所增加。其中"数与代数"新增了"了解代数推理"内容要求,增加了近似计算,变韦达定理选修为必修,强调运用数学符号培养学生数学推理能力,并形成有序思考的习惯。"图形与几何"领域新增"了解角平分线概念""知道同弧(或等弧)所对的圆周角相等"等要求,并在内容编排上进行了一定的调整,尺规作图不再作为独立的内容要求,而是融于三角形、圆等内容的教学之中。"统计与概率"领域的变化亦较为明显,新增了"知道按照组内离差平方和最小的原则对数据进行分类的方法""了解四分位数与箱线图的关系"的内容,凸显了在大数据时代,运用信息技术进行大数据处理与可视化分析的重要性。这一变化在一定程度上弥补了"2011年版课标"在"统计与概率"领域内容广度的不足,使"统计与概率"内容体系更完整,适应了时代发展的需求。

2. 新增跨学科项目式学习,开展综合与实践活动,增加了活动次数,保障实施效力

两版课程标准对"综合与实践"领域的内容要求区别较大。"2011年版课标"要求综合与实践活动从实际情境中发现和提出问题,在参与问题解决活动过程中积累数学活动经验,发展应用意识。"2022年版课标"的"综合与实践"领域则以数学核心素养培育为旨向,强调初中阶段以跨学科的项目学习方式,引导学生整合数学与其他学科的知识和思想方法,经历数学问题解决全过程。"2022年版课标"亦结合"三会"过程给出了翔实、可操作的数学项目式学习要求。其附录中"体育运动与心率""绘制公园平面地图""探究'密闭舱'氧气""国内生产总值(GDP)调研"等案例,分别从现实生活、科学探究、经济与社会等多元化真实情境出发,设计结构不良的问题,驱动学生结合跨学科知识与方法,运用数学的视角、思维、语言开展数学项目式学习。同时,为保障数学项目式学习实施的有效性,"2022年版课标"从教学目标、教学活动及教学评价3个维度给出了更为清晰、翔实的实施建议,强调教学评一致性,以发挥

项目式学习的实施效力。

3.加强几何直观与跨学科知识的综合运用,各领域课程深度差异并不显著

根据两版课程标准中对课程内容学习结果性目标和过程性目标的行为动词描述,将课程内容学习要求划分为 4 个依次递进的层次,层次 A、层次 B、层次 C、层次 D 分别表示"了解(经历)""理解(体验)""掌握(感悟)""运用(探索)"水平,并依次赋值为 1,2,3,4。依据上述划分标准,对两版课程标准中初中课程内容要求进行编码,并利用公式 $D = \frac{\sum_{i=1}^{4} n_i v_i}{n}$($\sum_{i=1}^{4} n_i = n; i = 1,2,3,4$)计算得到课程深度,其中 v_i 表示目标的 4 个层次,依次赋值为 1,2,3,4;n_i 表示第 v_i 层次对应的知识点数,n 表示知识点数量总和。"2022 年版课标"课程深度在"数与代数"领域略有下降,其他三个内容领域课程深度均有所提升。从整体上看,"统计与概率"课程内容深度在两版课程标准中皆为最低,课程深度 D 值在 1~2 之间,即"了解(经历)"或"理解(体验)"的学习要求;"数与代数"、"图形与几何"及"综合与实践"的课程深度 D 值皆在 2~3 之间,即内容深度在"理解"与"掌握"之间,但两版课程标准中课程最深领域由"图形与几何"变为"综合与实践","统计与概率"的课程深度依然最低。为进一步明晰其原因,下文将聚焦各领域认知层次分析。

分析各层次知识点的占比情况可知,"2022 年版课标"在"数与代数"领域层次 B 占比从 26.9% 增加至 29.8%,主要表现为新增了"理解负数的意义""理解方程解的意义""理解函数值的意义"等重要数学概念的理解性要求。此外,新版课程标准将"能推导乘法公式"从层次 C 调整为层次 B。"2022 年版课标""图形与几何"领域在认知层次 C 的比重较"2011 年版课标"提升了 3%,主要体现为三角形、圆等内容中的尺规作图要求从层次 B 提升到层次 C,强调学生对尺规作图背后原理的把握,而不是停留于作图技能的训练。基于图形的性质和关系作图,可加强学生几何直观、推理能力等素养的发展。这一变化是对现行教科书推理形式单一、几何部分推理论证要求总体降低的呼应。"统计与概率"内容领域变化的主要原因是"2022 年版课标"引入了离差平方和、四分位数与箱线图等知识点,并强化对中位数、众数、百分位数意义的理解。在"综合与实践"内容领域,"2011 年版课标"中对其要求主要在层次 B,着眼于发展学生的"四基"与"四能",而"2022 年版课标"则从聚焦数学学科核心素养对其进行了全新的诠释,以项目式学习为载体,强调跨学科融合与综合运用,以解决真实情境下的结构不良问题,对教学提出了更高要求,其在层次 D 比重较"2011 年版课标"提升了 19%,已成为现阶段数学教学改革的新课题。

两版课程标准虽然在课程深度上有所调整,但并无显著性差异,这也充分体现了课程标准在继承中发展的特点。

二、高中数学课程标准解读

21 世纪初开始的高中数学课程改革在课标研制、教材编写、课程实施、评价改革等方面取得了重要成就,但也仍存在一些问题。[①] 教育部于 2012 年组织了以华东师范大学为主体

---

① 吕世虎,鲍建生,缴志清.21 世纪高中数学课程改革的"成就""问题"与"挑战"[J].数学教育学报.2018,27(1):14-17.

的专家组,对 2003 年形成的《普通高中数学课程标准(实验稿)》的使用情况进行了广泛调查,形成了翔实的调查报告,以此作为课程标准修订的重要依据。与此同时,为落实党的十八大提出的教育"立德树人"的根本任务,教育部 2014 年发布《关于全面深化课程改革,落实立德树人根本任务的意见》的文件,明确要求研制学生发展核心素养体系和学业质量标准,这个要求成为修订的重要原则。① 在上述背景下,2014 年高中数学课程标准修订工作全面启动,并于 2017 年正式发布《普通高中数学课程标准(2017 年版)》。

(一)课标框架与基本理念

图 2-3 是"2017 年版课标"的基本结构,其中数学学科核心素养是贯穿数学课程的一条主线,统领着数学课程目标的定位、内容的选择、课程结构的设计,以及学习评价标准的确立等。"2017 年版课标"明确高中数学课程以学生发展为本,以落实立德树人根本任务、培育科学精神和创新意识、提升数学学科核心素养为课程基本理念。

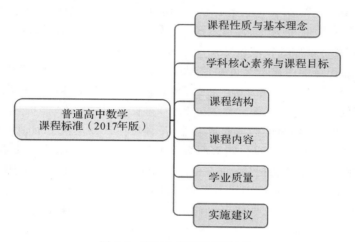

图 2-3 "2017 年版课标"结构

(二)数学课程目标与数学学科核心素养

高中阶段的数学教学具有基础性、选择性和发展性。"2017 年版课标"将高中数学课程目标定位于:通过高中课程的学习,学生能获得进一步学习以及未来发展所必需的数学基础知识、基本技能、基本思想、基本活动经验(简称"四基");提高从数学角度发现和提出问题的能力、分析和解决问题的能力(简称"四能")。提高学习数学的兴趣,增强学好数学的自信心,养成良好的数学学习习惯;树立敢于质疑、善于思考、严谨求实的科学精神;认识数学的科学价值、应用价值、文化价值和审美价值;进一步促进学生全面、可持续发展。在学习数学和应用数学的过程中,学生能发展数学核心素养。

数学学科核心素养是高中数学课程目标的集中体现,是具有数学基本特性的思维品质、关键能力以及情感、态度与价值观的综合体现,是在数学学习和应用的过程中逐步形成和发

---

① 史宁中.高中数学课程标准修订中的关键问题[J].数学教育学报,2018,27(1):8-10.

展的。数学学科核心素养包括:数学素养、逻辑推理、数学建模、直观想象、数学运算和数据分析。为帮助更好地理解素养培育要求,"2017年版课标"从概念内涵、学科价值、学生表现、具体内容、阶段水平这些维度对数学学科核心素养进行表述。

(三)数学课程内容取消模块、突出内容主线

高中数学课程分为必修课程、选择性必修课程和选修课程。课程内容取消原有"模块",突出函数、几何与代数、概率与统计、数学建模活动与数学探究活动4条主线。它们贯穿必修课程与选择性必修课程,其中必修课程还包括初高衔接的预备知识。数学文化融入课程内容始终。

如果学生以高中毕业为目标,可以只学习必修课程,参加高中毕业的数学学业水平考试。

如果学生计划通过参加高考进入高等学校学习,必须学习必修课程和选择性必修课程,参加数学高考。

如果学生在上述选择的基础上,还希望多学习一些数学课程,可以在选择性必修课程或选修课程中,根据自身未来发展的需求进行选择。选修课程内容包括A类数理课程,B类经济、社会、部分理工课程,C类人文课程,D类体育、艺术类课程,E类拓展、生活、地方、大学先修课程。

(四)基于核心素养的教学与评价

素养指向下的高中数学教学,需从关注知识点的碎片式教学转化为关注知识团和内容主线的整体教学。虽然教无定法,但教师在教学中要做好以下几点:把握数学知识的本质,把握学生认知的过程,并将"以学生发展为本"的教育理念贯穿始终;创设合适的教学情境,提出合适的数学问题;启发学生思考,鼓励学生与教师交流、学生之间相互交流;让学生在思考和交流中掌握知识技能的同时,理解知识的本质,感悟数学思想,积累思维的经验,形成和发展数学核心素养。要落实素养培育,让学科核心素养真正运行于课堂教学和学生学习过程中,不仅需要强有力的素养导向的国家课程标准,还需要能衡量出标准所期望学习结果的学业评价。学业质量评价不仅是考查学生学业成就的主要手段,亦是影响素养指向的课堂教学的重要因素。

数学学业质量水平是6个数学学科核心素养水平的综合表现。每一个数学学科核心素养划分为3个水平,每个水平都从如下4个方面进行表述。体现数学学科核心素养的4个方面如下:(1)情境与问题,情境主要是指现实情境、数学情境和科学情境,问题是指在情境中提出的数学问题;(2)知识与技能,主要是指能够帮助学生形成相应数学学科核心素养的知识与技能;(3)思维与表达,主要是指数学活动过程中反映的思维品质、表述的严谨性和准确性;(4)交流与反思,主要是指能够用数学语言直观地解释和交流数学的概念、结论、应用和思想方法,并能进行评价、总结与拓展学业质量,是学生在完成本学科课程学习后的学业成就表现。

高中数学学业质量标准是以数学学科核心素养及其表现水平为主要维度,其中:水平一是高中毕业应当达到的要求,也是高中毕业的数学学业水平考试的命题依据;水平二是高考的要求,也是数学高考的命题依据;水平三是基于必修、选择性必修和选修课程的某些内容

对数学学科核心素养的达成提出的要求,可以作为大学自主招生的参考。

2019年6月,国务院办公厅印发《关于新时代推进普通高中育人方式改革的指导意见》,指出高考命题要以普通高中课程标准和高校人才选拔要求为依据,实施普通高中新课程的省份不再制定考试大纲。"2017年版课标"明确了基于数学学科核心素养的高中数学学业水平考试、数学高考命题原则与路径,并构建了基于数学学科核心素养测试的三维评价框架。该框架第一个维度是反映数学学科核心素养的4个方面,它们分别为情境与问题、知识与技能、思维与表达、交流与反思;第二个维度是4条内容主线,它们分别为函数、几何与代数、概率与统计、数学建模活动与数学探究活动;第三个维度是数学学科核心素养的3个水平。但当前,对课程评价的研究仍滞后于对课程设计与实施的研究,高中数学学业水平考试、数学高考能否真正成为促进教、考、评有机统一的学业评价有效载体,集中体现试题与课程标准的一致性程度,特别是指向学科素养的命题与课程标准的一致性研究,仍有待探索。

三、小结

当前《义务教育数学课程标准》与《高中数学课程标准》都以数学核心素养的培育要求贯穿义务教育课程始终,体现了素养培育的发展性及阶段性特征。但要落实素养培育,不仅需要以强有力的素养导向的国家课程标准作为指导,还需要能衡量出标准所期望学习结果的学业评价。基于此,"2022年版课标"与"2017年版课标"都研制了素养导向的学业质量标准,使课程目标、教学实践与课程评价建立起有意义的联系。为促进素养旨向的教学评一体化,实现学生获得高质量学业成就的最终目的,数学教育研究者、教师仍需对"2022年版课标"与"2017年版课标"进行深入研究,以形成明细化、具备实践操作性的素养测评框架,如此才能真正发挥学业评价促进教学改革的作用,推进数学核心素养培育落地。

此外,数学核心素养培育要求不仅体现在课程理念、目标及学业质量中,其课程内容及实施建议亦应一以贯之。数学学科知识具有严密的逻辑性与层次性,数学学科大概念是对学科层级性知识的精练与整合。以数学大概念为锚点,能建立起数学学科关键概念前移后拓的网状知识结构体系,并实现网状知识结构在真实情境中应用的可能性,是促进学生理解知识,促成学生数学能力发展的关键。虽然"2022年版课标"与"2017年版课标"都提炼了各学段内容主题,但在实践中仍需在分析内容主题的基础上,结合数学知识网状结构体系明晰大概念,并以此作为统整单元的支架,设计并实施单元整体教学,这是将数学核心素养的培育路径落实到单元及具体课时中,实现上述转变的重要途径。

※ 练习题

1.对1名新教师(教龄在3年内)、1名老教师(5年内即将退休)、1名中青年教师(教龄在10年以上)分别进行访谈,请他们谈谈对数学课程改革以及发展新趋势的看法,并请你谈谈你对这三位老师观点的看法。要求每组上交1份调查报告。

2.查阅相关资料,谈谈你认为影响数学课程改革的因素有哪些,并谈谈应该如何应对。

3.聚焦数学核心素养后,我国初、高中数学课堂教学实施有何转变?

4.试比较我国与美、日、新、澳、德高中数学课程标准的异同。

❋ 拓展阅读

[1]豪森,凯特尔,基尔帕特里克.数学课程发展[M],周克希,赵斌,译.上海:上海教育出版社,1992.

[2]章小谦,杜成宪.中国课程概念从传统到近代的演变[J].华东师范大学学报(教育科学版),2005,23(4):65-74.

[3]吕世虎.中国当代中学数学课程发展的历程及其启示[D].吉林:东北师范大学,2009.

[4]魏庚人,李俊秀,高希尧.中国中学数学教育史[M].北京:人民教育出版社,1987.

[5]教育部基础教育课程教材专家工作委员会.义务教育数学课程标准解读(2011年版)[M].北京:北京师范大学出版社,2012.

[6]郑毓信.《数学课程标准(2011)》的"另类解读"[J].数学教育学报,2013,22(1):1-7.

[7]史宁中.高中数学课程标准修订中的关键问题[J].数学教育学报,2018(1):8-10.

[8]史宁中.《义务教育数学课程标准(2022年版)》的修订与核心素养[J].教师教育学报,2022(3):92-96.

[9]曹一鸣,王立东,何雅涵.义务教育数学考试评价与教学实施:基于《义务教育数学课程标准(2022年版)》的学业质量解读[J].教师教育学报,2022,9(3):97-103.

第三章　数学课程资源开发与利用

❋ 学习目标

(1)了解课程资源开发与利用的基本原则；

(2)能基于课程标准把握课程资源的特点并合理使用；

(3)掌握中小学数学教材结构，明晰如何分析、解读数学教材。

❋ 导　语

　　数学课程资源是指依据数学课程标准所开发的各种教学材料以及数学课程可以利用的各种教学资源、工具和场所。它既是数学知识、信息和经验的载体，也是数学课程实施的媒介。数学课程资源的合理开发与有效利用是数学课程目标顺利达成的必要条件。教师作为课程资源开发与利用的主体，应因地制宜，有意识、有目的地开发和利用各种资源，使学生获得对数学的理解的同时，发展数学核心素养。

第一节　数学课程资源概述

　　课程资源是课程设计与实施的基础。开发和利用数学课程资源，对于转变数学课程功能、改善学生学习方式、促进教师专业成长具有重要意义。

一、数学课程资源

(一)概念

　　对课程资源的研究源于对课程来源问题的研究。美国课程论专家泰勒认为"任何单一的信息来源都不足以为明智而综合地决定学校目标提供基础"。具体而言，课程资源是课程设计、实施和评价等整个课程编制过程中可利用的一切人力、物力以及自然资源的总和①，包括教材以及学校、家庭和社会中所有有助于提高学生素质的资源。

《义务教育数学课程标准（2022年版）》中指出："课程资源开发要满足教与学的多样化需求。既要包括教材、教辅、教师教学用书、教学设计、教学案例、课外读物等纸质资源，也要包括音频、视频、数学软件等数字化资源；既要包括教师、教研员等教育专业人士开发的资源，也要包括科学家、企业家等社会人士提供的资源；既要包括用于巩固练习的资源，也要包括用于拓展视野的数学科普类资源。"②

（二）特点

课程资源是课程目标实现和课程实施顺利进行的基础。教育工作者对课程资源的认识影响着数学课程资源的开发和利用程度。数学课程资源具有如下特点。

1.多样性

随着人们对观念的转变，课程资源已不再局限于教材，也不再局限于学校内部设施，而是广泛又多样化的存在。课程资源既有来自于自然环境的，也有来自于社会生活的；既有文本和实物资源，也有活动和信息技术资源；既有校内资源，也有校外资源；既有外显性资源，也有内隐性资源；既有人力资源，也有物力资源；既有动态生成性资源，也有静态预设性资源；等等。

2.价值潜在性

数学课程资源与其他功能性资源一样，无论是其存在的形态结构，还是其功能价值，都具有潜在的价值性。数学课程资源的潜在价值体现在数学课程的设计、实施、评价的全过程中。选择哪些数学课程资源作为数学课程设计的基础和依据，反映了课程设计者一定的价值取向，并且直接影响着数学课程的实施和评价。

（三）分类

在不同标准下，数学课程资源亦有不同的分类。按照数学课程资源的空间分布的不同，可分为校内数学课程资源和校外数学课程资源；按照数学课程资源的功能特点，可分为素材性数学课程资源和条件性数学课程资源；按照数学课程资源的存在方式，可分为外显性数学课程资源和内隐性数学课程资源；按照数学课程资源的物理特性和呈现方式，可分为文本资源、实物资源、活动资源和信息化资源。

1.校内数学课程资源和校外数学课程资源

凡是学校范围之内、能够促进数学课程目标实现的各种资源，都属于校内数学课程资源。主要有校内的各种场所和设施，如图书馆、数学实验室、教学设备、影音设施等；有校内的人文资源，如教师、学生、师生关系、校纪校规等；有与教育教学相关的各种活动，如座谈会、社团活动等。校外课程资源指超出学校范围的数学课程资源。主要包括学生家庭、社区等校外一切可用于教育教学活动的资源，如公共图书馆、公共博物馆、科技馆、社会机构、科

① 施良方.课程理论:课程的基础、原理与问题[M].北京:教育科学出版社,1996:81.
② 中华人民共和国教育部.义务教育数学课程标准(2022年版)[S].北京:北京师范大学出版社,2022:4.

研单位、自然社会环境等。

2.素材性数学课程资源和条件性数学课程资源

素材性数学课程资源主要指形成数学课程要素的来源,特点是作用于课程,并能够成为课程素材或来源,比如教科书,教学辅助用书,校内外教师资源,网络,数学知识的文化元素、过程元素、逻辑元素、背景元素等;而条件性数学课程资源指的是实施课程的一些直接或间接的条件,它的特点是作用于课程却并不构成课程的素材来源,在很大程度上决定着课程的实施范围和水平,比如课程实施的人力、物力和财力资源,课堂环境,教学组织形式等。① 但这两者之间并没有十分绝对的界线,实际情况中,许多课程资源既包含课程素材,也包含课程的条件,如图书馆、数学实验室、计算机等。

3.外显性数学课程资源和内隐性数学课程资源

外显性数学课程资源既包括以文字、语言、符号、图形、图表等形式在教材或媒体上显示的静态的外显素材性资源,也包括课程实施所涉及的设施、媒介和环境等外显条件性资源,例如教材、教学参考书、图书馆、网络等。

内隐性数学课程资源既包括不以文本形式显性表述的、潜藏于显性知识深层的、以潜在方式对教育教学活动施加影响的内隐素材性资源,也包括教师根据对素材性课程资源的理解,结合外显条件性资源构建的适合学生学习的课堂环境,例如学习情境,教学组织形式,学校学风,师生关系,数学知识的文化元素、逻辑元素等。②

相较而言,外显性数学课程资源更易于直接开发和利用,而内隐性数学课程资源具有间接性和隐蔽性等特征,无法直接构成数学教育教学内容的载体,在开发和利用方面需要付出更多努力。

4.文本资源、实物资源、活动资源和信息化资源

文本资源包括教材、教辅用书等以文字形式出现的资源;实物资源包括学具或教具等以实物形式出现的资源,具有直观、形象的特点;活动资源包含各种集体和个人的实践活动、师生以及生生交往等活动;信息化资源指以网络技术为载体、突破时空界限的各种资源,以计算机网络为代表,具有智能化、虚拟化等特点,为学生学习数学课程提供便利,是最具开发和利用前景的资源类型。

二、数学课程资源开发与利用的原则

数学课程资源的开发与利用并非随意而行,其具有一定的原则和规范。基于上述数学课程资源的特点与类型,数学课程资源在开发和利用时应遵循如下原则。③

(一)开放性原则

数学课程资源开发与利用的开放性原则,要求我们以开放的态度对待所有文明成果,尽可能地开发与利用所有可能有益于数学教育教学活动的课程资源。开放性原则主要包括类

---

① 吴刚平.课程资源的开发与利用[J].全球教育展望,2001(8):24-30.

② 喻平.论内隐性数学课程资源[J].中国教育学刊,2013(7):59-63.

③ 徐继存,段兆兵,陈琼.论课程资源及其开发与利用[J].学科教育,2002(2):1-5,26.

型的开放性、空间的开放性和途径的开放性。即课程资源的开发与利用不局限于某一种形式、空间位置或获得途径。

（二）生活性原则

数学具有高度抽象性，但数学源于生活，用于生活。如未来气候的变化、存款的利息利率、投篮的命中率、彩票的中奖率等生活中的事件都与数学息息相关。在开发和利用数学课程资源时，适当联系生活，使学生所学习的内容与生活相结合，能更好地激发学生的学习兴趣。

（三）经济性原则

经济性原则具体包括时间的经济性、空间的经济性、开支的经济性和学习的经济性。时间的经济性，是指应尽可能地开发与利用那些与当前社会、经济等发展相符合的课程资源。开支的经济性，是指尽可能地节省经费开支，开发与利用简便实用的课程资源。空间的经济性，是指课程资源的开发与利用要尽可能地就地取材。学习的经济性，是指最大限度地开发与利用能激发学生学习兴趣、符合学生知识水平和经验背景的数学课程资源。

（四）针对性原则

为有效达成课程目标，针对不同的课程目标应当开发与利用与之相应的课程资源。在明确目标的前提下，认真分析与目标相关的课程资源，了解并掌握其特点，教师能最终选择有益于学生终身发展的数学课程资源，使之功能得到充分发挥。

（五）适应性原则

不同的地区、学校和教师并不一定适用同一种数学课程资源，因为它们之间存在着巨大的差异性。因此，在开发和利用数学课程资源时，应从实际出发，根据地域特征选择不同的课程资源，扬长避短、因地制宜地开发与利用数学课程资源。

三、数学课程资源开发与利用的途径

数学课程资源开发指教育工作者发现、探寻一切有可能进入数学课程，能够与数学教育教学活动联系起来的资源；数学课程资源的利用指充分挖掘被开发出来的数学课程资源的教育教学价值。数学课程资源的开发与利用是紧密联系的，开发是利用的前提，利用是开发的目的，而在开发的过程中也包含着一定的利用，在利用的过程中会促进进一步的开发。

（一）对教材的开发与利用

教材是实现课程目标、实施教学的重要资源，是开发和利用其他课程资源的基础。它主要包括教科书、教师参考用书、教与学的辅助用书等。对教材的开发与利用要依据课程标准，贯彻课程标准中的理念与要求，体现时代特点。教师应根据教学内容对教材进行"二次开发"，"用教材教"而不是"教教材"。这意味着对教材的使用并不是照搬照用，不是静态地复制粘贴，而是动态地生成和构建。教师要用"活"教材就必须从学生的实际情况出发，研究教材的内容结构、呈现方式、编排顺序,挖掘教材中的可利用资源,通过重组、删减、添加、改编等方式,充分发挥其应有的价值。

(二)对学生资源的开发与利用

学生是学习的主体,他们既是课程资源的消费者,也是课程资源的开发者。学生原有的知识、经验背景、兴趣爱好、活动娱乐等都是可以挖掘和利用的资源。因此,在开发和利用学生资源时,应以学生为中心,结合学生的知识经验、兴趣活动等来辅助教学,激发学生学习兴趣,丰富数学课程资源。课程开发者应善于利用学生的生活体验,从学生熟悉的事物入手,如购物、乘车、存款、猜拳游戏等。

(三)对教师资源的开发与利用

教师是课程实施的主导者,决定着课程资源开发和利用的程度,故教师的素质水平决定了课程资源的开发程度与使用水平。教师在开发自身资源时,应当最大限度地发挥创造性,挖掘自身潜能,发挥自身特长,凝聚教育合力;深入调查研究学生的情况,因材施教;加强对教学活动的反思,不断总结与思考。

(四)对数学文化资源的开发与利用

在开发和利用数学课程资源时,不仅要开发知识技能等方面的资源,更要注重数学与人文精神的融合,使数学达到"文化层面"的要求。[①] 开发数学文化的"内隐性课程资源"[②]可以通过数学活动,积累学生的数学活动经验;通过问题解决过程,帮助学生感悟数学精神和形成数学意识;通过知识发展背景,渗透思想方法;通过结合学生文化背景,促进学生自我意识的发展。[③]

(五)整合信息技术与数学课程资源

信息技术与数学课程的整合是指把信息技术、信息资源与数学课程内容、教学策略、学习活动等有机地融为一体。这种整合有助于提高学生的信息获取、分析、加工、交流、创新、利用的能力,培养协作意识和能力,促使学生掌握信息时代的思维方法和解决问题的方法。[④] 如利用多媒体为数学教学提供和展示各种资料,利用数学软件提高课堂教学效果、突破教学的重难点等。

(六)整合学科综合资源

整合课程资源不应局限于对数学学科进行资源挖掘,更要将数学与其他学科进行整合。课程开发者应创设基于其他学科背景的数学问题,或者从其他学科及教学资源中挖掘可利用的数学资源等,整合至数学课程中。在教学过程中,教师亦可将与学生认知结构相关联的

---

① 喻平.论内隐性数学课程资源[J].中国教育学刊,2013(7):59-63.
② 黄秦安.数学课程中数学文化相关概念的辨析[J].数学教育学报,2009,18(4):1-4.
③ 吴宏.数学文化及其课程资源的开发与利用[J].中小学教师培训,2016(7):1-5.
④ 石文艳.高中数学课程资源的开发与利用[D].吉林:东北师范大学,2006.

各种学科的资源在教学中进行结合或重组,使之产生教育合力。

第二节　数学教材的解读与使用

数学教材是实现课程目标、实施教学的重要资源①,也是开发和利用其他课程资源的基础。随着教育改革的不断推进,教材版本也在不断更新,教师需不断创新教学方法,进一步加强对教材的解读和使用,以此来提高学生的数学学习水平。

一、教师解读教材的理念

教师对教材文本的解读从根本上决定着教学的质量,有了怎样的文本解读,就会有怎样的教学内容。

(一)教师解读教材的多元性

一方面,文本意义存在于对它的不断理解中,对文本的理解是一个不断开放和不断生成的过程。教材文本是一个特殊的文本,同样也具有文本的共同特点,所以,对教材文本的解读也是一种意义再创和开放性的动态建构活动。在这样的理念下,对教材文本的解读也就应该是多元的,不应该是唯一的、绝对的,教师更不应该把它当成一个永恒的结论传递给学生。

另一方面,教材文本解读的多元性,也是由教师群体的个体差异而决定的。对同一个文本,每一个时代的理解和解释都不会完全相同,都会蕴含着读者特定的局限和偏见。因而,文本的原意只是相对的,随着时代和历史的发展,人们会对它不断地做出创造性解释。教师所身处的时代,及其文化背景、受教育程度、个人教育观念等诸多因素,都会影响到教师个体对教材文本的解读。

(二)教师解读教材视角的独特性

首先,教师的解读视角不同于学生的学习视角。教育者不仅要通过教材传递教学知识,同时也要通过教材挖掘蕴含在教材中的价值观,需要从中去发现通过它可以对学生起什么样的影响作用。

其次,教师的解读受到包括教学目标在内的诸多因素的制约,不能仅以个人的主观解读为主。当一个数学知识变成教材文本之后,它应该有一个基本的共性的教学内容。这种教学内容的确定既是文本自身价值所决定的,也需要和某一学业阶段的学生、特点相适应,而不能带有太大的随意性。所以,对于同一篇教材文本,虽然教师的解读会或多或少带有自己的个性化特点,但那些基本的教学内容是一致的。教师对这些基本教学内容的解读应具有共性。

---

① 　中华人民共和国教育部.普通高中数学课程标准(实验)[S].北京:人民教育出版社,2003.

二、教师解读教材的基本原则

(一)解读的创造性与教材规定性相结合

由于文本意义存在着不确定性,随着对教材探索的不断深入,教师对教材文本的解读会不断涌现新的意义,这就是文本解读的创造性。对教材文本的解读因其具有历史性、时代性和教师视角独特性的特点,其意义总处于不断变化和更新之中。当然,这也并不代表教师可以完全游离于教材文本而对其做随意的、多元的解读,或者无视文本的规定性以主观臆断来代替客观分析,而是说教师应该在文本规定性的制约下对教材做多元的、创造性的解读。

(二)教材的整体把握与局部分析相结合

教材中的每一个知识、内容,都与教材的整体主题息息相关,相互间有着不可分割的联系,教材主题的丰富性是由这些要素来共同体现的。教师解读教材时,应先掌握教材的编排顺序,从整体的角度对本节教材的具体细节进行推敲研究,在把握整体知识主题的基础上结合对局部知识点的分析来解读教材。

(三)解读视角的独特性与指向性相结合

无论教师对教材的解读怎样个性与多元,都必须尊重教材的教育指向,把教材最核心的知识点与价值观传达给学生。教师必须认识到教育目标对教材文本的解读具有明确的指向性——对教材的解读是为了更好地引导学生的理解,培养学生正确的情感、态度、价值观。

三、教材的使用策略

(一)领会编写意图,把握教材内涵

教材的编写不仅体现了新的教学理念,更体现了新的研究成果。[①] 数学教科书的前言部分是教科书的编写者对读者就本书在编写方面的问题所做的分析与说明[②],是教材编写者向读者说明学哪些知识、怎么学、为什么学、学的意义和价值的精练分析,是编者、读者与教材之间进行沟通的重要桥梁。教师应专研教材的编写意图,从而准确地把握教材、教学的重难点。只有不断挖掘教材编写者的"言外之意",才能做到有的放矢地使用教材。

(二)整体专研,全面理解教材

数学教材最大限度地将数学知识按学生的认知结构和身心发展规律进行逻辑化、系统化的处理。如高中数学 2019 年版教材的编写以"函数""几何与代数""概率与统计""数学建

---

① 林婷.有效使用高中数学教材的几点思考[J].数学通报,2013,52(6):23-26.

② 张定强,陈亚东.数学教科书前言的结构分析与教育价值:一个重要而被忽视的课题[J].数学教学研究,2010,29(3):5-9.

模活动与数学探究活动"为主线,其贯穿于必修和选修的课程中,凸显数学内容与数学核心素养的相互融合。教师在研读教材时应注意各主题之间以及主题内部、各章节之间的整体性和逻辑联系,了解本节知识与其他知识之间的内在逻辑联系,从而准确地把握教材,提高教材使用的有效性。

(三)合理使用教材中的例、习题

教材中的例题在知识应用、解题方法以及解题规范方面都起着示范性的作用,部分教材例题在解答之前增加"问题分析"板块,有利于提高学生分析问题的能力。且教材中不同层次的习题设计,如"复习巩固""综合运用""拓广探索"等,不仅能满足学生的个性化学习需求,也有利于教师有针对性地布置作业。教师应合理使用例、习题,有针对性地对学生进行习题训练,让不同的学生都能得到不同程度的提高和发展。

第三节　数学教材的特征与分析

数学教材是编写者按照数学课程标准为达成教学目标而组织的一系列材料与活动的总和,是教师教、学生学的重要教学资源。从以下几方面对数学教材进行理解、分析,有助于教师更好地把握数学教学。

一、编排特征与分析

(一)宏观整体梳理教材内容结构

教材的编排结构为学生的学习提供了知识结构导引,《义务教育数学课程标准(2022年版)》与《普通高中数学课程标准(2017年版 2020年修订)》都强调教材内容结构需着重关注数学核心素养培育的整体性。义务教育阶段数学教材内容编排由于考虑到学生在不同学段的认知发展阶段性特征,通常呈现螺旋式上升的方式。2019年人教 A 版《高中数学》教材将旧版教材必修 1 和必修 4 中函数的相关内容,整体化有序地编排在必修第一册中,强化了前后章节的内在逻辑;且通过增设函数建模板块,将函数应用融入各章节,强化数学建模素养的渗透。这有助于教师从整体上把握教学内容的内在逻辑,提升教学设计站位,从关注子单元变为大单元设计,改变碎片化的函数教学为整体有序的单元教学,将独立的函数知识点建构成以函数模型观念为中心的单元设计,为学生创建前后一致、逻辑连贯的学习过程。

(二)微观分析多样化栏目设置

通常教材每一章由章引言、正文(分若干节)、拓展栏目、小结、复习思考题 5 个部分组成。章引言,是一章内容学习的宏观导向,具体阐述了本章知识的价值以及主要学习内容和学习方法,起着提纲挈领的作用。正文,均以节导言开始,以习题结束。节导言意在引导学生建构已学知识与本节知识的联系,起着承上启下的作用。正文包含"观察""思考""探究"

"归纳"等栏目,旨在加强问题、引导学习,提高归纳意识,开展学生的数学思维活动。拓展栏目如"阅读与思考""信息技术应用""探究与发现""文献阅读与数学写作"等板块用以拓宽学生视野,让其了解数学知识的形成、发展与应用,培养学生良好的数学表达能力。小结是对本章内容进行梳理归纳,要求学生能对知识进行整合与思考,帮助学生加深对知识的理解,形成系统性知识体系。而教材中的习题或复习题设计旨在练习、巩固所学内容,可从题型、难度分层进行分析。如 2019 年人教 A 版《高中数学》教材每一小节的总习题分为"复习巩固"、"综合运用"及"拓广探索",相比旧版教材 A 组、B 组分类,更突出了习题的层次性与选择性。且结合已有习题难度模型分析可知新版教材"拓广探索"类习题增强了知识综合运用、推理以及运算难度,使得新版教材例、习题难度系数均大于旧版教材。"拓广探索"类习题注重问题导向和任务驱动,要求学生能够通过文本分析、探究实践等多种方式解决问题,并通过类比等方式进行推广拓展,因此这类习题更具挑战性与开放性。

二、重难点特征与分析

(一)教材重点

所谓教材重点是指对学生的认知结构起着核心作用,并在进一步学习中起基础作用和纽带作用的教学内容。教材重点具有以下特征。

1.基础性

基础知识是指学科或教材内容中由一些基本事实及其相应的基本概念、基本原理、基本定律和公式等组成的、相对稳定的知识。基本技能是指应用基础知识去完成某些实际任务的能力,它是通过练习获得的、能够在实践中应用知识的一种能力。基本技能是学科或教材内容中最重要、最常用的技能。那些对进一步学习其他知识和技能起决定作用的基本知识和基本技能,是教学的关键,亦是教学活动中解决主要问题的着手点。

2.稳定性

学科或教材的知识和技能体系,具有相对稳定的内在逻辑联系。这就决定了学科或教材的教学重点具有相对的稳定性。如在平面几何中,教学的重点应是公理、定义和定理。其中定理是由公理和定义推导而来,公理和定义就是教学的关键,亦是教学重点中的重点。理解教学重点的这一基本特性,有助于教师避免和克服确定教学重点时的盲目性和随意性。

(二)教材难点

教学难点是指学生不易理解的知识,或不易掌握的技能技巧,教师较难讲清楚、学生较难理解或容易产生错误的那部分教材内容。一般而言,那些较为抽象、离生活实际较远、问题解决过程复杂等内容,对中学生而言较难理解,通常是教学的难点。在教学过程的三要素中,教学难点在一定程度上取决于作为认识客体的教材内容,更取决于教师教学能力和学生学情,因此教材难点具有不稳定性。

三、例、习题特征与分析

(一)例题

　　例题作为数学教材的重要构成部分,是把知识、技能、思想和方法联系起来的一条纽带,它的选择、布局、数量、设计等都影响着数学学习。

　　教材例题的素材需注重时代性。教材编写者应根据经济社会发展新变化、科学技术进步新成果,及时更新教学内容和话语体系,使教材所用的情境、素材、数据等既反映当代数学与现实生活、经济发展的密切联系,又反映数学与学生熟悉的现实生活的联系。教材例题的分析需突出示范性。例题在知识应用、解题方法和规范表述上都起着引领示范的作用。在一些有社会生活和其他学科背景的应用题,或较难的例题中亦可设计分析过程,引导学生从熟悉的情境中抽象出数学本质。教材例题的目标体现多维性。教材中的每个例题都有其示范的目的与作用,如有的侧重对概念的深化,有的强调法则、性质的运用,有的突出解题方法,有的强调书写规范和解题格式。

(二)习题

　　习题用于复习巩固和综合运用新知,包括随堂练习题、节后练习题、单元后习题、章后复习参考题。习题的设计和选择直接影响数学学习的后续质量。习题编制需具有层次性,以适应不同学生的数学学习需求。习题设计需注重开放性,为学生探求问题提供机会。如,"三角函数的概念"这一节后的习题中"你能利用同角三角函数的基本关系推导出更多的关系式吗?""诱导公式"这一节后的习题中"借助单位圆,还可以建立角的终边之间的哪些特殊位置关系? 由此还能得到三角函数值之间的哪些恒等关系?"等,能让学生利用刚学习过的新知识或新方法开展进一步的探究。

四、数学文化特征与分析

　　《普通高中数学课程标准(2017 年版 2020 年修订)》提出:"数学文化是指数学的思想、精神、语言、方法、观点,以及它们的形成和发展;还包括数学在人类生活、科学技术、社会发展中的贡献和意义,以及与数学相关的人文活动。"数学课程体现数学文化价值是课程理念之一,教材编写者在编排教材时,需将数学文化内容与各模块内容有机结合,如章前、正文、例题、习题、阅读材料等板块。数学文化在融入学习材料的同时,也赋予了学习材料新的意义,即通过数学知识、数学技能等显性知识,渗透数学情感、态度与价值观方面的隐性知识,构建数学课程的隐性组织线索,彰显数学生长力,体现学科育人价值。

五、信息技术特征与分析

　　2018 年 4 月教育部发布《教育信息化 2.0 行动计划》,并在 2019 年 2 月发布《中国教育现代化 2035》。在信息化时代背景下,信息技术与教育的深度融合成为实现教育现代化的工具、手段及核心特征之一。①《义务教育数学课程标准(2022年版)》与《普通高中数学课程标准(2017年版2020年修订)》也强调注重信息技术与数学课程的深度融合,提高教学的实效性。信息技术与数学教材的深度融合,一方面体现教材的时代性,另一方面,将信息技术作为理解教学内容的认知工具,亦可提升学生探究的自主性与积极性。此外,信息技术可以实现数学内容的可视化、动态化,在教材内容中融合相应的信息技术,将一些抽象的数学思维过程转变为直观可见的数量、空间变化过程,以帮助学生更好地理解数学本质。

六、数学探究特征与分析

数学探究是培养学生自主学习、探究能力的重要途径之一。教材作为课程实施的载体,是学生进行数学探究的重要资源。进入21世纪以来,各国中小学数学课程都在强调学生自主探究、合作交流等数学学习活动对数学学习的重要性。数学探究作为培养学生自主学习、探究能力的重要途径,已成为当下最受关注的数学学习活动之一。我国现行的中小学数学课程标准也皆明确提出学生的数学学习活动不应只限于接受、记忆、模仿和练习,还应倡导自主探索、动手实践、合作交流、阅读自学等学习数学的方式。数学教材中标有"探究""思考""观察""探究与发现""阅读与思考""信息技术应用"等显性栏目的,皆为数学探究内容。教材中的探究活动类型亦有多样,如解答活动、实验活动、写作活动、项目活动等。

波利亚曾指出"掌握数学就是意味着善于解题",这里的解题除了传统意义上的"模仿解题",更包括现代意义上注重解决问题的过程、策略以及思维的方法探究的"问题解决"。当前数学教材中的探究内容仍以个人解题探究为主,但大部分探究问题具有开放性的特点,是学生开展探究活动的重要资源。建议在数学教材编写及使用时,注意避免数学探究习题化,重视数学探究的综合实践性,防止数学探究活动流于形式。对此,《义务教育数学课程标准(2022年版)》在综合与实践领域中明确提出的主题式、项目式学习活动,以及《普通高中数学课程标准(2017年版2020年修订)》的内容主线之一数学建模活动,为教师引导学生开展综合性的数学探究活动提供了载体。但由于其具有跨学科性、实践性、合作性等特征,而教师、学生缺乏相应的教与学的经验,此类探究活动在教材设计、教学组织上仍存在挑战,这也是今后教材分析、使用关注的重点。

✳ 练习题

1.数学课程资源的开发与利用应坚持哪些基本原则?结合具体课程资源,谈谈如何坚持这些原则。

2.教师作为课程资源的开发与利用主体,可以采用哪些可能的途径与方法开发与利用数学课程资源?

3.结合具体数学内容主线,谈谈你对现行数学教材的认识与理解。

---

① 孙立会,刘思远,李芒.面向2035的中国教育信息化发展图景:基于《中国教育现代化2035》的描绘[J].中国电化教育,2019(8):1-8.

❋ 拓展阅读

[1]张旭如.中学课程资源开发与利用案例分析[M].北京:高等教育出版社,2017.

[2]吴刚平.课程资源的开发与利用[J].全球教育展望,2001(8):24-30.

[3]傅建明.教师与校本课程开发[J].教育研究,2001(7):56-60.

[4]王鉴.课程资源开发与利用的多元化模式[J].教育评论,2003(2):36-39.

[5]李定仁,段兆兵.论课程资源开发与教师专业成长[J].教育理论与实践,2005(6):42-45.

[6]张维忠.中学数学课程标准与教材研究[M].北京:高等教育出版社,2015.

[7]叶立军.中学数学教学设计[M].北京:高等教育出版社,2015.

第四章　数学学习理论

✲ 学习目标

（1）了解数学学习的概念、特点和分类，知道数学学习的一般过程和特殊过程，体会新课程理念下学生数学学习与数学思维发展的关系。

（2）掌握数学概念学习的定义、形式及影响概念学习的因素等理论知识；掌握数学命题学习的三种学习形式，包括上位学习、下位学习和并列学习；掌握数学技能学习的含义及作用、类别、学习方法、数学技能训练的途径等知识；掌握数学问题解决的含义及教学基本要求；在教学中根据具体教学内容结合以上理论知识进行教学设计。

（3）掌握新课程理念下学生数学学习的特点，关注学生数学学习情感，培养立德树人情怀。通过对主要数学学习理论的学习，体会学习理论与教学之间的关系。

✲ 导　语

本章主要介绍数学学习的基本理论、影响数学学习的几种学习理论以及包括概念学习、命题学习、技能学习和基于问题解决的学习等数学学习的形式。通过本章的学习，学生可以感受数学思维、数学学习的一般理论在数学学习中的重要作用以及掌握数学学习的原则和方法，了解数学学习理论的发展情况以及对当今数学教育改革的启示。

第一节　数学学习一般理论

本节主要阐述数学学习的概念、特点和分类，数学学习的一般过程和特殊过程，同时展示新课程理念下学生数学学习与数学思维发展的关系。

一、数学学习的概念

数学学习是学生学习的重要组成部分。它是指学生依据数学教学大纲,按照一定的目的、内容、要求,系统地掌握数学知识与技能的过程。并在这一过程中,逐步发展数学核心素养,养成良好的数学学习品质。

数学知识与技能的学习一般都以外显形式反映行为变化,而数学情感学习所导致的行为变化往往呈内隐形式。

二、数学学习的特点

数学学习除了具有学生学习的一般特点外,还有以下 3 个显著特点。

第一,数学学习是一种科学的公共语言学习。

由数学符号以及它们的各种有机组合所构成的数学,可以反映存在于现实世界中的关系和形式。因此,数学符号语言是一门公共语言,数学学习便是学习科学的公共语言。

第二,数学学习必须具备较强的抽象概括能力。

数学的研究对象是现实世界的空间形式和数量关系,同时数学的抽象性与概括性还表现在它所使用的高度形式化的数学语言,和它逐次抽象概括的过程。例如小学阶段学习生活中的数字,是由具体实例抽象到纯粹的数字,再到数字的四则运算。初中阶段的学习是由数字抽象到字母,并广泛运用字母。随后学习多项式的运算,字母再进一步抽象到函数、集合等。

第三,数学学习有利于学生演绎推理能力的发展。

数学是一门建立在公理体系基础上,一切结论都需要加以严格证明的科学。数学证明所采用的最基本、最主要的逻辑形式就是三段论。学生在中学阶段的数学学习中,反复学习使用三段论来解答各种数学问题。这对于发展学生的演绎推理能力是有利的。

三、数学学习的分类

(一)数学学习的等级分类

教育心理学家加涅提出的 8 种类型的学习,是从简单到复杂、从具体到抽象、从低级到高级的学习等级分类。数学学习可根据该分类分为以下几种。

1.信号学习

信号学习是由单个事例或一个刺激的若干次重复所引起的一种无意识的行为变化,它属于情绪的反应。

2.刺激—反应学习

刺激—反应学习也是一种对信号做出反应的学习,但它有别于信号学习。信号学习是自发的、情绪的行为变化,而刺激—反应学习是自觉的、肌体的行为变化。

3. 连锁学习

连锁学习是指两个或两个以上非词语的运动刺激—反应学习的一个有序结合。在数学学习中，某些技能的学习带有一定的操作性，它们也是一种连锁学习。例如，利用直尺、圆规、量角器等工具进行画图或作图，制作几何模型等，都是连锁学习。

4. 词语联想学习

与连锁学习一样，词语联想学习也是一种刺激—反应的学习链，只是这条链上的链环是词语刺激—反应，而不是运动刺激—反应。例如数学学习中的记忆三角公式等。

5. 辨别学习

辨别学习就是学会对不同的刺激做出不同的识别反应。辨别学习的困难主要在于以下情形：辨别形式相同而实质不同的两个对象。例如：直角坐标系中方程 $x=3$ 所表征的图象和极坐标系中方程 $\rho=3$ 所表征的图象，二者形式相同但所表征的图象却完全不同，前者是一条直线，而后者是半径为 3 的圆。

6. 概念学习

能够识别一类刺激的共性，并对此做出相同的反应，这一过程称为概念学习。概念学习的特点是抽取一类对象的共同特性，而辨别学习的特点则是识别一类对象的不同特性，这是两者的区别。在概念学习中，共性的抽取总需要有一定的区分能力，因此，辨别学习又是概念学习的前提。

7. 法则学习

法则学习是一系列概念学习的有序连锁，表现为能以一类行动对一类条件做出反应，它是一种推理素养的学习。由于数学是一个演绎结构系统，它的所有结果几乎都是以命题的形式呈现，而命题实际上是某种法则，因此，法则学习是数学学习的一种主要类型。

8. 问题解决学习

问题解决学习是加涅学习分类体系中层次最高的一类学习，它含有发明、创造的意思。所谓问题解决，就是以独特的方式去选择多组法则，综合运用，最终建立起一个或一组新的、更高级的、学习者先前未遇到过的法则。数学家所进行的研究工作一般来说都属于问题解决学习之列。

在数学学习中，解答一般的常规练习只能归入法则运用的范畴。只有当学生自己独立地利用先前所掌握的规律推导得出先前未掌握的结果，才属于问题解决的范畴。

(二)数学学习的二维分类

1. 机械学习和有意义学习

机械学习即死记硬背的学习，是指学生仅能记住某些数学符号或语言文字符号的组合以及某些词句，而不理解它们所表示的内涵。例如对绝对值、相反数这个概念的理解，如果只是停留在表面上，仅记住公式

$$|a| = \begin{cases} a & a>0 \\ 0 & a=0 \\ -a & a<0 \end{cases}$$

而没有理解公式的含义,那么就无法理解当 $a<0$ 时,出现 $-a$ 的原因,在化简 $\sqrt{x^2-2x+1}$ ($x<1$)时,可能会出现 $x-1$ 的答案。

有意义学习是指学生不仅能够记住所学数学知识的结论,而且能够理解它们的内涵,掌握它们与相关旧知识之间的实质性联系。例如反证法的有意义学习,具体表现为:不仅会利用反证法证明一个数学命题(知道用反证法证命题,实际上是证明原命题的逆否命题),而且能够将反证法与先前已经学过的其他证明方法进行比较,指出它们之间的异同点。有意义学习结果的外显形式表现为学生能够融会贯通地运用数学知识,它的内隐形式则是学生数学素养的提高和智力的发展。

2.接受学习和发现学习

接受学习和发现学习是进行方式截然不同的两种学习。前者是指学生以数学结论的形式直接接受所学的数学知识,不涉及学生自己的任何独立发现。后者恰恰相反,学习的主要内容要由学生独立发现,而不是由教师以结论的形式提供给学生。

数学中有大量的内容既可以采用接受学习形式,也可以采用发现学习形式。例如,三角形内角和定理、外角的性质,如果由教师直接呈现定理,然后展示证明,那么对于学生来说,这一学习过程就是接受学习。如果利用画、剪、拼、凑、量的方法,让学生发现关于三角形内角和、外角的相关性质,再独立尝试完成几何证明的过程就是发现学习。

从数学教育心理学研究来看,对数学学习进行分类是必要的。因为不同类别的数学学习,在学习的条件、学习的过程、评价的标准等方面均不相同,对数学学习尽量客观、准确的分类有助于教师根据相应类别的数学学习特点,对学生的数学学习做出指导。

(三)从学习内容看数学学习分类

数学学习内容可以区分为:数学公理、定义、概念、符号,数学定理、性质、公式、法则,数学技能(包括运算、处理数据、推理、作图、绘制图表等),数学思想、数学方法等。

相应地,数学学习可分为以下几种。

1.数学概念的学习

从逻辑学角度看,数学概念的学习就是要认清概念的内涵和外延;从心理学角度看,就是学会对一类刺激做出同样的反应。例如,"整数"概念的学习,就是要知道整数的内涵:正整数、0、负整数,其外延是:$\cdots,-2,-1,0,1,2,\cdots$。当遇到具体的数时,会做出正确判断,如 21、0、-4 都是整数,$\frac{1}{2}$ 不是整数。

由于数学概念具有严密的系统性,后续概念一定是在先前概念的基础上定义的,因此数学概念的学习必须是循序渐进的。另外,对同一数学概念的学习也可以有不同层次,这是一个从粗糙到精确严谨、从表面认识到本质理解的过程。

2.数学原理的学习

这是一种在数学概念学习的基础上,对概念与概念之间关系的学习。例如,"等腰三角形两底角相等"是一个数学定理,学习它应当在掌握"等腰三角形""底角"(与等腰三角形的"顶角"相区别)等概念的基础上进行,而学习的重点则放在对"相等"关系的认识上(寻找为什么相等)。再如,学习"均值不等式",应当在掌握"算术平均数""几何平均数"等概念的基础上进行,而学习的重点应在对两者关系的认识上,即什么时候是严格的不等、什么时候相等。数学原理学习的结果使学生能够用某种适当类别的行为样例对某类刺激情景的任何样例做出反应。例如,学生以一类行为 $\left(\text{计算}\dfrac{2+7}{2}, \dfrac{4-12}{2}, \dfrac{8-1}{2}\text{等}\right)$ 对一类刺激情景(计算 $\sqrt{2\times7}, \sqrt{4\times12}, \sqrt{8\times1}$ 等)做出反应,其行为必然会因为"大于"的关系而与刺激相联系。而支配这一行为的规则就是"算术平均数大于几何平均数"。

3. 数学思维过程的学习

数学思维过程的学习是以数学思想方法为载体,以数学思维技能、技巧和数学思维策略为手段而实现的学习。这里,数学思维策略是学生将已掌握的数学知识技能应用于问题情景的方法,而这些问题可能是学生以前没有遇到过的。

数学思维过程的学习主要包括以下内容:在阅读数学材料时使用"执行控制过程"引导自己的注意,有选择地感知自己阅读的材料;发现和组织相关信息,如使用观察、试验等手段发现数学问题的特征和规律,运用比较、类比、联想等发现不同数学对象之间的内在联系;整理、组织和记忆数学知识;在数学问题解决中,寻找问题的关键信息,解释、转换问题的各种信息(如采用文字、符号、图表、图象等手段),将已经尝试过的方法保持在大脑中,权衡其假设的可能性,将目标进行分解,将部分综合成整体,在遇到困难时及时转换思路;通过具体问题的解决而归纳概括出具有一般意义的思想方法;等等。

值得指出,数学思维过程的学习是在数学基础知识和基本技能的学习过程中体现出来的。使学生养成用数学的方式(数学思维)思考的习惯是数学教学的主要目的之一,但是学生必须具备构成他们数学思维内容的数学基础知识和基本技能,原因是学生无法在无知的状态下进行思考。因此,学习数学时要将主要的时间和精力用在基础知识和基本技能的学习上,这并不一定意味着就是忽视数学思维过程的学习。

4. 数学技能的学习

数学技能是一种通过学习而获得的顺利完成某种数学任务的动作或心智活动方式。数学技能主要是一种智力技能,以运算、推理和作图等方式外显,它的学习通常伴随反复练习。

5. 数学态度的学习

数学态度,作为数学学习的一种心理和神经中枢的准备状态,是长期数学活动经验的结晶,对个体的数学活动产生直接的影响,其中包括兴趣、动机、性格等。数学态度的学习是一个长期的、潜移默化的过程,是一种内隐学习,主要通过在数学学习过程中渗透数学的精神、思想和方法得以实现。

(四)从数学知识的来源看数学学习分类

1. 发现学习

发现学习指学生所获得的数学知识来自自己的直接发现或创造,而非经由他人传授。数学学习中的发现学习是客观存在的。例如,当学生通过对若干具体三角形各内角的度量,发现"三角形内角和为 $180°$"的规律,随后通过严格的几何推理论证,证实了这个规律的普遍性,这就是发现学习的过程。

2.接受学习

接受学习指学生所获得的数学知识来自他人经验的传授,学生把人类社会已经获得的数学知识经过自己的占有和吸收,内化到自己的数学认知结构中去。

数学学习中,接受学习与发现学习的区分,主要依据数学知识的来源。如上述关于"三角形内角和为 180°"的学习,如果是事先给定这一命题,学习的任务是以若干具体三角形的例证来检验其正确性或者通过几何推理证明命题的正确性,那么这一学习过程就是接受学习。如果学生事先没有被告知命题的内容,命题及其正确性都是通过学生自己的探索而发现和论证的,那么这一学习过程就是发现学习。总的来说,学生的学习过程是一个新旧知识相互作用的过程,同化和顺应是学习的内在机制。因此,发现学习与接受学习同时存在于数学学习过程中。

四、数学学习的一般过程

数学学习的过程,从本质上说是一种认识过程,其间包含一系列复杂的心理活动。这些心理活动包括两类:一类是有关学习积极性的,如动机、兴趣、态度与意志;另一类是有关学习的认知过程本身的,如感觉、知觉、思维和记忆。数学学习正是借助于上述两类心理活动完成的。

数学学习的一般过程可分为三个阶段,即输入阶段、相互作用阶段和操作运用阶段。

(一)输入阶段

输入阶段是给学生提供新的数学信息和新的学习内容,并创设数学学习的情境的阶段。在输入阶段,一方面要激发学生的学习动机和学习兴趣,另一方面要通过必要的复习等手段强化已有知识与新知识间的相关性,使学生具备必要的认知准备。

(二)相互作用阶段

该阶段是学生原有的数学认知结构与新学习的内容相互作用的过程,有同化和顺应两种基本方式。同化,即主体将外界客体纳入自身已经形成或正在形成的认知结构。顺应,即当主体的认知结构不能够有效地同化客体时,主动调节和改变原有认知结构以适应外界客体的过程。

(三)操作运用阶段

该阶段在第二阶段产生新的数学认知结构的基础上,通过练习等活动,使新学习的知识得到巩固,通过进一步解决数学问题,使新的数学认知结构日趋完善,并达到预期目标。通过该阶段的学习,学生不仅掌握了一定技能,而且能力也得到了进一步的发展。

上述数学学习的一般过程可如图 4-1 所示。

图 4-1 数学学习的一般过程

五、数学学习的特殊过程

数学学习的特殊过程指的是数学知识、数学技能和数学问题解决的学习过程。

数学知识是人们对客观事物空间形式和数量关系的认识,是人们对客观世界的经验概括,它包括数学概念、数学命题、数学思想方法以及数学史知识等。

数学技能是通过训练而形成的一种动作或心智的活动方式,中学数学的基本技能是指按照一定的步骤与程序进行运算、简单推理,以及画图、绘制图表、处理数据等。

数学问题解决是在具备了一定数学知识、形成了一定数学技能的基础上,综合地应用数学能力解决问题的活动。

第二节　数学概念学习

数学概念是数学知识的重要组成部分,是数学学习的主要内容。

一、数学概念的定义

能够识别一类刺激的共性,并对此做出相同的反应,这一过程称为概念学习。在概念学习中,对一类刺激的共性进行抽象需要具备一定的区分能力,因此,辨别学习又是概念学习的前提。

数学研究的对象是现实世界的空间形式和数量关系。数学概念是反映这些数学对象的本质属性和特征的思维形式。例如平行四边形的概念在人们的思维中总反映出"形状是四边形,且两组对边分别平行"的特征。这样的特征正是平行四边形的本质属性。又如,人们从现实的圆形物体的形象得到了圆的感性认识。在实践过程中,为了创造圆形工具或器皿需要画圆,从而逐步认识圆的本质属性:圆是平面内到一个定点的距离等于定长的点集(或封闭曲线)。这样就形成了圆的概念。

数学概念的语词表达的一般形式是"(概念的本质属性)……叫作……(概念的名词)"。

二、数学概念的特征

具体包括以下两点。

(一)数学概念具有抽象和具体的双重性

数学概念是反映一类事物在数量关系和空间形式上的本质属性的思维形式,它排除了对象具体的物质内容,抽象出内在的、本质的特征。这种抽象可以脱离具体的物质内容,在已有的数学概念基础上进行多级的抽象,形成具有层次性的体系。譬如,函数→连续函数→可微函数,这就是一个函数概念体系的抽象体系。显然,随着概念的多级抽象,所得到的概念的抽象程度就会越来越高。

(二)数学概念具有逻辑连续性

在一个特定的数学体系中,数学概念之间往往存在着某种关系,如相容关系、相斥关系等,而这些关系实质上是逻辑关系。在一个体系中,孤立的数学概念是不存在的,因为这种概念没有太大的意义和研究价值。反过来,数学概念的逻辑化又使得数学概念系统化,公理化系统就是数学概念系统化的最高表现形式。

三、数学概念学习的形式

数学概念的学习过程,包括概念的理解与概念的应用两个阶段,其中,概念的理解又分为感知、分化、概括和巩固 4 个阶段。

数学概念的学习有两种基本方式:一是概念形成,二是概念同化——以定义的形式呈现。

(一)概念形成

概念形成是一种让学生积极主动地发现概念所反映的事物的不同例子的本质属性,从而形成新概念的过程。概念形成的心理过程为:

(1)辨别同类事物的不同例子,根据事物的外部特征,在直观水平上进行辨认;

(2)提出它们的共同本质属性的各种假设并加以检验,从而抽象出各例子的共同属性;

(3)把概括出来的本质属性与认知结构中的适当观念联系起来,扩大或改组原有的数学认知结构;

(4)将本质属性推广到同类事物中去,明确新概念的外延。

例如,对于初中阶段"函数"内容的学习,如果教学按如下过程设计,就是一种典型的概念形成方式。

第一,让学生分别指出下面各题中的变量及变量之间的关系。

(1)以每小时 50 千米的速度匀速行驶的汽车,所驶过的路程和时间。

(2)表格所给出的某水库的存水量与水深。

(3)由某一天气温变化的曲线所揭示的气温和时间。

(4)任何整数的平方运算中,底数与它的二次幂。

第二,找出上述各题中两个变量之间关系的一些共同属性。

第三,进一步考察各题,确认本质属性。在④中,底数取－2 和 2,其二次幂都是 4,没有发生变化,可见一个量变化,另一个量也跟着变化不是它们的本质属性;而一个变量每取一个确定的值，相应地另一个量也唯一地确定一个值，这才是它们的本质属性。同时，前一个变量的取值有一定的范围或限制也是其本质属性。

第四，学生辨别若干正、反例，强化概念。

第五，在此基础上，抽象和概括出函数定义。

学习函数的概念之前，由于学生主要学习的是式的恒等变形、方程的同解变形等，形成的是一种着眼于"运算"的认知结构，与函数着眼于"关系"的知识结构之间存在不相适应的状况，因此，教师应借助概念形成的过程对学生原有的认知结构进行调节和改变，建立新的数学认知结构。

在学生利用概念形成学习数学概念的过程中，教师须按照学生的心理发展规律组织教学活动，在教学活动中应注意以下几点。

第一，所呈现给学生的观察材料应该是正例，否则会造成负干扰，使学生难以观察和分析出事物的共同属性，而且呈现的例子应是学生能够分辨和理解的。

第二，在比较和分化的基础上，找出共同属性并进一步确认本质属性，该阶段可运用反例或变式突出其本质属性。

第三，新概念的形成必须对原有认知结构进行扩充或改变，使新旧概念得到精确分化，形成新的认知结构，由此使新概念得以巩固。

（二）概念同化

概念同化是由学生主动地与自己认知结构中原有的相关概念相互联系、相互作用以领会它的意义，从而获得新概念的方式。从本质上讲，概念同化是利用已经掌握的概念去学习新概念，或者修改、改造旧概念使之适应新的学习需要的过程。

概念同化学习必须具备两个前提条件：第一，新学的概念本身必须具备逻辑意义；第二，学生原有的认知结构中要具备同化新概念所需要的知识经验。

概念同化的心理过程包括以下 3 个方面。

一是辨认。辨认定义中哪些是新概念，哪些是已有概念，新、旧概念之间存在着什么关系，这一过程包含了回忆与知识的重现。例如，学习矩形的概念，在给出矩形特征之后，学生必须对"四边形""平行四边形""相邻两边的夹角"等已有概念进行回忆和辨认。

二是同化。建立新概念与原有概念之间的联系，把新概念纳入原认知结构，使新概念被赋予一定的意义。例如，上述关于矩形概念的学习，学生将矩形与平行四边形进行比较，发现新概念"矩形"是已有的旧概念"平行四边形"的组合，于是通过建立新、旧概念的联系获得矩形概念。同时，学生获得新概念后又扩大了原有的数学认知结构。

三是强化。将新概念与适当反例相比较，使新概念与原有概念进一步精确分化。

概念同化的本质是利用已经掌握的概念去获取新概念，因此概念同化的学习方式必须具备一定的条件。从客观上说，学习的材料必须具有逻辑意义，所学的新概念应与学生已有的相关概念建立"非人为"联系和"实质性"的联系。这里的"非人为"联系，指知识与知识之间继承和发展的关系，是知识内在的联系，而不是人为强加上去的。如果学生把新知识与原有认知结构中已有的不适当、不相关的知识生拉硬扯地强行联系起来，那么就会使新、旧知识之间建立"人为的"联系。

例如，学生出现类似 $\lg(x+y)=\lg x+\lg y$，$\sin(x+y)=\sin x+\sin y$ 等错误，就是把

$\lg(x+y)$、$\sin(x+y)$与原认知结构中已有的"多项式乘法对加法的分配律"知识强行联系起来，使知识间产生了"人为的"联系。

从主观上讲，学生原有的认知结构中要具备同化新概念所需的知识经验，还要有积极学习的心态，让个人的认知活动积极参与，才能使新概念与认知结构中相关的旧知识发生相互作用，或者改变已有认知结构形成新概念，或者使新概念与原有的认知结构中的相关知识进一步分化和融会贯通，实现概念同化。

(三)概念理解的两种形式的比较

概念形成是以学生的直接经验为基础，用归纳的方式抽取出一类事物的共同属性，从而达到对概念的理解。因此，在教学方法上，布鲁纳的"发现法"适合于低年级的学生学习数学概念，也适合于"原始概念"的学习，因为原始概念多是建立在对具体事物的性质的概括上，依靠的是学生的直接认识与直接经验。

概念同化则以学生的间接经验为基础，以数学语言为工具，依靠新、旧概念的相互作用来理解新概念，因而在教学方法上多是直接呈现定义，与奥苏贝尔的"有意义地接受学习"方式基本一致。由于数学概念具有多级抽象的特征，学生学习新概念在很大程度上依赖于旧概念以及原有的认知结构，所以概念同化的学习方式在高年级学生的数学概念学习中使用得较普遍。

最后指出两点：一是概念形成与概念同化不是相互独立而互不相关的。事实上，从上述分析两种学习形式的心理过程可知，概念形成也包含着同化的因素，是用具体的、直接的感性材料同化新概念。二是无论低年级还是高年级学生，在数学概念教学中都不宜单纯地运用某一种方式。概念形成的教学方式有利于培养学生观察、发现的能力；概念同化的教学形式可以节约教学时间，利于培养学生数学抽象及逻辑推理素养。因此在数学概念教学中，应当把两种形式结合起来综合使用，使之扬长避短、互为补充。

四、影响掌握概念的因素

影响掌握概念的因素具体包括以下几点。

第一，经验与抽象概括的能力。

概念的获得依赖于学生已有的相关感性材料、经验和抽象概括能力。例如抽象概括能力差，容易抓不住事物的本质属性，不易明确概念的内涵和外延，出现"诸如$|a|=a$""直角三角形的直角边上没有高"等错误。

第二，概念的本质属性和非本质属性。

概念的本质属性越明显，学习时就越容易掌握。

第三，学生已有的数学认知结构状况。

在数学概念的学习中，学生原有认知结构的状况极其重要。一方面是由于各种方式的概念学习都是在原有认知结构的基础上进行的，且概念学习得以顺利展开的根本动力是学生原有的认知结构与新概念之间的矛盾。当学生原有的认知结构与新的数学概念不相适应时矛盾激发，就会引起解决这种矛盾的倾向，思维活动的积极性和主动性也随之产生。

第四，感性材料和知识经验。

概念形成主要依赖于对感性材料的抽象概括,而概念同化主要依赖于对知识经验的概括。因此,感性材料和知识经验是影响概念学习的重要因素。

第五,变式。

要理解一类事物的共同本质属性,往往可以通过列举、分析具有该本质属性的事物或不具有该本质属性的事物来获得。如"曲线的切线"这一概念,可以通过"抛物线的对称轴与该抛物线只有一个焦点,但它不是切线",来说明"只有一个公共点"不是"曲线的切线"的本质属性。

五、概念的应用

概念的获取,还不能离开概念的应用,只有达到对概念的应用水平,才能认为是掌握和巩固了概念。心理学将概念的应用分为两个层次,即知觉应用水平和思维应用水平。

所谓知觉应用水平,是指学生获得同类事物的概念以后,当遇到这类事物的特例时,能立即把它看作这类事物中的具体例子,将其归入一定的知觉类型。例如,在学习了用代入法和加减法解二元一次方程组的内容后,当学生再次面临一道具体的二元一次方程组题时,如果能将其归入所学过的两种方法之一加以解决,那么就达到了知觉应用水平。

思维应用水平,是指学生学习的新概念被包含于水平较高的原有概念中,因而新概念的应用必须对原有概念进行重新组织和加工,以满足解决当前问题的需要。例如,在讲授对数函数的性质时,要证明 $y=\log_a x$,当 $a>1$ 时单调递增,就必须用到一般函数 $y=f(x)$ 的单调性的概念,利用一般函数单调性的判定方法去解决当前问题。即对定义域 D_x 内自变量 x_1,x_2,若 $x_1>x_2$,则 $f(x_1)>f(x_2)$,则 $f(x)$ 在 D_x 上单调递增。用于当前问题时需要重新组织,即须证当 $a>1$ 时,$\log_a x_1>\log_a x_2$。该过程即概念的思维应用水平。

概念的知觉应用水平与思维应用水平是概念应用的两个阶段,在教学中应精心设计例题和习题,根据具体情况采用恰当的方式,使学生具有将概念在两种不同水平上应用的能力。

第三节   数学命题学习

数学命题是数学知识的重要组成部分,是数学学习的主要内容。

所谓命题,是表示两个或多个概念之间的关系的语句。因此,命题学习实际上是学习若干概念之间的关系,也就是学习由几个概念联合所构成的复合意义。它包括发现命题,理解其语句所表达的复合观念的意义,论证命题。就其复杂程度来说,数学命题学习一般高于概念学习,是意义学习的一种最高级形式。数学命题学习,主要是指数学定理、公式和法则的学习。

一般来说,新命题的学习与学生原有认知结构中的相关知识的关系有下位关系、上位关系、组合关系 3 种类型,对应这 3 种关系,数学命题有 3 种学习形式,即下位学习、上位学习和组合学习。

一、下位学习

学生头脑中原有的认知结构的范围大于或概括程度高于新学习的内容,这种学习称为下位学习。

如:先安排函数的教学,再安排正比例函数、一次函数、反比例函数的教学。先安排四边形的教学,再安排平行四边形、矩形、菱形、正方形的教学(见图4-2)。

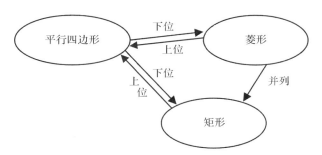

图 4-2　举例说明三种学习方式之间的关系

下位关系有两种形式:

一种是派生的下位,即新的学习内容仅仅是学生已知的、涵盖面较广的命题的一个例证。如菱形为平行四边形的特例。再如,学习了函数单调性的概念和判定后,再学习指数函数的单调性定理,就属于派生的下位学习。

另一种是相关的下位,当新内容扩展、修正或限定学生已有的命题,并使其精确化时,表现出来的就是相关的下位。例如,在学习了"三角形内角和等于180°""三角形中大边对大角"等一般三角形的知识后,再来学习等腰三角形和直角三角形的有关性质和定理"等腰三角形两底角相等""勾股定理"等,就属于相关的下位学习。下位学习的效率与原有的认知结构有关。

二、上位学习

在认知结构中已经形成的几个概念的基础上,学习一个概括程度更高的数学命题,称为上位学习。(上位学习、下位学习是相对原有知识而言的。)

例如,在学习一般的二次曲线时,学习者要对几种特殊的二次曲线(圆、椭圆、双曲线、抛物线等)进行概括,改变原来具有的特殊二次曲线的认识结构,成为一般二次曲线的认知结构。

或者,在完成全等三角形的学习后,再学习相似三角形。

三、组合学习

新的数学命题与原有认知结构有一定联系,但既不是上位关系,也不是下位关系,则这种学习方式称为并列学习或组合学习。

组合学习的关键在于寻找新定理与原有认知结构中的有关定理的联系（共同特征），使得它们能在一定意义下进行类比。

以上3种命题的学习方式互相之间并不矛盾，常同存在于同一命题的学习中，只是所占比重不同。

第四节 数学技能学习

一、数学技能的含义及作用

技能是顺利完成某项任务的一种动作或心智活动方式。它是一种接近自动化的、复杂而较为完善的动作系统，可通过有目的、有计划的练习而习得。数学技能是顺利完成某项数学任务的动作或心智活动方式。它通常表现为完成某一项数学任务时所必需的一系列动作的协调和活动方式的自动化。这种协调的动作和自动化的活动方式是在已有数学知识经验基础上经过反复练习而形成的。如学习有关乘数是两位数乘法的计算技能，就是在掌握其运算法则的基础上通过多次的实际计算而形成的。数学技能与数学知识和数学能力既有密切的联系，又有本质上的区别。它们的区别主要表现为：技能是对动作和动作方式的概括，它反映的是动作本身和活动方式的熟练程度；知识是对经验的概括，它反映的是人们对事物和事物之间相互联系的规律性的认识；能力是保证活动顺利完成的某些稳定的心理特征的概括，它所体现的是学习者在数学学习活动中反映出来的个体特征。三者之间的联系，可以比较清楚地从数学技能的作用中反映出来。

数学技能在数学学习中的作用可概括为以下几个方面：

第一，数学技能的形成有助于数学知识的理解和掌握；

第二，数学技能的形成可以进一步巩固数学知识；

第三，数学技能的形成有助于数学问题的解决；

第四，数学技能的形成可以促进数学能力的发展；

第五，数学技能的形成有助于激发学习兴趣；

第六，数学技能的形成有助于调动学习积极性。

二、数学技能的类别

数学技能可以分为操作技能和心智技能。

（一）数学操作技能

操作技能是指数学任务活动主要是通过外部机体运动或操作去完成的。它是一种由各个局部动作按照一定的程序连贯而成的外部操作活动。如学生在利用测量工具测量角的度数、测量物体的长度，用作图工具画几何图形等活动中所形成的技能就是外部操作技能。操作技能具有有别于心智技能的一些比较明显的特点：一是外显性，即操作技能是一种外显的活动方式；二是客观性，是指操作技能活动的对象是物质性的客体；三是非简约性，就动作的结构而言，操作技能的每个动作都必须实施，不能省略和合并，是一种展开性的活动程序。如用圆规作圆，确定半径、确定圆心、圆规一脚绕圆心旋转一周等步骤，既不能省略也不能合并，必须详尽地展开才能完成作圆的任务。

（二）数学心智技能

心智技能即按一定的、合理的、完善的方式进行的心理活动方式。例如，运算、推理论证技能都是心智技能。心智技能的形成有如下几个阶段：首先是掌握心智活动各环节的活动方式；其次是心智活动各环节逐渐联成一个整体，且内部语言趋于概括化和简约化，运算或推理逐渐简缩；最后是心智活动熟练化、自动化。随着心智技能的熟练，主体所需投入的意志努力逐渐减少。

数学心智技能作为一种以思维为主要活动成分的认知活动方式，有着区别于数学操作技能的个性特征，这些特征主要反映在以下 3 个方面。

第一，动作对象的观念性。数学心智技能的直接对象不是具有物质形式的客体本身，而是这种客体在人们头脑里的主观印象。如 20 以内退位减法的口算，其心智活动的直接对象是"想加法算减法"或其他计算方法的观念，而非某种物质化的客体。

第二，动作实施过程的内隐性。数学心智技能的动作是借助内部语言完成的，其动作的执行是在头脑内部，主体的变化具有很强的内隐性，很难从外部直接观测。如口算，我们能够直接观测的是学生外部语言所反映出来的计算结果，而计算时的内部心智活动是无法看到的。

第三，动作结构的简缩性。数学心智技能的动作不像操作活动那样必须把每一个动作都完整地做出来，也不像外部言语那样必须将每一个动作都完整地说出来，它的活动过程是一种高度压缩和简化的自动化过程。因此，数学心智技能中的动作成分是可以合并、省略和简化的。如 20 以内进位加法的口算，学生熟练掌握以后可能会在计算时无意识地完成"看大数""想凑数""分小数""凑十"等动作，整个计算过程被压缩成一种脱口而出的简略性过程。

数学技能的形成是学生练习的直接结果，其途径有两条：其一是伴随着数学理论的获得而形成数学技能，其二是在综合应用数学理论过程中形成数学技能。

三、数学技能的学习方法

（一）数学操作技能的学习方法

学习数学操作技能的基本方法是模仿练习法和程序练习法。模仿练习法是指学生在学习时根据老师的示范动作或教材中的示意图进行模仿练习，以掌握操作的基本要领，在头脑里形成操作过程的动作表象的一种学习方法。用工具度量角的大小、测量物体的长短、几何图形的作图、几何图形面积和体积计算公式推导过程中的图形转化等技能一般都可以通过模仿练习法掌握。

(二)数学心智技能的学习方法

学生的心智技能主要是通过范例学习法和尝试学习法获得。范例学习法是指学习时按照课本提供的范例,将数学技能的思维操作程序一步一步地展现出来,然后根据这种程序逐步掌握技能的心智活动方式。

整数、小数、分数的四则计算,课本都提供了计算的范例,学习时只需要根据范例有序地进行计算即可掌握计算方法。如被除数和除数末尾都有 0 的除法的简便算法,课本安排了范例,学习时只需要明确范例所呈现的计算程序和方法,并按照这种程序和方法进行计算即可掌握被除数和除数末尾都有 0 的除法简便计算。尝试学习法是指在学习中由学生自己去探索和尝试问题解决的方法,并在不断修正错误的过程中找出解决问题的操作程序,进而获得数学技能的心智活动方式。尝试学习法属于探究式的发现学习法,总结运算规律和性质并运用它们进行简便计算、解答复合应用题、求某些较复杂的组合图形的面积或体积等技能都可以运用这种学习方法来掌握。这种方法较多地运用于题目本身具有较强探究性的变式问题解决的学习,如用简便方法计算 $1001 \div 12.5$,由于学生在前面已经掌握除法商不变性质,练习时就可通过将除数和被除数都乘以 8 使被除数变成 8008、除数变成 100 的途径去实现较简便的计算。尝试学习法虽然有利于培养学生的探索精神和解决问题的能力,但耗时太多,学习时可将它和范例学习法结合起来。两种学习方法互为补充,这样数学技能的学习会更加富有成效。

四、数学技能训练的途径

(一)重视教师的指导示范作用

中小学生的学习更多的是模仿教师的示范动作,所以教师的示范对中小学生数学动作技能的形成尤为重要。教师要充分采用示范与讲解相结合、整体示范与分步示范相结合等措施,帮助学生准确无误地掌握操作要领,形成正确的动作表象。所谓程序练习法,就是运用程序教学的原理,将所要学习的数学动作技能按活动程序分解成若干局部的动作,逐一练习,最后将这些局部的动作综合成整体,形成程序化的活动。如用量角器测量角的度数、用三角板作垂线和平行线、画长方形等技能的学习都可以采用这种方法。用该方法学习数学动作技能,在分解动作时应注意突出重点,重点解决那些难以掌握的局部动作,这样可以有效地提高学习效率。

(二)突出练习环节

练习是学生在教师指导下,有组织、有目的的学习活动。在教学中,教师须为学生提供有效的练习时机与条件。为此,在教学中,教师应该做到如下 5 点。

第一,明确练习的目的和要求;

第二,练习必须有计划、有步骤地进行;

第三,处理好练习的数量与质量的关系,做到保质保量,以期达到事半功倍的效果;

第四,练习方式多样化;

第五,使学生知道每次练习的结果。

(三)注意总结经验教训,及时反馈

教师在教学中要针对学生的学习情况及时做出反馈,以便学生能够及时纠正。

第五节 数学问题解决学习

"问题解决"是数学教育的又一个热门话题。它是美国对"新数"运动以及"现代数学教育改革"进行反思和调整之后,于1980年在美国数学教师协会公布的《关于行动的议程》文件中首先提出的。该文件指出必须把问题解决作为20世纪80年代中学数学教育的核心。问题解决从提出至今已经过去了近半个世纪,但它仍然影响着当今的数学教育。它也仍然是21世纪初的重要研究课题。1983年,美国数学教师协会又进一步提出应向学生提供运用算术和数学解决各领域中的实际问题的机会,诸如可以通过数学来分析自然科学问题、社会科学问题、消费购买问题和日常生活中可能遇到的各种其他问题,并认为学生目前学习的只是如何成为技术人员而不是成为解决问题的人员,现状需要改变。英国的《科克罗夫特报告》提出应将问题解决作为课程论的重要组成部分,认为教育的核心是培养解决问题的能力,强调数学只有在能应用的情况下才是有用的。而日本将重点放在培养数学思考能力上,提出"问题解决"的教育与适应性的教育应成为日本数学教育的两个研究焦点。

一、问题的含义及特征

(一)问题的含义

问题解决离不开问题,在直觉的水平上,大家都知道什么是问题。但究竟什么是问题?问题多种多样,内容和形式千差万别。心理学家们对问题的表述也不尽相同。总的来说,大多数心理学家都认为"问题"包含3个基本成分。

第一,给定,即问题的起始状态;

第二,目标,即问题要求的答案或目标状态;

第三,障碍,即给定与目标之间的隔阂,通过思维可以寻求解决的方法。

(二)问题的特征

就一个数学问题本身来讲,应有以下特征。

第一,在问题和解答中包含着数学知识和数学技能;

第二,在学生已有的知识和能力范围内有多种解决方法;

第三,能用学生已有的知识和方法进行推广,或推导出相类似的问题;

第四,包含的数据能组合、分类、制表和分析;

第五,能借助于模型或图象解决;

第六,能激发学生兴趣并具有智力挑战性。

例如:在一块长 4m、宽 3m 的矩形荒地上,开辟一个花坛,使花坛的面积是原荒地面积的一半,可以如何设计?

这个问题具有上述的某些特征:一是紧扣教材,运用一元二次方程的知识和技能可以解答;二是答案并不唯一,学生可以充分发挥想象力进行多种设计(见图 4-3);三是变换题目的条件,可以编制出解法类似的新题目。

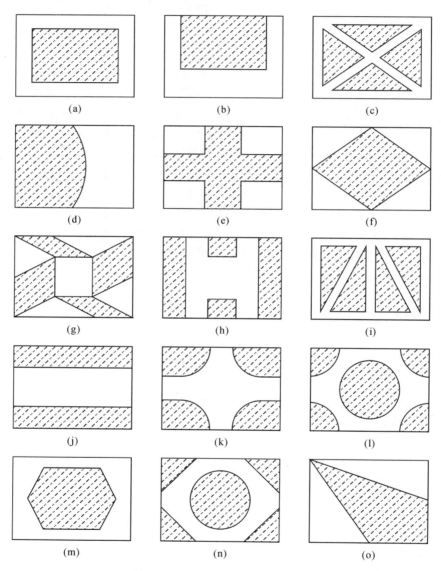

图 4-3 花坛设计问题的多种解法

如,将问题中的条件改为:使花坛的面积是原荒地面积的 $\frac{2}{3}$。这就编制出了与原问题解法类似的另一个新题目。

就认识问题的主体——学生而言,问题又必须具有以下 3 个特征:

第一,接受性。学生对问题感兴趣且乐意思考,并具备思考问题的知识和能力。

第二,障碍性。学生无法立刻获得解决问题的策略或者一眼看出答案,须经过反复思考,甚至进行多次尝试才能达到目的。

第三,探究性。学生不能按现成的方法、程序或算法解决问题,而需要进行探索研究。

(三)数学问题的类型

数学问题究竟如何分类?学者们的观点不尽相同。我国的学者主张将数学问题分成 4 种类型:综合题、数学模型、开拓探究问题、开放型问题。

第一,综合题。这是我国教科书中常见的问题,涉及的知识包含数学教科书中多个单元或几何、三角、代数等各个内容领域。在解题的策略方面,常常需要某些独特的思想方法。

第二,数学模型。这是以自然和社会为背景的实际问题。在中学数学教科书中常见的数学模型,大多与相关学科知识有关。如路程公式: $s=vt$;自由落体公式: $s=\dfrac{1}{2}gt^2$ 。

例如人口增长模型问题。我国现有人口 14 亿,试按下列要求,给出 n 年后,我国人口数 p 。
(1)人口保持不变。则 $p=14\times10^8$;
(2)平均每年增加 2 万人。则 $p=14\times10^8+2n\times10^4$;
(3)平均每年增加 1‰。则 $p=14\times10^8(1+1‰)n$ 。

第三,开拓探究问题。这类问题,一是将原问题的某些具体条件用更一般化的条件替代,或是转化为逆问题,使问题能够推广或扩充到各种情形中;二是这类问题的解决策略,通常不包含在问题的陈述之中,需要学生思考、探索,寻求解决的方法。

例如河水流量问题,如图 4-4 所示,A 处有 5/8 的河水流入 B 处,而 B 处有 3/5 的河水流入 D 处,问有多少 A 处的河水流入 f 处?

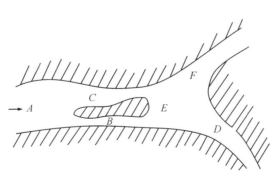

图 4-4　河水流量问题

该问题只给出了具体情形,解题的策略没有在问题中陈述,同时在解题时要善于挖掘问题中的隐含条件,从中探索出解决问题的方法。

第四,开放型问题。开放型问题是相对于数学课本中有明确条件和明确结论的封闭型问题而言的。这类问题答案不唯一,所给的条件也可能是多余的。但是开放型问题并不等于随意性问题,结论仍然要求能解决实际问题,且确定、精确。如上文所述的花坛设计问题,尽管设计的方案可以多种多样,但计算需要定量化,每种设计经计算出的结果须确定、精确。

(4)数学问题与习题的区别

无论按照哪种方法将"问题"分类,按我们所论述的"问题"的含义、特征来看,"问题解决"中的问题,主要指的是非常规问题。它与传统的数学练习题或习题有着本质的区别。

问题适合于学习探究的技巧,适合于发现数学事实。因此:问题的内容是非常规的,即不是简单模仿教材内容,或参考范例;问题的表述形式可以是呈现一种情景、一种实际需求;问题的解决模式形式多样,答案不唯一,条件可有多余。从教育的功能来看,问题主要用来培养应用意识和创新意识,树立数学观念。

数学练习题或习题适用于学生学习数学事实,训练数学技能和技巧。其内容通常是一些常规算法或方法的运用,或简单的组合。题型的模式一般无情境且结构完整。在教育功能上,它主要用于巩固所学的数学知识和训练技能、技巧。

二、问题解决的含义及教学

(一)问题解决的含义

学界对问题解决(problem solving)的界定不一,主要有以下 5 类。

1.问题解决是过程

美国 1988 年发表的《21 世纪的数学基础》文件中指出,问题解决是把已学到的知识运用到新的和不熟悉的情境中的过程。第六届国际数学教育大会上,"问题解决、模型化和应用"课题组主席尼斯(Niss),将问题解决定义为从尝试到解决问题的全过程。从数学教育哲学的角度来看,所谓问题解决就是学生学习数学的活动过程,是以学生已有的知识和能力为基础的主动建构过程,是通过数学思维,不断数学化的过程,是一个探索、再发现、再创造的过程。

2.问题解决是教学目的

全美数学督导委员会在 1988 年的《21 世纪的数学基础》报告里提到,学习数学的主要目的在于问题解决。这正如西尔弗(Silver)所说:"世界上几乎所有的国家都把提高学生的问题解决的能力作为数学教学的主要目的之一。"

3.问题解决是能力

数学教育的主要目的是培养学生的数学能力,而问题解决的能力正是数学能力的核心,它是其他基本能力的组合和发展。因此,1982 年英国的《科克罗夫特报告》就把问题解决作为"数学运用于各种情境的能力"。

4.问题解决是心理活动,也是数学活动

问题解决是人们在日常生活和社会实践中面临新情景、新课题时,发现问题与主客观需要存在矛盾,而自己却没有现成对策时,所引起的寻求问题处理办法的一种心理活动。这种心理活动对学生来讲就是学习活动,数学教学是数学活动教学,学数学最好的方法是做数学。因此,问题解决的学习就是一类重要的数学活动,它包含一种或几种基本的数学活动,如运算、推理及建立模型等活动。

5.问题解决是教学形式

在英国的《科克罗夫特报告》里给教师提出的5条建议中,第一条就是"应在教学形式中增加讨论、研究、问题解决和探索等形式",它是"课程论的重要组成部分"。因为问题解决提倡教师与学生、学生与学生之间讨论和交流,并且与其他教学方法有机结合,贯穿于整个教学过程之中,所以它是合理课程不可缺少的有机组成部分。

尽管"问题解决"在各国的文献中有不同的解释,但强调学生创造性地解决未解决的问题,培养学生的思维能力,树立数学观念,是共同的认识。

上文阐述,数学教学是数学活动的教学,这就必须给学生创造一个"观察、试探、猜想"的情境。依据这些观点,可以认为"问题解决"是实施这种教学的一种恰当的教学形式,或者说是数学教学模式中一种"现代的、先进的,而且有效的教学模式"。

(二)怎样进行问题解决的教学

怎样结合我国的国情、文化背景,进行问题解决的教学,我国众多专家和数学教育工作者做了很多尝试。更有专家提出了构建"中国式问题解决的教学模式"的主张,提出了施行这种教学模式的若干特点。

1.要紧扣教材的教学内容,按照教学大纲的要求,进行精心选择和编制问题

例如,完成多边形面积计算的教学之后,可以解决下面的问题:

在边长为 4 米的正方形花坛种植花草。种植面积为原正方形面积的 $\frac{1}{2}$。问花坛中的花草如何栽种,可使花坛美观?

该问题答案不唯一,而且解决问题的方法多样。此外还有利于学生巩固、理解已学过的知识,有利于培养创新意识。

图 4-5 提供了 5 种美丽的图案,其中图(b)的解法就涉及图形的对称性、菱形的面积计算等方面的知识和技能。

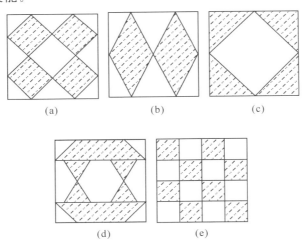

图 4-5　正方形花坛规划问题解法案例

2.在问题解决教学中,注意归纳提炼问题解决的思维策略,注意培养创新意识

数学不是解题术,但学数学必须学会解题。应该学会做数学(do mathematics),而非局限在解题上,为此需注意归纳提炼,掌握数学思想和方法。因此,在问题解决教学中,归纳提炼问题解决的思路策略,注重培养创新意识,才是问题解决教学模式的实质。

问题解决的思维策略主要有以下几种。

(1)目标策略

目标策略,要求根据题设的条件或提供的问题情境,有目标地进行思维活动。在思维活动中,善于抓住问题的关键及难点,有目的地予以突破,使未知问题转化为已经解决或易解决的问题。例如,解线性方程组的关键点是逐步消元,最后化成一元一次方程求解。

(2)模式识别策略

该策略的关键在于学会辨别问题的类型,使其与已有的知识、技能发生联系。善于识别、辨认问题的情境,选择有用的信息加以应用,则是采用该策略的前提。

例如求街心岛面积的问题情境,如图 4-6 所示,求街心岛 Ⅰ 的面积。

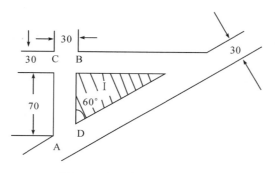

图 4-6 街心岛面积问题情境

图 4-6 中,三条路的宽度都是 30 米,其中包含两个多余数据,从中筛选有用信息加以使用是解决本问题的关键,若按图 4-7 和图 4-8 添设辅助线,问题就能得到解决。

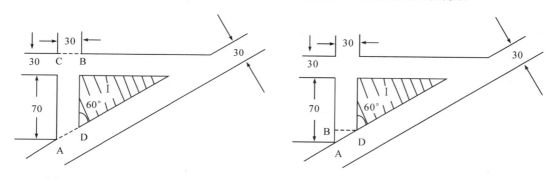

图 4-7 街心岛面积问题辅助线图 1　　　　图 4-8 街心岛面积问题辅助线图 2

(3)特殊化策略

该策略主要遵循从特殊到一般、从简单到复杂、从具体到抽象、从部分到整体的思维规律。

例如工具箱放置问题。如图 4-9 所示，流水线上放置 n 个机器人 $P_1, P_2, \cdots, P_n$，一个工具箱 Q 应该放在何处才能使工具箱与机器人们的距离之和最短？

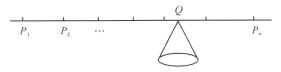

图 4-9　工具箱放置问题

这是一个"重视情境"问题的范例，该问题解决的思路是：首先思考简单、特殊情况，即先考虑两个机器人，三个机器人，四个机器人，$\cdots$，的情况，然后进行合情推理，推广到一般，再到 n 个机器人（偶数或奇数）的情况。

（4）转化策略

所谓转化策略，就是当我们对所碰到的问题难以下手时，通过某种转化过程，将其转化为另一个比较熟悉、易于解决的问题，或转向问题的反面，以达到解决原问题的目的。在数学中，这种转化过程经常使用的方法有映射方法、数学模型方法、换元法、RMI 原理等。

下面介绍两个不同情境下的实际问题，都可转化为同一个数学模型来解决的事例。

问题 1　仪表屏幕高度问题。如图 4-10 所示，发电厂主控室的仪表屏幕高 m 米，屏幕底边距地面 n 米，问值班人员坐在什么位置上，看屏幕上的仪表数字最清楚（设值班人员坐在椅子上时，眼睛距离地面 1.2 米）？

问题 2　足球边锋射门问题。如图 4-11 所示，在足球比赛中，甲方边锋从乙方所守的球门附近带球过人沿直线向前推进（点 A 为甲方边锋，AD 为边锋行进线）。试问边锋射门的最佳位置在何处（最佳位置是指命中的最大射角 φ）？

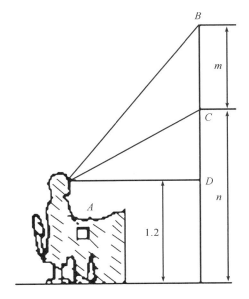

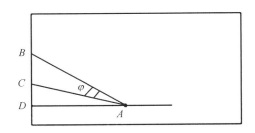

图 4-10　仪表屏幕高度问题（单位：米）　　　图 4-11　足球边锋射门问题

两个问题虽然情境不同,但经过提炼,我们都可以转化为同一个数学模型解决。即,建立如图 4-12 所示的直角坐标系,在 y 轴的正半轴上给定两点 B、C。上述的问题就转化为在 x 轴的正半轴上求点 A,使锐角 φ 取得最大值。

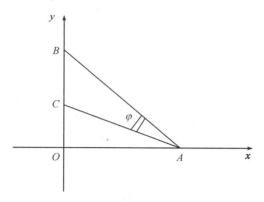

图 4-12　仪表屏幕高度问题及足球边锋射门问题的数学模型图

问题解决教学有别于我们通常所说的解题教学。我国解题教学研究与实践的历史源远流长,形成了独特的优良传统。在引进国外的"问题解决"教学形式时,我们既要发扬在解题教学中,重视概念、命题的教学和必要的技能训练的优良传统,又要注重培养学生解决未解决过的问题以及非常规问题的能力,以达到树立数学观念、培养学生应用意识和创新意识的目的。

第六节　数学素养及其培育

学生的数学学习要经历一个复杂的心理过程。影响数学学习的心理因素是多方面的,主要可分为主观因素和客观因素两个方面。主观因素有学习者本身的认知结构、认知能力、动机、兴趣、情绪、意志、迁移等;客观因素有教师、教材、教学环境、家庭和社会影响等。本节根据学习心理学的原理,讨论几种国外的学习理论,分析数学概念、命题学习、数学问题解决的心理过程,说明数学学习中记忆和迁移的关系以及数学学习中的非认知因素(动机、兴趣、情绪、意志等)。作为教师,不仅要有足够的知识基础和教学的能力,还必须了解学生的心理活动规律和心理特点,并能应用这些规律和特点去确定教学目的,组织教材内容,选择教学方法,进行学习指导,切实地完成教学任务,提高教学质量。

一、数学学习的基本概述

数学教师不是单一数学知识的传授者,而是数学学习的组织者、引导者和合作者。教师教给学生的不只是"学会",更重要的是"会学"。一方面,随着学习化社会的到来,学生的终身学习已成为必然趋势,学生在数学学习过程中的主体地位越来越明显;另一方面,随着数学应用的日益广泛,科学数学化已成为必然趋势,数学方法作为一种认识事物和研究问题的有力工具,正愈加深入地向着自然科学和社会科学等各个领域渗透。众多重大的科学发现,都是科学理论与数学方法结合的结果。因此,数学教师应该深入探索、掌握数学学习的规律,以引导学生更好地进行数学学习。

对于学习,国外心理学家和学者给出过多种解释。出发点不同、立场不同、材料不同、方法不同,对学习产生的理解也不尽相同,从而所形成的理论也不同。联结主义学习理论与认知学习理论是有较大影响力的两个学派。桑代克的联结说认为,学习是刺激和反应之间形成的联结;布鲁纳的认知说则认为,学习是学习者认知结构的组织与重新组织。

中国古代教育史中,"学"和"习"是分开的。《说文》认为"习,数飞也",意指鸟反复地练习飞翔。《论语》中也说"学而时习之,不亦说乎?"就是把"学"与"习"看成是获取知识、技能的两种不同方式,"学"是知识、技能的获得,"习"是对已学的知识、技能的练习与巩固,强调"学习"是一个反复实践并获得知识的过程。

一般而言,学习是从心理学的角度阐述的,也就是说,学习是指动物和人类所共有的一种心理活动。对人类来说,学习是知识经验的获得及行为变化的过程。这里需要说明的是:

第一,并非所有的行为变化都是学习,在知识经验积累基础上的行为变化,才是学习。

第二,学习的结果产生行为变化,但有的行为变化是外显的,有的行为变化是内隐的。例如:技能学习所导致的行为变化就是外显的,称为"外显学习";思想意识的学习大多是内隐的,称为"内隐学习"。

第三,学习是一个循序渐进的过程。

第四,行为的变化有时表现为行为的矫正或调整。

第五,学习后的行为变化不仅体现在实际操作上的行为变化,也体现在态度、情绪、智力上的变化。

二、学生数学学习的特点

(一)学生学习的特点

学生的学习是在教育情境中进行的,是凭借知识经验产生的,是按照教育目标有计划、有组织地进行的比较持久的行为变化。学生的学习特点主要表现在以下 4 个方面。

第一,学生的学习是在人类发现基础上的再发现;

第二,学生的学习是在教师的指导下有目的地进行的;

第三,学生的学习是依据一定的课程和教材进行的;

第四,学生学习的主要目的是为终身学习奠定基础。

中学阶段是基础教育阶段,学生的学习目的主要不在于创造社会价值,而在于为终身学习和将来参加社会劳动奠定基础。所以,除了让学生学会一定的基础知识和基本技能外,还应该让学生学会自主学习。

(二)新课程理念下学生数学学习的特点

1. 数学知识的特点

数学知识不应当独立于学生生活之外,也不应当是封闭的"知识体系",更不该只是由抽象的符号所构成的一系列客观数学事实(概念、公式、法则等)。数学知识有 4 个特点。

第一,形式化材料提供"做数学"的机会。数学知识尽管表现为形式化的符号,但它可视为具体生活经验和常识的系统抽象,可以在生活背景中找到实体模型。现实的背景常常为数学知识的发生提供情境和源泉,这使得同一个知识对象可以有多样化的载体予以呈现。另外,数学知识的形成过程可在教师的引导下,通过学生的自主活动来体验。

第二,数学知识具有一定的结构,这种结构形成了数学知识所特有的逻辑顺序,而这种结构特征不仅体现为形式化的处理,还可以表现为多样化的问题以及问题与问题之间的自然联结和转换。如此,数学知识系统就成为一个相互关联的、动态的活动系统。

第三,多数数学知识具有两种属性,即既表现为一种算法、操作过程,又表现为一种对象、结构。

第四,数学知识的抽象程度、概括程度表现出层次性,低抽象度的元素是高抽象度的元素的具体模型。

2. 学生数学学习的情感因素

有效的数学学习来自于学生对数学活动的参与,而参与的程度与学生学习时产生的情感因素密切相关。如学习数学的动机和对数学学习价值的认可,对学习对象的喜好,成功的学习体验,适度的学习焦虑,成就感、自信心以及意志等。

3. 学生数学学习中认知、情感发展的阶段特点

虽然不同的个体的认知发展、情感和意志要素不完全相同,但相同年龄段的学生却有着整体上的一致性,而不同年龄段的学生在整体上有较明显的差异。具体如下。

小学低年级到中年级的学生更多关注"有趣、好玩、新奇"的事物。因此,学习素材的选取与呈现以及学习活动的安排都应当充分考虑学生的实际生活背景和趣味性(玩具、故事等),使学生感觉到学习数学是一件有意思的事情,从而愿意学习数学。

小学中年级到高年级的学生开始对"有用"的数学更感兴趣。此时,学习素材的选取与呈现以及学习活动的安排应当关注数学在学生的学习(其他学科)和生活中的应用(现实的、具体的问题解决),使学生感受到数学就在自己身边,且学数学是有用的,是有必要的,从而愿意并且积极学习数学。

小学高年级到初中阶段的学生开始有强烈的自我和自我发展的意识,因此对于与自己的直观经验相冲突的现象,对"有挑战性"的任务很感兴趣。教师在学习素材的选取与呈现以及学习活动的安排上除了关注数学的用处以外,也应当给予学生"做数学"的机会(探究性问题、开放性问题),使学生能够在数学活动中表现自我、发展自我,从而感受到数学学习的重要性,进而初步形成"我能够而且应当学会数学"的思考。

综上,处于不同发展阶段的儿童,其思维水平、思维方式与思维特征有着显著的差异,而处于同一发展阶段的儿童则具有较为明显的一致性,这种匹配是客观存在的,而且其发展又主要通过学习活动来实现。与此相适应,学生有效的数学学习也应当经历不同的阶段。处

于每一发展阶段的学生应当有适合他们自己思维水平和思维方式的学习素材,应当经历对他们来说有意义的学习活动。例如,证明同底数幂的除法法则:$a^m \div a^n = a^{m-n}$,$m > n > 0$,m,n 均为正整数。

方法一:因为 $a^6 \div a^3 = a^3$,$a^5 \div a^3 = a^2$,$\cdots$,所以 $a^m \div a^n = a^{m-n}(m > n)$;

方法二:因为 $a^m = \overbrace{a \cdots a}^{m\text{个}}$,$a^n = \overbrace{a \cdots a}^{n\text{个}}$,所以,$a^m \div a^n = \dfrac{\overbrace{a \cdots a}^{m\text{个}}}{\underbrace{a \cdots a}_{n\text{个}}} = \overbrace{a \cdots \cdots a}^{(m-n)\text{个}} = a^{m-n}(m > n)$;

方法三:由幂乘法法则得 $a^n \times a^{m-n} = a^{n+(m-n)} = a^m(m > n)$,再根据除法是乘法的逆运算,可得,$a^m \times a^{-n} = a^{m-n}$,以下再去证明商的唯一性。

上述三种方法在思维水平上体现了不同的要求。

4. 数学学习活动是一个主动的过程

《标准》指出:学生的学习应是一个主动的过程,认真听讲、独立思考、动手实践、自主探索、合作交流等是学习数学的重要方式。[①] 由于数学课程内容是现实的,并且"过程"成为课程内容的一部分,因此课程内容本身要求有意义的、与之匹配的学习方式。这种方式应该是学生在亲身体验和探索中发现问题和提出问题,利用观察、猜测、实验、计算、推理、验证、数据分析、直观想象等方法分析问题和解决问题。数学学习成为学生展现主观能动性的过程。这种"过程"的形成在很大程度上不断改变数学教学的面貌,改变数学学习的过程和结果,对促进学生发展具有战略性的意义。

三、学习的分类

由于学习现象的复杂性,一般主张对学习进行分类。分类可以为分析不同类型学习的条件提供依据,是认识不同类型学习独特性的基础。目前教育心理学领域对学习的分类主要有如下 5 类。

第一,加涅将学习分为联想学习(包括信号学习、刺激—反应学习、连锁学习、言语联想)、辨别学习、概念学习、简单规则学习、高级规则学习(解决问题)5 类。

显然,该分类是以学习的复杂程度为标准,从简单到复杂的顺序对学习进行分类的。高级规则学习以简单规则学习为基础,简单规则学习又以概念学习为基础,概念学习又以辨别学习为前提,辨别学习又以联想学习为前提。

第二,索里和特尔福德将学习分为经典性条件作用和简单的联想学习、工具性条件作用和尝试错误的学习、模仿性学习、顿悟性学习、含有推理的学习 5 类。

该学习的分类是依据产生学习的情境以及学习本身的复杂程度不同而提出的,并可以将加涅的学习类型涵盖进去。例如:联想学习、辨别学习含有经典性和工具性条件作用的元素,同时还可能包含着模仿和顿悟;概念学习、规则学习和高级规则学习可以不同程度地包含着模仿、顿悟和推理学习的成分。

---

① 中华人民共和国教育部. 义务教育数学课程标准(2022 年版)[M].北京:北京师范大学出版社,2022:3.

第三,奥苏伯尔将学习分为:①从个体所获得的经验来源角度,分为发现学习和接受学习。发现学习是指个体所获得的经验,来源于学习活动中主体对经验的直接发现或创造,而不是来自于他人的传授;接受学习是指个体所获得的经验,来源于学习活动中主体对他人经验的接受,把别人发现的经验经过其理解吸收而转化成自己的经验。②从新学习的内容与主体已有认知结构的联系方式角度,将学习分为意义学习和机械学习。新学习的内容与主体已有认知结构的联系是非人为的和实质性的,则为意义学习;如果是人为的或表面的联系,则为机械学习。

奥苏伯尔认为,当学生把学习内容与自己认知结构联系起来的时候,意义学习就发生了。意义学习是一套具有层次组织的学习,包括表征学习、概念学习、命题学习和问题解决。任何一种意义学习类型,都涉及心理内部复杂的同化过程,而且,有效的学习往往从学习最一般的概念开始,随后逐渐分化出更具体的概念。此外,学生在学校里的学习往往处于意义学习与机械学习这两端之间的某一点,即学生的学习往往是既有意义学习的成分,又有机械学习的成分。

第四,苏联心理学将学习分为反射的学习与认知的学习两大类。其中,认知的学习是人类所特有的。认知的学习又分为感性学习和理性学习两类。理性学习又分为概念的学习、思维的学习与技能的学习3类。

第五,布卢姆以教育目标和教育任务为出发点,将教育目标分为认知、情感和动作技能三大领域。认知领域的学习分为6类:知识(对知识的简单回忆)、理解(能解释所学的知识)、应用(在特殊情况下使用概念和规则)、分析(区别和了解事物的内部联系)、综合(将思想重新组织为一种新的完整思想,产生新的结构)、评价(根据内部的证据或外部的标准做出判断)。

四、四类学习理论

学习是动物和人类所共有的一种心理活动。对人来说,学习是指知识经验的获得及行为变化过程。广义的学习是指动物和人在生活过程中获得个体行为经验的过程,狭义的学习是指人的知识、技能的获得和形成。学习心理学的研究范畴主要是狭义的学习。西方学习理论较有影响的有两大学派:一是以桑代克、斯金纳等为代表的行为主义学习理论,二是以布鲁纳、奥苏贝尔等为代表的现代认知主义学习理论。前者认为,学习过程就是形成刺激和反应之间的联结过程。后者认为,学习过程是学生原有认知结构中的有关知识和新学习的内容相互作用,形成新的认知结构的过程。

(一)行为主义学习理论

行为主义学习理论起源于20世纪初,其代表人物主要有桑代克、斯金纳等。行为主义将学习的本质解释为刺激和反应的联结。

1.桑代克的联结主义理论

联结主义理论是美国的心理学家桑代克经过一系列的动物实验提出来的学习理论,它认为学习是刺激和反应的联结,"联结"即学习者对学习情境刺激所引起的反应。他认为这种反应是学习者在情境的刺激下经过不断尝试、不断舍弃错误和改正错误的结果。

桑代克做过许多动物实验,其中最成功的是迷箱实验。他把饿得发慌的猫关在迷箱中,箱外放着食物,迷箱内能看见箱外的食物。箱门用踏板控制,按压踏板能使箱门打开。被放进箱里的猫最初躁动不安,它在箱内乱跳、撕咬栏杆、碰撞箱壁等,尝试盲目、无效的动作。偶尔按压踏板而打开箱门,获得箱外食物。通过反复多次实验,猫随机的、盲目的、无效行为减少,直到最后,一被放进箱中,猫就立即能触动装置,打开箱门。桑代克还曾用白鼠、狗、猴子等作为实验对象,其结果也和猫的学习情形相同。在桑代克的实验情境中,有如下 4 项过程:①实验最初,动物在情境中建构活动,即构成尝试与错误的活动;②逐渐取消各种错误活动,即错误的尝试与错误的反应逐渐消失;③逐渐取得满意的反应,因为这些反应能逃避禁锢,且可获得满意的结果;④结合各种满意的反应,形成一个新的反应。桑代克认为,猫学习开迷箱的过程,就是经过多次尝试,不断减少无效行为,不断舍弃错误动作的过程。所以桑代克认为:学习的过程,就是尝试与改正错误的过程。

桑代克把动物的实验结果推广到人的学习上。但由于忽略了人和动物的区别,所以该理论忽视了人的主观能动性和人类的学习特点。尽管如此,桑代克在教育心理学的发展中仍占有重要地位,他的学习理论是第一个系统的教育心理学理论,它在数学学习中有一定的指导作用和实践意义。例如:学生要解决一个新的问题,不知道用什么方法,就试着用某种方法去解;失败了之后,找出失败的原因,试着用另一种方法解,直到最后解出来为止。用这样的方法学习解决数学问题,能使学生学到很多解决问题的经验,而不仅仅是某个问题的解答。

例如,学生在证明恒等式 $(\sin A + \cos A)\left(\tan A + \dfrac{1}{\tan A}\right) = \dfrac{1}{\cos A} + \dfrac{1}{\sin A}$ 时,可能面临困难。老师在课堂上演示了许多恒等式的证明方法,但在面临该问题时,学生不知道该用哪一种方法。因此,他可能试图从左边出发向右推导,或从右边出发向左推导,随后尝试两边同时化简,问题得以解决:

$$左边 = (\sin A + \cos A)\left(\frac{\sin A}{\cos A} + \frac{\cos A}{\sin A}\right)$$

$$= \frac{(\sin A + \cos A)(\sin^2 A + \cos^2 A)}{\cos A \sin A}$$

$$= \frac{\sin A + \cos A}{\sin A \cos A}$$

$$右边 = \frac{\sin A + \cos A}{\sin A \cos A}$$

显然,学生在解决该问题的过程中,不断尝试后使问题得以解决。

2.斯金纳的操作性条件反射学习理论

斯金纳是当代新行为主义学派的代表人物,他继承和发展了桑代克的联结主义学习理论,提出了刺激—反应—强化的学习模式。斯金纳在 20 世纪 30 年代发明了一种名为"斯金纳箱"的学习装置,在箱内装有一操纵杆,操纵杆另一端与提供食丸的装置连接。他把饥饿的白鼠放在箱内后,白鼠在箱内到处乱爬,一个偶尔的机会,它爬上了横杆,将杠杆朝下一压,供丸装置就自动落下一粒食丸,白鼠吃了食丸之后,爬来爬去,又爬上了横杆,再将杠杆下压时,又得到一粒食丸,多次"得手"之后,白鼠就逐步减少多余的错误动作而直接压杠杆取食。这样,白鼠就学会了按压杠杆以获取食物的反应。斯金纳还用鸽子做过同样的实验。斯金纳将他"教会"白鼠或鸽子等所进行的"学习",称为操作性学习。斯金纳在实验中发现白鼠连续压杆数十次之多,这说明强化很重要。他指出,在操作性活动条件的场合,强化刺激和反应的形成是关联的。如果在操作性活动发生之后,随即呈现强化刺激物,反应就会增强;如果在操作性活动反应之后,没有强化刺激物出现,反应就会减弱。

斯金纳把刺激—反应—强化的学习模式推广于人类的学习。但他的理论也是将动物实验推及人类,因而对人类复杂的学习行为也难以做出令人满意的解释。当然,我们也可以从斯金纳的操作性条件反射理论中得到一些启示,学生要获得有效的数学学习效果,就必须通过适当的刺激来"强化"。就数学学习而言,最好的办法是让学生知道自己的学习效果。这样,正确的学习行为能得到肯定,错误的学习行为能得到纠正。为此,在数学学习中,对学生的学习效果要及时做出评价,而且要以正面评价为主,通过及时评价,不但能调整学生的学习行为,而且在情感上也能产生积极的效果。例如:

教师问:当 $a \geqslant 8$ 时, $\sqrt{(8-a)^2}$ 的值等于什么?

若学生答: $\sqrt{(8-a)^2} = a - 8$,教师就肯定其回答。

若学生答: $\sqrt{(8-a)^2} = 8 - a$,教师给予否定,并且要其反复练习,直到学生见到任意上述形式的表达式都能正确回答出结果为止。

(二)认知主义学习理论

认知主义学习理论由德国的格式塔学派发展而来。它的模式为"输入—加工—输出",重点探讨信息的获取、加工、存储和提取过程,研究输入与输出之间各种可变因素。

1.格式塔学派的完形主义(顿悟说)

格式塔心理学被称为完形心理学,是由于格式塔(Gestalt)是一个德语名词,接近于英语的"完形"(configuration)、"模式"(pattern)。这个学派的创始人有魏特海墨、考夫卡和苛勒等人。他们通过对黑猩猩的学习实验来研究学习心理,开始先让黑猩猩用一根竹竿,或用箱子垫着去取食物,接着要求黑猩猩用两根竹竿套接起来或用两个箱子叠起来以取得食物。在实验中,最初黑猩猩在用竹竿、箱子等工具获取食物时,做了许多多余的动作,如:用手捞或脚勾而取不到食物;用一根竹竿,短了,够不到食物;搬一只箱子,低了,够不到食物……随后,黑猩猩不再做这些动作。蹲下来,仔细观察,忽然之间,豁然开朗,用两根竹竿一套,或用两只箱子一叠,就取得了食物。这就是黑猩猩在对环境整体的关系做了仔细了解之后,明白了竹竿接起来与高处的食物的关系,学会了用竹竿套起来,或用两只箱子叠起来取得食物,苛勒把这种突然"学会"叫作"顿悟"。

完形派认为,学习过程中问题的解决,都是由于学习者对情境中事物关系的理解构成一种完形而实现的。他们反对联结主义理论和条件反射学习理论把学习解释为联系,认为学习不是依靠"尝试",而是突然领悟的,所以他们的学习理论又称为顿悟说。

完形主义强调有机体与环境的相互作用,强调有机体的能动作用以及人的智慧的理解作用是具有积极意义的。但他们把学习完全归之于机体的一种"组织活动"是"原始智慧的成就",没有注意到"尝试与错误"在人的学习中的作用。从完形学派的学习理论中,我们可以得到启示:了解学习情境的整体性,注意思维过程中顿悟的作用,这对数学学习有一定的帮助。例如，设 $\dfrac{1}{2-\dfrac{x}{x-1}}=\dfrac{1}{2}$，求 $\dfrac{x}{x-1}$。显然，具有整体性思维能力的人，经过对条件和结论

观察，目的是要先求 x，再代入其值，而从条件左边和右边，有可能顿悟出"$x=0$"，故 $\dfrac{x}{x-1}$ 的

值为 0。

2.现代认知学习理论

现代认知学习理论的代表人物是布鲁纳和奥苏贝尔。他们都强调学习者原有认知结构的作用和学习材料本身结构的作用，都重视内在的学习动机与学习活动本身带来的内在强化作用。但对于获得新知识的过程，他们强调的重点却有所不同，布鲁纳强调"发现"，奥苏贝尔强调"接受"。

（1）布鲁纳的学习理论

布鲁纳的"发现说"继承了完形主义的观点。认为学习是通过认识形成认知结构的过程。认知结构是个体认识事物或学习知识时，在头脑中所采取的认知模式所形成的认知模式系统。认知学派把学习看成有机体对环境的适应，所以认知结构也就是适应结构。

布鲁纳非常重视人的主动性。他认为学习是主动的过程，同时要重视学生已有经验的作用和学习的内在动机，发展学生的思维。

布鲁纳提倡发现学习。他认为发现法就是让学生独立思考，改造材料，自行发现知识，掌握原理原则的方法。发现学习的作用有 4 点：发挥智慧的潜力，使外来动因向内在动机转移，学会发现的试探法，有助于所学材料在记忆中保持。

因为学习者在一定情境中，对学习材料的亲身经验和发现的过程才是学习者最有价值的东西，因此，布鲁纳强调教师应当指定和设计各种方法，创设有利于学生发现、探究的学习情境，使学习成为一个积极主动的"索取"过程，即"要我学"变为"我要学"，充分发挥学生主体自我探究、猜测、发现的自然倾向。布鲁纳的学习理论已为当今教育界所普遍接受。如教师在进行"有理数加减"教学时，要求学生阅读例题：

$$-1-\frac{1}{2}+\frac{1}{3}+\frac{5}{6}-1-\frac{1}{4}=-1-1+\frac{(-6+4+10-3)}{12}$$
$$=-2+\frac{5}{12}=-\frac{17}{12}$$

阅读的同时要思考解题的思路和关键步骤、每一步的依据、有无其他解法（特别是更简捷的解法）。对于初中一年级出现的此类代数计算题，若学生在教师指导下发现了解题思路、每一步的依据、找到新的解题方法（正、负分别相加），那么学生对概念法则能加深理解，并为后续学习几何奠定基础。

（2）奥苏贝尔的学习理论

奥苏贝尔提出的有意义学习理论，不像布鲁纳那样强调有意义的接受学习。有意义学习理论认为，学习的过程是在原有认知结构的基础上，形成新的认知结构的过程；原有的认知结构对于新的学习始终是最关键的因素；新的学习都是在过去学习的基础上产生的，新概念、新命题等总是通过与学生原有的相关知识相互联系、相互作用，转化为主体的知识结构。学生在学校里的学习，主要是通过言语形成可理解的意义。因此，他提出了一个"有意义学习"的新概念。有意义学习和行为主义的机械学习相对立。有意义学习是掌握事物的意义，

把握事物内部实质特征的学习。有意义学习过程的实质是以符号为代表的新概念与学生认知结构中原有相关内容建立实质性和非人为的联系。有意义学习,即包括有意义的发现学习和有意义的接受学习,但不能把接受学习和机械学习等同。只要注意加强学习者有意义的理解,接受学习就不一定是被动、机械的,而完全可以是主动的、有意义的。

例如,"极限"概念的教学,一般分为 3 个步骤:

第一步:举例。从直观意义上可理解为,当 n 充分大时,a_n 无限接近于 a。

第二步:图象表征。

第三步:定义。$\forall \varepsilon > 0$,$\exists N$,当 $n > N$ 时,$|a_n - a| < \varepsilon$。其意义在于用任意小的正数 ε 描述了 a_n 与 ε 的接近程度。存在的 N 刻画了 n 充分大时,a_n 无限接近 a 的关系。

在学生原有的认识基础上,给学生加强有意义的理解,学生自然不觉得"极限"概念难以理解。

(三)建构主义学习理论

建构主义学习理论的思想来源于认知加工学说,同时综合了维果斯基、皮亚杰和布鲁纳等人的思想。

1.什么是建构主义

建构主义(constructivism)有时候也译成结构主义,其理论根源可追溯到 2500 多年前。现代建构主义主要吸收了杜威的经验主义和皮亚杰的结构主义与发生认识论等思想,并在总结 20 世纪 60 年代以来的各种教育改革方案经验的基础上演变发展起来。

在教育领域中常常谈论的建构主义具有方法论和认知理论的双重身份。从方法论角度而言,人类是认识的主体,人的行为是有目的的,今天人类具有高度发展的组织知识的能力。这种认识在教育学上的意义是:教师必须知道学生正在想什么,他们对所呈现的材料有何反应;教师要重视诊断学生的工具;教师不应让学生过度练习,而要训练学生建构重要概念和原则;教师应向学生提供建构数学对象和关系的材料、工具和模型的良好学习环境。

而从认知理论的观点来看,建构主义是认知学习理论的新发展,是目前日渐流行的学习理论。主要观点是:知识不是通过学习感觉或交流被动获得的,而是通过认识主体的反省抽象主动建构的。有目的的活动和认知结构的发展存在着必然联系;学生在与周围环境相互作用的过程中,逐步建构起关于外部世界的知识,从而使自身认知结构得到发展。

(1)"文化—历史"的发展观

维果斯基所提出的"文化—历史"发展理论认为:人的高级心理机能亦即随意的心理过程,并不是人自身所固有的,而是在与周围人的交往过程中产生并发展起来的,是受人类的文化历史所制约的。其具体机制是通过物质工具,如刀斧、计算机等,以及精神工具,如各种符号、词和语言等实现的。

高级心理机能不同于低级心理机能的特点是:

第一,它们是随意的、主动的,是由主体按照预定的目的而自觉引起的;

第二,它们的反应水平是概括的、抽象的,也就是各种机能由于有思维的参与而高级化;

第三,它们实现过程的结构是间接的,是以符号或语言为中介的;

第四,它们的起源是社会文化历史发展的产物,受社会规律制约;

第五,从个体发展来看,高级心理机能是在人际的交往过程中产生和不断发展起来的。

为此,维果斯基特别强调人的发展过程中社会文化历史的作用,尤其强调活动和社会交往在人的高级心理机能发展中的突出作用。他认为,高级的心理机能来源于外部动作的内化,这种内化不仅通过教学,也通过日常生活、游戏和劳动等来实现。另外,内在的智力动作也外化为实际动作,使主观见之于客观。内化和外化的桥梁便是人的活动。另外,维果斯基在说明教学与发展的关系时,提出了"最近发展区"理论,认为教学必须考虑儿童已达到的水平,并要走在儿童发展的前面。为此,就要确定儿童的发展水平。儿童发展存在两个水平:一是现有的发展水平;二是在有指导的情况下借助成人的帮助可以达到的解决问题的水平,或是借助于他人的启发帮助可以达到的较高水平。这两者之间的差距,即儿童现有认知水平与经过他人帮助可以达到的较高认知水平之间的差距就是"最近发展区"。这一理论对正确理解教育与发展之间的关系,具有重要意义。

（2）认知信息加工论

许多认知心理学家把认知看作是对信息的加工。奈瑟认为认知是指转换、简约、加工、储存、提取和使用感觉输入的所有过程。认知信息加工理论中一个最重要的术语是"建构"（construction）,即认知过程是建构性质的。它包括两个过程:首先是基本过程（primary process）,它是在受到外部事件或内部经验刺激时马上发生的。这个阶段只是粗略地转换信息,以便根据储存信息形成想法,这一阶段基本上是自动发生的。其次是二级过程（secondary process）,它涉及有意识的控制,是较精致地转换和建构观念及映象。相比之下,这一过程受储存信息、个体的意图和期望的影响程度较大。

认知信息加工论认为:思维有一种执行控制的机制,就像计算机程序中有一种执行程序一样;认知建构过程中的二级过程的认知控制是习得的。其中记忆的内容,以及转换和重建内容的策略,也是习得的;同时可以通过对视、知觉的类推,来描述和解释记忆和遗忘的过程。

（3）皮亚杰认知发展的阶段性理论

皮亚杰提出的认知发展的阶段性理论,具有非常广泛和深远的影响。他认为,儿童认知形成的过程是首先出现一些凭直觉产生的概念（并非最简单的概念）,这些原始概念构成思维的基础,在此基础上经过综合加工形成新概念、建构新结构,这种过程不断进行,这就是儿童认知结构形成的主要方法。

随着儿童年龄的增长,其认知发展涉及图式、同化、顺应和平衡4个方面。其中图式是动作的结构或组织,它们在相同或类似的环境中,会由于重复而引起迁移或概括。所谓同化,就是个体将环境因素纳入已有的图式,以加强和丰富主体的图式。所谓顺应,就是个体改变自己的图式以适应客观变化。个体就是不断地通过同化与顺应两种方式,来达到自身与客观环境的平衡。图式最初来自先天的遗传,在适应环境的过程中,不断变化、丰富和发展,形成了本质不同的认知图式。每一种新的图式的出现,都标志着儿童认知发展进入到了一个新的阶段。为此,认知发展表现为以下4个阶段。

第一,感知运动阶段（从出生至2岁）。此时语言还未形成,主要通过感、知觉来与外界取得平衡,处理主、客观的关系。第二,前运算阶段（2岁至7岁）。语言的出现与发展,使儿童能用表象、言语,以及符号来表征内心世界和外在世界。但其思维还是直觉性的、非逻辑性的,且具有明显的自我中心特征。第三,具体运算阶段（7岁至11岁）。思维具有明显的符号性和逻辑性,能进行简单的逻辑推演。但在很大程度上局限于具体的事物,以及过去的经验,缺乏抽象性。第四,形式运算阶段(11岁至15岁)。能够把思维的形式与内容相分离,能够设定和检验假设,监控和内省自己的思维活动,思维已经进入了抽象的逻辑思维阶段。

皮亚杰认为,任何人的认知发展都要经历上述4个连续的阶段,且这种连续发展的先后次序是不变的。这种发展模式具有全球性的意义,在任何文化社会中都一样。每一个阶段都是形成下一个阶段的必要条件和基础。虽然,在两个相继发展的认知阶段之间存在着质的差异,但这种差异是思维发展由量变到质变的必然结果。

(4)布鲁纳认知发展理论

布鲁纳认为,教育的主要目的是为学生提供一个现实世界的模式,学生可以借此解决生活中的一切问题。这个模式涉及储存信息的内部系统,而信息是通过人与周围环境的相互作用获得的。学习任何一门学科时,总是由一系列的片段所组成,而每一片段(或一个事件)总是涉及获得、转换和评价3个过程。布鲁纳由此认为,学生不是被动的知识接受者,而是积极的信息加工者。

布鲁纳强调知识结构的重要性。他认为知识结构就是某一学科领域的基本观念,它不仅包括一般原理,而且还包括学习的态度和方法。掌握一般原理可使得学科更容易理解;有利于记忆,适于迁移;能够缩小知识间的初、高级水平层次的间隙。布鲁纳认为,任何学科的基础都可以用某种形式教给任何年龄的任何人。

为实现上述目标,他特别强调教育过程中直觉思维的价值。直觉思维的训练是创造意识培养的基础。直觉思维与分析思维不同,直觉思维以熟悉所牵涉到的知识领域及其结构为根据,使思维者可能实行跃进、越级和采取捷径,但是以后需要用比较分析的方法(不论演绎法或归纳法)重新检验所做的结论。

同时,他强调学习是一个主动的过程,应该做出更多的努力使学生对学习产生兴趣,主动地参加到学习中。为激发学生的学习动机,提倡采取发现学习的教学方式。学习、了解一般的原理、原则固然重要,但更重要的是发展一种态度,即探索新情境的态度,做出假设,推测关系,应用自己的能力,以解决新问题或发现新事物的态度。所谓发现,当然不只限于发现人类尚未知晓的事物,而且还包括用自己头脑亲自获得知识的一切形式。

2.建构主义理论视角下数学教育的基本认识

(1)数学知识是什么

对于数学知识的认识,持建构主义观的学者往往不同于行为主义或者行为主义论者,在他们看来,数学知识不是对现实纯粹客观的反应,任何一种传载知识的符号系统也不是绝对真实的表征。它只不过是人们对客观世界的一种解释、假设或假说,它不是问题的最终答案,它必将随着人们认识程度的深入而不断地变革、升华和改写,出现新的解释和假设。

数学知识不可能以实体的形式存在于个体之外,真正的理解只能是由学习者自身基于自己的经验背景而建构起来的,取决于特定情况下的学习活动过程。

按照建构主义的观点,数学知识是一种关于某种现象的较为可靠的解释或假设,并不是解释现实世界的绝对参照。某一社会发展阶段的科学知识固然包括真理性,但是并不意味着最终答案。随着社会的发展,必然会有更进一步接近真理的解释。学生对知识的接受,只能由自己建构完成,以自己的经验为背景,分析知识的合理性。在学习过程中,学生不仅理解新知识,而且对新知识进行分析、检验和批判。

建构主义的有些观点,值得我们分析。例如某些学者认为,任何知识在为个体接受之前,对个体来说没有什么意义,也无权威可言。所以,教学不能把知识作为预先决定了的东西交给学生,不能以我们对知识的理解方式来作为让学生接受的方式,用社会性的权威压制学生。

从另一方面看,关于"什么是数学知识"这个问题,涉及哲学思考。马克思主义哲学主张能动的反应论,认为世界是可以认识的,科学真理(包括数学真理)是现实世界的反应。人的能动性反映在对客观真理的发现、整理、组织和系统化中。部分建构主义者认为数学知识依个人的主观认识而定,任何知识在被个体接受之前,对个体来说是没有什么意义的,也无权威可言。这种观点容易走向主观唯心主义,需要注意分辨。

(2)儿童如何学习数学

一般而论,学习有两种方式:其一是复制式(transcriptive),其二是建构式(constructive)。传统的数学教学法认为,"学数学"就是学习以特殊方式书写的具有特定意义的符号和规则。这些知识只需要通过教师的讲授、学生的练习,运用测试手段来检查学生是否掌握即可。这种教学法假定学生能在自己头脑中建立教师观念的完整的复制。然而,事实是,教学中儿童常常出现系统错误或误解,其原因在于他们使用了不正确的演算过程。

大量案例分析发现:儿童入学前就发展了许多非形式的数学知识,这些知识对儿童来说很有意义也很有趣味;非形式数学常常是主动建构而不是被动接受。儿童入学后,学习用符号表征形式数学。但事实表明,儿童常常不按照教师的方式去做数学。也就是说,儿童不只是模仿和接受成人的策略和思维模式,他们在用自己现存知识去过滤和解释新信息,以致新信息同化。非形式数学是同化形式数学的基础,如果儿童看不出教师所呈现的信息和他们已有的数学知识之间的联系,那么,教师的讲授便达不到预期效果。

3.建构主义理论下的数学学习具有以下特征

第一,学习不是由教师将知识简单地传递给学生,而是学生自主建构知识的过程。学生不是简单被动地接收信息,而是主动地建构知识的意义,这种建构是无法由他人代替完成的。

第二,学习不是被动接收信息刺激,而是主动地建构意义,是根据自己的经验背景,对外部信息进行主动选择、加工和处理,从而获得自己的意义。外部信息本身没有什么意义,意义是学习者通过新、旧知识经验间的反复的双向的相互作用建构而成的。因此,学习并非如行为主义所描述,是"刺激—反应"的模式。

第三,意义的获得,是每个学习者以自己原有的知识经验为基础,对新信息进行认识和编码,建构自己的理解。在这一过程中,学习者原有的知识经验因为新知识经验的进入而发生调整和改变。

4.教师如何开展课堂教学

一般的教学程序是:复习、讲解新知、课堂练习。这种教学法受到建构主义者的批评。他们认为,传统教学方式不仅不能向学生提供使用高认知水平技能的机会,而且容易使学生产生误解(misconception)。

建构主义强调,儿童并不是空着脑袋进入学习情景。儿童和成人(专家)对同一数学概念的理解有很大差别,基于不同体验和材料,所形成的概念具有不同的形式。在日常生活和以往各种形式的学习中,儿童已形成了相关的知识经验,他们对任何事物都有自己的看法。即使有些问题儿童从没有接触过,也没有现成的经验可以借鉴,但是当问题呈现在面前时,儿童还是会基于以往的经验,依靠已有的认知结构,形成对问题的解释。

但是,人们从来不能确切知道别人的认知结构如何,因此交流在其中起到十分重要的作用:

其一,通过使用的语言、选择的参照、选取的例子来评估二者结构之间的一致性;

其二,通过考虑那些内在一致的结构之间的表面水平来评估另一个人的建构能力。不管他们的表面形式有多么不同,教师都必须尽可能考虑学生的建构,以便提供有效且合理的指导。

因此,数学教师不能无视学习者已有的知识经验,简单地从外部对学习者进行"填灌",而应把学习者原有的知识经验作为新知识的生长点,引导学习者从原有的知识经验中,生长出新的知识经验。在建构主义的课堂,教师不是知识权威的象征,也不仅仅作为知识的呈现者,而是同时重视学生对各种现象的理解,倾听学生时下的想法,思考这些想法的由来,并以此为据,引导学生丰富或调整自己的解释。

那么,作为一名以建构主义理论为指导的教师,在课堂上要做些什么才有助于学生主动建构数学呢?

与传统教学的 3 个假设相对应的是,建构主义理论指导下的课堂教学是基于如下 3 个基本假设。

首先,教师必须建立学生理解的数学模式。教师应该建立反映每个学生建构状况的标准,以便判定每个学生建构能力的强弱。

其次,教学是师生、生生之间的互动。

最后,学生自己决定建构是否合理。

根据上述教学目的和假设,一个数学教师在建构主义的课堂上需要做以下 6 件事。

第一,加强学生的自我管理,激励学生对自己的学习负责;

第二,发展学生的反省思维;

第三,建立学生建构数学的标准;

第四,观察并参与学生尝试、辨认及选择解题途径的活动;

第五,反思与回顾解题途径;

第六,明确教学活动、学习材料的教学目标。

以上说明,教师须关注学生的思想以及对自己研究的问题所建构的数学意义,鼓励学生提出多种解题的方式、寻求对他人解法的理解、承担发现和改正错误的责任。

(四)情境认知理论

学习和理解本身与人类的日常活动是分不开的。学习发生在所学知识的具体境脉(context)之上。如果学习者的学习目标是解决日常生活的问题,那么他们必须介入日常生活。

为了理解知识、获得知识,学习理论强调在信息、学习者和环境之间建立联系的重要性。将适当的信息联系起来是教师和学习者的责任。如果学生在使用具体的程序时,在"怎么用"和"为什么要用"之间建立了联系,那么,他们就能够储存这些信息作为知识网络的一部分,而且还能和其他知识建立联系。相反,如果学习者学习的是那些脱离有意义情境(context)的事实知识,他们的理解往往既不全面,也没有意义。当个人和环境建立联系以后,知识就是主要的学习结果。

怀特海在其著作《教育的目的》一书中指出,学生在学校中学习知识的方式导致了"惰性知识"(inert knowledge)的产生,学生在学校中所学习的知识仅仅是为考试做准备,而不能解决实际中的问题。在无背景的情境下获得的知识,经常是惰性的,不具备实践作用。

1. 什么是情境认知

情境认知是一种解决学生在保持和概括知识时存在困难的方法。学习者使用概括的方法,有助于将知识从一种情境迁移至另一种情境。情境学习环境允许学习者在需要的时候能复述有关的信息。

情境认知赋予学习意义,促进知识向日常生活情境迁移,它因为提供真实情境的现实体验而丰富了学习过程。

情境、内容、激励和评估分别是 4 个与情境学习环境的设计密切相关的概念。

第一,情境。情境是学习真实发生的环境、地点和场所。基于个人的经验,学习者能使用一系列方法顺利完成情境中的工作。正是有意义的资源和有目的的活动促进了问题解决,同时也促成了学习向真实情境迁移。

第二,内容。内容是学习者习得的具体概念。概念、活动和情境对学习过程至关重要。当学习植根于内容时,学习者更容易将知识运用于真实的日常情境。

第三,激励。激励有助于学习者内化知识。换句话说,激励能帮助学生提高认知能力、自我监控能力以及自我纠错能力。激励的方法有模仿、辅导、指导、协作和提供建议。

第四,评估。基于情境的评估测试有多种用途。因此,采用适当的评估形式来管理学习者的学习过程非常重要。评估应侧重认知发展而不是相关内容领域的评价。换句话说,评估应有挑战性,而且评估的方法应多样。评估的方法包括自我参照、档案袋评价和绘制概念图等。

2. 情境认知的作用

情境认知的主要作用是允许学习者将新知识运用于真实的日常情境中。学习是个性化的、内部的智力过程,在这个过程中,学习者习得并且存储知识,以备日后自由地运用于任何情境之中。为了达到这一点,重要的是将个人和环境相联系。情境认知鼓励学生动手做,而非仅仅是记忆事实性的信息,也鼓励高度组织的思维技能。同时,情境认知也关注学生的进步。情境学习同时提供了一个更加真实的方法,将独特的情境概念化。

3. 情境认知的启示

学习者通常需要将正式学习中获得的知识和技能运用于问题解决。而对有些学习者来说,很难从现有的信息中直接得出结论,且将这些已有信息运用于日常的真实生活情境也同样困难。学习者的学习有时仅仅停留在谈论某个东西而不是去做诸如解决真实问题的事情。

学习情境泛指一切作用于学习主体,并能引起主体产生一定情感反应的客观环境。在教学设计与实施过程中,要尽可能创设真实、完整的教学情境。

依据不同的标准,学习情境有不同的分类。

第一,依据情境呈现的内容,有故事情境、问题情境、资源情境、虚拟实验情境等,不同的学科有更多、更细致的情境类型;

第二,依据情境的真实性,有真实情境(学生可以亲临的现场,如工厂、田间、野外等真实的生活与工作场景)、模拟真实情境(如模拟法庭、消防演习、情景剧等)、虚拟现实情境(如虚拟实验、虚拟模型、虚拟手术等)等;

第三,依据情境所支持的学习,有自主探究情境、合作学习情境等。

学习情境创设的目的是通过创设与当前学习主题尽可能吻合的真实情境,使学生有身临其境的感觉,并激发学生的学习动机,将学生的注意力集中到当前的学习主题上来。

创设情境的方法多种多样,如播放一段视频录像、朗诵一首诗歌、放送一段乐曲、讲一个生动的故事、举一个典型的案例、演示专门制作的课件、设计一场活泼有趣的角色扮演活动……当然,所有创设的活动都必须与当前学习主题密切相关。

4.创设学习情境的注意事项

创设学习情境时应该注意如下 6 点。

第一,情境设计须注意学科特点。

数学学科内容具有严谨的结构,这就要求所创设的学习情境有丰富的资源,其中应包含不同情境的实例和有关的信息资料,以便学习者根据自己的兴趣、爱好主动发现、探索;个别学科内容不具有相对严谨的结构(如语文、外语等),这时应创设接近真实情境的学习情境,从而激发学习者参与交互式学习的积极性。在交互过程中完成对问题的理解、知识的应用和意义的建构。

第二,把握教学内容、教学目标与情境创设的关系。

不同的教学内容、不同的教学目标需要不同的表征手段与表征方式,需要设计不同的学习方法;不同情境对于不同目标的内容教学效果不一。在创设情境时,须把握好情境与两者的关系,如提供学习资源的学习情境适用于知识的学习,渲染气氛的情境适用于角色扮演,仿真学习情境适用于体验式的问题解决教学,等等。

第三,学习情境的创设应符合学习者的特征。

学习是个性化的行为,教师在创设情境时要充分考虑到学习者原有的知识、技能,学习动机、态度,年龄和生理发展特征,才能促进学习者产生积极的情感体验。

第四,学习情境是促进学习者主动建构知识意义的外部条件。

无论是哪一种学习情境,都应为促进学习者自主学习、最终完成意义建构服务。

第五,学习任务与真实学习情境必须相融合。

学习情境须能够以自然的方式展现学习任务所要解决的矛盾和问题。

第六,忌滥用多媒体情境。

信息技术对创设情境有潜在的优势,但是应该注意不以多媒体情境代替全部的真实情境。

以上介绍了国外主流的学习理论,应该注意的是,学习是学习者在经过训练后出现的某种变化,而这种变化是复杂的、运动的、带有情感的。导致这种变化的心理机制也是多样的,如条件反射、尝试错误、顿悟、模仿等。引起这些变化的原因也是多方面的,如学习情境的因素和学习者自身的因素。现实生活中存在着各种各样的学习,目前还没有一种理论能令人满意地解释复杂而多样的学习。至于联结主义和认知学派,在它们形成的过程中曾有过争论和互相指责,但到 20 世纪中叶前期,争执已经逐渐消失,出现了各取所长、相互吸收的趋向。

✲ 练习题

1. 说明数学认知结构的含义及其在数学教学中的作用。
2. 你是否赞同建构主义下的数学教育理论？说明自己的观点。
3. 调查中学生的数学学习情况。

✲ 拓展阅读

[1] 徐章韬.指向深度学习:根植学科的数学学习理论[J].中国教育学刊,2017(8):46-50.

[2] 鲍建生.关于数学学习理论研究的几点思考[J].浙江教育学院学报,2009(1):2-9.

[3] 唐瑞芬.数学教学理论选讲[M].上海:华东师范大学出版社,2001.

[4] 朱晨菲,孙浩,鲍建生.数学问题解决评价方案的构建与实施[J].数学通报,2019,58(10):13-19.

[5] 李善良.数学概念学习研究综述[J].数学教育学报,2001(3):18-22.

第五章 数学教学模式

❋ 学习目标

（1）结合教材与学情分析，理解教学内容决定教学形式，掌握主要数学课型的基本结构，能根据具体教学内容选择合适的课型。

（2）掌握概念、命题、技能教学的基本要求，并能根据具体教学内容进行教学设计。

（3）掌握问题解决教学的基本要求，并能根据具体教学内容进行教学设计。

（4）掌握数学活动课教学的基本要求，并能根据具体教学内容进行教学设计。

❋ 导　语

课堂教学是教育工作者的日常工作，是教师与学生沟通的主要渠道，它集中体现了教师的教材取舍能力、知识探索能力以及教学设计能力。

教师传授知识、学生获取知识的主要途径是课堂教学，要提高教学质量，主要任务就是改进课堂教学模式，切实提高课堂教学的有效性。为了达成该项任务，我们须注意以下几点：以旧引新，注重联系；由浅入深，层层递进；适当点拨，活学活用；宽严有度，井然有序。

同时，不同教学内容的数学课应当有不同的结构。为了更好地理解课堂教学，我们有必要先了解常见数学课型的基本结构，根据不同课型采取针对性的教学方法。本章将根据数学课的内容，介绍主要课型的基本结构及其一般教学模式，如概念教学、命题教学、技能教学等。

第一节 教学的基本课型结构

中学数学教学的基本形式是课堂教学，根据数学课的内容差异，可把它分为绪论课、新授课、习题课、综合课、复习课、测验课、讲评课及实习作业课等类型。下文对几种主要的课型结构和基本任务要求进行介绍。

一、新授课

新授课是一种教师借助各种教学手段,选择适合新课特点的教学方法让学生获取尚未学习过的数学知识的课型。在教学处理中教师要立足当下,联系过往,绸缪未来;在教学过程中教师应讲其当讲、练其当练,充分调动学生,让他们积极进行思考,从而在教授基础知识的同时,培养学生的数学核心素养。

新授课的课时结构一般有 5 个环节:导入新知、讲解新知、领会理解、巩固练习、布置作业。具体如下。

(一)导入新知

一堂好的数学课,良好的开端必不可少。恰当的导入有利于营造良好的教学氛围,集中学生的注意力,激发学习兴趣,启迪学生思维,唤起求知欲,为取得良好的教学效果奠定基础。常见的数学新课导入方法有:复习导入、类比导入、设疑导入、活动导入、直接导入、故事导入等。教师应结合具体教学需求选择导入方法,从而快速激活课堂,提高课堂效率。

(二)讲解新知

讲解新内容时教师要做到不仅让学生"学会",更重要的是让学生"会学"。让学生"会学"就是指积极思考、主动学习、独立思考、灵活运用、辨别真伪。因此要求教师在课堂教学中主要做启发、诱导和必要的讲解,而不是包办、代替和满堂灌。教师应做到如下 4 点。

第一,提出矛盾,引起探讨,启发学生积极思考。

第二,正向思维与逆向思维相结合,推动学生思维活动步步深入。

第三,提供给学生独立思考的机会,培养其求异的思维能力。

第四,结合典型错误,辩证分析,提升学生的数学思维能力。

(三)领会理解

领会理解是完成教学任务的关键环节,教师应使学生知其然且知其所以然。因此在课堂教学过程中,教师需灵活应用多种教学方法、模式,引导学生深入理解概念,确切掌握定义,厘清定理的条件、结论和证明方法,总结出解题规律等。

(四)巩固练习

巩固练习的目的是帮助学生巩固新知,这是课堂教学中不可或缺的环节。需注意以下几点。

第一,邀请学生板演时,教师既要注意板演情况,又应全班巡视,以掌握学生练习的整体情况,及时发现问题。

第二,从教学活动的开展与效果来看,安排学生进行板演,并不要求其板演答案完全正确、规范。有时出现的一些错误或问题,正是教师进行研讨、深化教学、鉴别错误的好材料。

第三,板演学生人选不宜固化,在自愿的基础上,应尽可能给每位学生提供板演的机会。此外,在选择板演学生时,应视题目难度及学生水平而定。

(五)布置作业

家庭作业是对课堂教学的补充、深化和后继。布置作业需注意以下几点。

第一,作业需布置清楚,应在黑板上写出页数与题号。补充的题目要印发,或者留有充足时间供学生抄录。

第二,难度过大的题目可作适当提示,但不宜过分细致和具体,不能代替学生解决难点。

第三,课本上的习题要全部处理,补充题可指定必做或选做。选做题要鼓励有能力的学生尽量完成。

第四,需布置思考题,并在完成期限到达后及时检查,或在适当的时间以适当的方式让学生明确答案。

二、习题课

习题课是教师在一节、一章的教学基础上根据知识系统进行归纳整理,通过例题讲解对所学知识进行巩固、提高的课型,或者是在教师指导下,由学生在课堂上独立完成作业的课型。

习题课的主要任务是在巩固学生已学知识的基础上,培养学生利用已学知识来解题的技能与技巧,进一步形成解决实际问题的能力。

习题课的结构一般是课前复习、课堂练习、课后小结、布置家庭作业。

在习题课内容安排上,教师不应把过多的精力放在课外资料、习题的引进上,否则将是舍本求末,不仅加重学生负担,而且还会削弱学生对教材基础知识的掌握。如果在课本习题、复习参考题的基础上辅以适当课外题进行补充,合理搭配,挖掘习题间的内在联系并有机结合,便使习题课成功了一半。为此,教师在安排习题时需明确目标,考虑到培养技能、总结规律、独立思考、合作探究等不同作用的习题,并注意以下几点。

第一,抓住主要矛盾,其他次要矛盾便迎刃而解。

第二,抓住问题的关键,厘清知识间的联系。

第三,讲解正面问题的解决方法,同时探讨反面问题的解决思路和方法。

第四,习题应有合适的梯度,从而提升学生灵活运用基础知识解题的能力。

三、复习课

复习课是以巩固和加深已学过知识为目的的课,其主要作用是使知识系统化。

复习课一般安排在完成某章节或完整学期的教学之后,分阶段复习、期末复习和学科总复习3种。

复习课的方式是多种多样的。教师可采用复述旧知识的方式,利用复习题讲解法进行复习;亦可采用事前准备好的复习提纲,用提问的方法进行复习,使学生在回答按知识系统编排的题目过程中巩固知识;也可用演算或证明习题的方式来进行复习。

（一）讲述

教师应在了解学生、吃透教材的基础上将重点要讲述或讨论的问题在课前系统中组合编排。首先，讲述的内容应源于课本、高于课本。不是单纯地复述课本知识，而是将课本知识进行综合，找出其中的规律性、系统性，让学生通过复习题对所学知识进行综合和开拓。其次是吃透两头，既不能偏离课程标准、大纲，超过学生实际水平，又不能降低水平和要求。要使知识形成完整的结构，突出知识之间的联系；同时，要注意数学归纳法、反证法、待定系数法、变量替换法、辅助函数法等数学方法的应用与总结。

（二）提问

提问法对复习的效果是显著的。因为提问能有效集中学生思维，课堂提问应从知识本身的内在联系出发，从学生认识过程的基本规律入手，所以精心设计提问显得尤为重要。课堂提问的目的是教师通过提问引导学生整理、归纳、加深理解所学过的旧知识，然后根据学生的回答，再做系统的总结，使学生在不知不觉中复习旧知识。

教师的课堂提问应注意以下几点。第一，问题明确；第二，有启发性；第三，难度适当；第四，面向全体学生；第五，保护学生回答问题的积极性。

当然，由于是复习，应适当照顾后进生，对于基础较好的学生，可强调要点。

（三）习题

为了达到复习知识的目的，习题安排应保证题型多样，覆盖面大。精选典型习题，适当引申，深化概念，系统安排，循序渐进，并尽可能揭示题与题之间的或解法思路之间的逻辑联系。

总之，复习课的一般结构是事先提出复习提纲，采用重点讲述、讨论、练习、布置作业的逻辑顺序。其中复习课的作业一般比平时作业更具有综合性、研究性，另外在总复习中也可采用专题讲座的形式进行复习。

四、讲评课

讲评课一般分为作业分析课、试卷分析课两类，这类课的主要任务是对学生作业进行分析或对某次考试进行总结。

讲评课的内容与结构有两类：一是"分析错误—错误归类—找出原因—加以改正—总结经验"；二是"罗列多种思路—分析比较思路—评价思路—总结经验"。

作业分析课一般两周左右安排一次，着重指出学生普遍存在的问题；试卷分析课则在测验后进行，不仅要讲解试题，还应纠正各种错误并分析其产生的原因，从中找出解题规律。

一般来说，教师对学生作业及试卷中所显示的思维水平的分析，可按以下三等六级来对照：

第一，再现水平。重复再现，即学生能够复述所学概念、法则等；变式再现，即学生能够用这些概念、法则来解决一些简单运算、推理或判断正误。

第二，整组水平。简编整组，即学生能够将所学知识运用到解题中去；发挥整组，即学生能够在解题时运用知识并带有自己的见解。

第三,发现水平。归纳发现,即学生通过分析掌握解题中的共性、特性、联系及差异;跃升发现,即学生在解题中有独特见解,其方法、技巧等超越一般内容的深度和广度。

讲评的形式和教学方法也可根据不同情况分别设计,灵活应用,这样方能达到良好效果。

第二节　数学概念的教学

一、概念的含义

数学概念是反映客观现实世界中的数量关系和空间形式的本质属性的思维形式。何为数学概念的本质属性呢？一般而言,一个特定的数学对象,在一定范围内保持不变的性质,就是该数学对象的"本质属性",而可变的性质则是"非本质属性"。例如,平行四边形的数学概念,它具有方位、大小、形状诸多方面的属性,但只要抓住"四条边"这条属性,就能将它与多边形进行区分;只要抓住"两组对边分别平行"这条属性,就能将它与一般四边形进行区分。"四边形""两组对边平行"就是"平行四边形"这个概念的本质属性。一旦把本质属性从众多属性中分离出来,并把这些本质属性作为一个"整体",就形成了"平行四边形"的数学概念。

数学概念是由它的内涵和外延组成的,给定一个数学概念就意味着确定了它的内涵和外延。明确数学概念的内涵和外延是准确掌握概念和系统掌握知识的基础。数学概念的内涵就是数学概念所反映的事物的本质属性的总和,也就是概念的内容;数学概念的外延是指数学概念所反映的事物的总和,也就是概念的范围。数学概念的内涵和外延分别是对事物的质和量的规定,两者相互依赖、相互制约。例如:"偶数"的数学概念的内涵就是"能被 2 整除"的性质,其外延是所有偶数的全体;"一元二次方程"的数学概念的内涵是"只含一个未知数且未知数的最高次是二次的等式"的性质,其外延是一切形如 $ax^2+bx+c=0(a\neq0)$ 的方程的全体。

二、数学概念的类别

数学所研究的基本概念不是现实的存在,是人们在数量和图形等方面对事物本质进行抽象的结果。一般地,数学概念来源于两个方面:一是对客观世界中的数量关系和空间形式的直接抽象;二是在已有数学理论上的逻辑建构。相应地,可以把数学概念分为两类:一类是对现实对象或关系直接抽象而形成的概念,这类概念与现实贴近,以至于人们常常将它们与现实原型相混淆,如三角形、四边形、角、平行、相似等都有这种特性;另一类是纯数学抽象,这类概念是抽象逻辑思维的产物,是一种数学逻辑构造,没有客观实在与之对应,如方程、函数、向量内积等,这类概念对建构数学理论非常重要,是数学深入发展的逻辑源泉。

依据心理学研究成果,我们又可以将数学概念分为 3 种类型:第一种是"合取概念",即几种属性联合在一起对概念下定义,如"映射"的概念即为合取概念;第二种为"析取概念",即在许多事物的各种属性中,找出一种(或几种)共同属性来给概念下定义,这样定义的概念称为"析取概念",如"圆锥曲线"的概念就是典型的析取概念;第三种为"关系概念",即以事物的相对关系作为概念定义的依据所得的概念,例如"正棱锥"的概念就为关系概念。

三、数学概念学习的过程

数学概念的学习,包括概念的理解与概念的应用两个阶段。其中,概念的理解又分为感知、分化、概括和巩固 4 个阶段。数学概念的学习有两种基本方式:一是概念形成,二是概念同化。

(一)概念形成

概念形成是一种通过列举不同的能够反映概念的事物,使学生积极主动地去发现其本质属性,从而形成新概念的方式。概念形成的心理过程如下。

第一,辨别同类事物的不同例子,根据事物的外部特征,在直观水平上进行辨认;

第二,提出它们的共同本质属性的各种假设并加以检验,从而抽象出各例的共同属性;

第三,把概括出来的本质属性与认知结构中的适当观念联系起来,扩大或改组原有的数学认知结构;

第四,将本质属性推广到同类事物中去,明确新概念的外延。

(二)概念同化

概念同化是学生将新概念主动地与自己认知结构中已有的有关概念相互联系、相互作用以领会新概念的意义,从而获得新概念的方式。从本质上说,概念同化是利用已经掌握的概念去学习新概念,或者修改旧概念使之适应新的学习需要的过程。

概念同化学习必须具备两个前提条件:第一,新学的概念本身必须具备逻辑意义;第二,学生原有的认知结构中要具备同化新概念所需要的知识经验。

概念同化的心理过程包括以下几个方面。

1.辨认

辨认定义中的新概念,如:哪些是已有概念? 新、旧概念之间存在着什么关系? 这一过程包含了回忆与知识的重现。例如,学习矩形的概念,在给出矩形特征之后,学生必须对"四边形""平行四边形""相邻两边的夹角"等已有概念进行回忆和辨认。

2.同化

建立新概念与原有概念之间的联系,把新概念纳入原有认知结构,使新概念被赋予一定的意义。例如,上述关于矩形概念的学习,学生将"矩形"与"平行四边形"进行比较,发现新概念"矩形"是已有的旧概念"平行四边形"的组合,于是通过建立新、旧概念的联系获得"矩形"概念。同时,获得新概念后又扩大了原有的数学认知结构。

3.强化

将新概念与适当反例相比较,使新概念与原有概念进一步精确分化。概念同化的本质是利用已经掌握的概念去获取新概念,因此概念同化的学习方式必须具备一定的条件。从客观上说,学习的材料必须具有逻辑意义,所学的新概念应与学生已有的相关概念建立"非人为"联系和"实质性"的联系。这里的"非人为"联系,指知识与知识之间继承和发展的关系,是知识间内在的联系,而不是人为强加上去的。

(三)概念学习的两种方式的比较

概念形成是以学生的直接经验为基础,用归纳的方式抽取出一类事物的共同属性,从而达到对概念的理解。因此,在教学方法上倡导布鲁纳的"发现教学法",其适合低年级的学生学习数学概念,也适合直接抽象的数学概念的学习,因为这些概念多是建立在对具体事物的性质的概括上,依靠的是学生的直接经验与直接认识。

概念同化则以学生的间接经验为基础,以数学语言为工具,依靠新、旧概念的相互作用去理解概念,因而在教学方法上多是直观呈现定义,与奥苏贝尔提出的"有意义地接受学习"方式基本一致。由于数学概念具有多级抽象的特征,学生学习新概念在很大程度上依赖于旧概念以及原有的认知结构,所以概念同化的学习方式在数学概念学习中是经常和普遍使用的,特别是对高年级的学生学习数学概念更加适合。

最后还要指出两点:一是概念形成与概念同化不是相互独立或互不相关的。事实上,从上述概念学习的两种心理过程可知,概念形成也包含着同化的因素,是用具体的、直观的感性材料同化新概念。二是无论低年级或高年级学生,在数学概念教学中都不宜单纯地运用某一种方式。概念形成的教学方式有利于培养学生观察、发现的能力;概念同化的教学形式有利于培养学生数学抽象及逻辑思维能力。因此在数学概念教学中,应当把两种形式结合起来综合使用,扬长避短、互为补充。

四、数学概念教学的一般模式

根据以上两种数学概念学习的方式,形成概念教学的一般模式:概念探究—呈现概念—概念深化—概念应用—数学联结。

一般概念教学的各阶段的活动内容如表 5-1 所示。

表 5-1 概念教学的一般模式

阶段	活动内容
概念探究	在特定的背景下,通过合理设置的"脚手架",探究概念的本质属性
呈现概念	呈现定义
概念深化	对概念进行多角度的辨析,揭示概念的内涵和外延
概念应用	巩固概念,运用概念的定义进行简单的应用
概念联结	构建概念表征体系,并获得与所学概念相关的其他概念的广泛联系

下面介绍各阶段具体的数学活动设计。

(一)概念探究

1. 观察、归纳

大多数抽象的数学概念,我们可以在现实生活中为其找到具体的模型,教师在教学过程中,可以安排学生观察具体模型,进而帮助学生归纳和掌握抽象概念的性质和特点。教师把对具体模型的操作看作是概念抽象和建构前的操作活动,为抽象概念搭建具体模型,这样有助于学生对抽象概念产生形象的认识,促进他们对概念的主动建构。对于高中数学中的概念,例如等差数列、等比数列、指数函数、函数的单调性、函数的奇偶性、函数概念、数学归纳法等,学生可通过观察具体模型,归纳提炼出所给模型的共同特性,进而建构数学概念。这样不仅可以让学生获得对概念的理解,还可以培养学生的观察能力,提高数学思维能力,感悟数学思想方法。

2.类比、迁移

数学知识的系统性很强,同时数学概念也不是孤立的,教师应从有关概念的逻辑联系和区别中,引导学生理解相关的数学概念,从而在学生头脑中形成一个比较完整、准确的概念体系。应用类比法,可以促使学生回顾旧知,尝试在已有知识的基础上发现新结论。根据建构主义学习理论,用旧知类比新知,可以有效实现旧知识在新内容中的正迁移,帮助学生建立新、旧知识的联系,突破教学难点,降低教学难度。例如在学习椭圆的相关性质后,双曲线、抛物线的性质可由学生自主类比椭圆的相关性质获得。

3.实验、探究

"数学实验"是通过动手制作模型或利用计算机软件等对数学现象或命题进行检验的过程;是让学生通过自己动手操作,进行发现、探究、思考、分析、归纳等活动,最后获得概念、理解概念或解决问题的一种实践过程。它如"物理实验"、"化学实验"一样,旨在通过实验,验证数学问题的真实结果,揭示数学问题之间的内在联系、数学问题的规律,提高解决数学问题的能力。

(二)概念深化

1.变式教学法

传统意义上的概念变式主要包括两类:一类属于概念的外延集合的变式,称为概念变式,其中可以根据其在教学中的作用分为概念的标准变式和非标准变式;另一类不属于概念的外延集合,但对概念对象有某些共同的非本质属性的变式,称为非概念变式,其中包括用于揭示概念对立面的反例变式。

(1)通过非标准变式突出概念的本质属性

在概念的对象集合中,尽管从逻辑的角度看,每个对象都是等价的,但实际上,这些对象在学生的概念理解系统中的地位并不相同。特别地,其中一些对象由于其拥有"标准的"形式或者受到感性经验的影响,又或者在引入概念时存在"先入为主"等原因而成为所谓的标准变式,如图5-1所示。

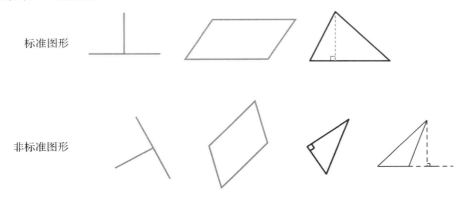

图 5-1　标准图形与非标准图形案例

在这两种概念变式中,标准变式虽然有利于学生对概念的准确把握,但也容易限制学生的思维,从而人为地缩小概念的外延。解决这个问题的方法之一就是充分利用非标准变式,通过变换概念的非本质属性,突出其本质属性。

(2)通过非概念变式明确概念的外延

概念的内涵与外延是对立而统一的,内涵明确,则外延清晰,反之亦然。因此,概念的教学除了在内涵上下功夫,还应该使学生对概念所包含的对象集合有一个清晰的边界。其中一条有效途径就是利用非概念变式①,如图 5-2 所示。

概念	概念图形	非概念图形
邻角	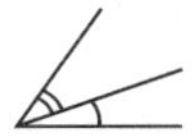	
对顶角		
圆周角		

图 5-2 非概念变式案例

这类非概念变式一般有两个来源:一是来自概念之间的逻辑关系;二是基于学生常见的错误。教师运用非概念变式进行教学,一方面可以帮助学生建立相关概念之间的联系,另一方面也可以预防学生在概念理解或澄清概念时可能出现的混乱,从而确切地把握概念的本质属性。

2.纠错法

心理学家盖耶认为:"谁不考虑尝试错误,不允许学生犯错误,就将错过最富成效的学习时刻。"教师一定要平和、理智地看待错误,并辅之以策略处理,充分利用再生资源。

维果斯基的概念发展理论认为存在着两种不同认知性质的概念,即自发性概念和科学概念。学生所犯的"常见错误""典型错误",即指学生自发概念中的不足之处,如 $f(x-y)=f(x)-f(y)$。学习是一个螺旋上升的发展过程。数学概念的建立有时是困难而漫长的,需要多次反复,循序渐进,直到真正理解。

(三)概念应用

概念的获取,离不开概念的应用,只有达到对概念的应用水平,才能认为是掌握和巩固了概念。心理学将概念的应用分为两个层次,即知觉应用水平和思维应用水平。

知觉应用水平,指学生获得同类事物的概念以后,当遇到这类事物的特例时,能立即把其看作是这类事物中的具体例子,将其归入一定的知觉类型。例如,在学习了用代入法和加减法解二元一次方程组的方法后,当学生再次重新面临解二元一次方程组情境时,若能运用

① 顾泠沅.演变图形在几何教学中的直观效果和心理意义[C].上海市数学会年会论文,1981.

上述两种方法之一解决问题,那么就达到了知觉应用水平。

思维应用水平,指学生学习的新概念被包含于水平较高的原有概念中,因而新概念的应用必须对原有概念进行重新组织和加工,以满足解决当前问题的需要。例如,在讲授对数函数的性质时,要证明 $y=\log_a x$,当 $a>1$ 时单调递增,就必须用到一般函数 $y=f(x)$ 的单调性的概念,利用一般函数单调性的判定方法去解决当前问题。即对定义域 D_x 上的变量 x_1,x_2,若 $x_1>x_2$,则 $f(x_1)>f(x_2)$,则 $f(x)$ 在 D_x 上单调递增。这里一般函数单调性的概念用于解决当前问题时,需要重新组织,即须证当 $a>1$ 时,$\log_a x_1>\log_a x_2$。该过程即概念的思维应用水平。

概念的知觉应用水平与思维应用水平是概念应用的两个阶段。教师在教学中应精心设计例题和习题,根据具体情况采用恰当的方式,使学生达到将概念在两种不同水平上应用的水平。

(四)概念联结

1.利用概念图建立概念域

概念图有 4 个图表特征:概念(concepts)、命题(propositions)、交叉连接(cross-links)和层级结构(hierarchical framework)。概念是对感知到的事物抽象出的规则属性,通常用专有名词或符号进行标记。命题是对事物现象、结构和规则的陈述。在概念图中,命题是两个概念之间通过某个连接词而形成的意义关系。交叉连接表示不同知识领域概念之间的相互关系。层级结构是概念的展现方式,通常情况下最具一般性和概括性的概念置于概念图的最上层,从属的概念安排在下面。概念图就是一种以科学命题的形式显示了概念之间的意义联系,从而把所有基本概念有机地联系在一起的空间网络图。

概念图有 3 个组成部分:节点(或结点)、连线、连接词。节点就是置于圆圈或方框中的概念。连线表示两个概念之间的意义联系,连接可以没有方向,也可以单向或双向。位于上层的概念通常具有多个知识分支,不同知识领域或分支间概念的连线就是交叉连接(又称横向联系)。交叉连接常常形成方向性意义,也是产生创造性思维的关键之处。连接词是置于连线上的两个概念之间形成命题的联系词,如"是""引起""取决于""包括""表示"等。

通过概念图,拓展概念外延,学生对概念的理解由直观感知到理性抽象,由零散杂乱的概念认知结构向完整严谨的认知结构发展,从而完整建构数学概念,如图 5-3 所示的"三角形"概念图。

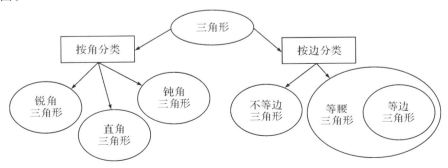

图 5-3　"三角形"概念图

2.理论联系实际

为了加强广泛的数学联结,各国的数学新课程都十分重视跨学科的综合性学习活动和数学在实际生活中的应用。如日本在1998年颁发的《中小学学习指导要领》的数学课程部分中就新增设了综合学习(亦叫作课题学习)课程,即让学生通过综合所学过的数学知识,或者是综合数学与其他学科的知识来解决所要研究的课题。其目的是加强各学科知识的联结。也就是说:培养学生有效运用各科的知识及技能,并解决生活上可能碰到的问题的能力;培养学生学会收集、探索并分析问题,进而培养学会自己主动找寻答案的能力。

第三节　数学命题的教学

一、命题的含义

逻辑学认为,命题是根据概念,或者通过概念的组合,或者由简单命题复合而成的表达判断的陈述。命题以概念为基础,又比概念更为复杂。因此,数学命题是与数学对象有关且具有数学意义的可判断真假的陈述句。[①]

二、数学命题的类别

按照判断的正误,数学命题可分为真命题和假命题。按照内容复杂程度,数学命题可分为简单命题和复合命题。其中,复合命题又分为合取命题、析取命题、负命题和蕴含命题。

(一)真命题和假命题

在逻辑学中,按照命题的陈述符合事实与否,命题可分为真命题和假命题。例如以下3个命题:①5在4和6之间;②矩形是对角线相等的四边形;③如果$x<1$,那么$2x<2$。由于每个人的认知水平不同,命题所反映的情况是否符合事实就有差异。其中命题①、②符合事实,而③与事实不符。根据逻辑学中的规定,将形如命题①、②的符合事实的命题称为真命题,与之对应的就是假命题,即不符合事实的命题。根据这个规定,一个命题的真假情况有且只有一种,要么为真命题,要么为假命题,不可能同时具备以上两种性质。在数学中我们要研究的命题都是真命题。

(二)简单命题和复合命题

根据命题的组成情况,我们把命题分为简单命题和复合命题。

简单命题是由概念直接构成的,不包括其他的命题。例如"三角函数是单调函数",该命题只包括三角函数和单调函数两个数学概念,不包含其他的概念和命题。按照内容的不同,简单命题又分为两类:性质命题和关系命题。性质命题反映的是所描述的对象是否具有某

---

① 郑庆全,单墫.数学命题的特征及其教学意义[J].数学通报,2009,48(3):5-8,16.

种性质,关系命题反映的是某一对象和另一个对象之间的某种关系。例如:"矩形的对角线相等"是性质命题,它反映了矩形具有对角线相等的性质;"底数的对数等于1"是个关系命题,它反映了"底数的对数"和"1"之间的大小关系。

复合命题不是由概念直接构成的命题,其中还包含其他命题。如"如果一条直线垂直于同一平面内的两条相交直线,那么这条直线垂直于这个平面"是个复合命题,其中包括的概念有直线、平面、垂直和相交,包含的命题有直线与直线相交、直线与直线垂直、直线和平面垂直等关系命题。

复合命题又分为以下四种形式:合取命题、析取命题、负命题和蕴含命题。

①合取命题:以两个命题的条件为条件的命题称为这两个命题的合取命题。从集合的角度看,就是取两个集合的交集。

②析取命题:当一个命题至少满足两个命题中的一个命题的时候,我们称这个新的命题为析取命题。从集合的角度看,就是取两个集合的并集。

③负命题:如果一个命题是另一个命题的否定,那么我们就说这两个命题互为负命题。从集合的角度看,负命题就是取一个集合的补集。

④蕴含命题:如果一个命题是另外两个命题之间关系的判断,我们就说这个命题是另外两个命题的蕴含命题。

三、数学命题学习的过程

现代认知心理学认为,数学命题学习实质上是新、旧知识之间相互作用,并形成新的数学认知结构的过程。新学习的数学命题与学生原有数学认知结构中起固定作用的观念大致可构成3种关系,即下位关系、上位关系、并列关系。对应这3种关系,数学命题就有3种学习形式,即下位学习、上位学习和组合学习。具体内容第四章第三节已详细阐述,此外不再展开。

四、数学命题教学的目标

中学数学命题教学的基本要求是使学生深刻理解数学命题的意义,明确其推导过程与适用范围,并且具备灵活运用数学命题解决问题的能力。具体包含以下4个方面。

第一,数学命题的内容。这是数学命题学习的最基本的部分。目标是让学生会用准确的语言说出数学命题的内容。

第二,数学命题的结构。能分清数学命题的条件和结论,掌握它们之间的关系,并进一步分析该数学命题与其他相关概念、命题之间的关系。

第三,数学命题的证明。数学命题的证明体现了数学命题与原有知识结构之间的逻辑联系,有助于加深对数学命题的理解和记忆,是培养学生逻辑推理素养的有效途径。数学命题证明的常用方法,有分析法、综合法、演绎法、数学归纳法、反证法、同一法等。这些方法不仅对于数学学习是十分重要的,而且对于其他知识的学习也是十分重要的。数学命题的证明不仅是对数学命题的直接验证,而且还可以培养学习者的创新意识。

第四,数学命题的应用。数学命题在现实生活和后续的数学命题学习中有广泛的应用。

因此,数学命题的应用是数学命题学习的重要组成部分,要通过例题和习题让学生领会定理和公式的适用范围、应用的基本规律和注意事项。

五、数学命题教学的一般模式

根据命题学习的过程与要求,数学命题教学的一般模式为:获得命题—证明命题—应用命题。

(一)获得命题

当学生对某些内容感兴趣或是有期望时,某些与其相关的原有知识被激活,当学生学到某些新的信息时,新知识与原有的数学知识建立各种联系(上位、下位、并列联系),随后被同化或是顺应,形成新的联系——数学命题,这个阶段称数学命题的获得阶段。

根据奥苏泊尔的"有意义言语学习理论"和皮亚杰的"发生认识论",命题教学的两种基本方式是呈现式和发生式。

1.呈现式

呈现式是教师将要学习的命题直观展示给学生,学生通过表征联想获得命题的方式。

其适用有3个必要条件:第一,学习者必须对任何学习任务表现出一种有意义学习的倾向;第二,学习材料必须具备潜在的意义;第三,学习者知道如何将已有知识与将要学习的内容形成关联。

为了更好地掌握所学的数学命题,学生学习时必须在原有的认知结构中找到有关的概念和命题,为此可对旧知识进行复习,在复习的基础上引入新的数学命题。复习的设计须注意以下3点:

其一,针对性。根据学生在命题接受学习的过程中可能产生的困难,有针对性地确定复习内容。同时,要复习与新命题相关的概念与命题。

其二,趣味性。复习不应当成为知识的简单重复,应尽可能使复习具有新鲜感,努力创设新的情境,以提高学生的学习兴趣。

其三,参与性。复习应当强调学生参与,以学生为主体。教师应启发学生完成复习,并为学生留有回忆与整理旧知识的时间。

2.发生式

揭示命题产生的过程,使学生在感受命题的产生、发展的认知中获得命题的学习方式,称为发生式。命题的产生是由教师向学生提供一系列的实例、研究素材,让学生在一定的情境下,通过观察、实验、操作、讨论和思考,探索规律,提出猜想和假设,然后获得数学命题的过程。主要包含两个步骤:情境引入和提出猜想。

在设计教学时应注意以下5点。

第一,例子的选取。在引入时选取的实例应符合所要发现的数学命题的条件,背景尽量简洁,减少干扰,并尽可能带有趣味性,与现实生活相关联。

第二,实验与操作的设计。实验与操作可以依赖于实物模型、教具、学具以及其他适当的手段。例如可以设计图形的翻折、旋转和分割,度量线段的长度和角的大小,利用叠合表明相等或不等的关系,用尺规作一些基本的图形等。

第三,提问的设计。提问要让学生明确从哪个方向入手发现结论,或者明确实验与操作所要达到的目标。要重视提问的深度,尽可能避免是非式或填空式的提问。

第四,讨论的设计。对学生的讨论须有明确的要求。讨论的问题要具体,能引起不同意见的争论。

第五,多媒体内容的设计。用多媒体课件辅助数学命题发现学习,其动态的画面、鲜艳的色彩,常能起到事半功倍的作用。利用重复显示的效果可直观呈现探索的过程,说明知识发生的过程。根据需要也可以让学生参与教学过程,运用计算机来探索和发现数学命题。

(二)证明命题

数学命题的证明就是把新的数学命题与认知结构中原有的知识联系起来,对其做出选择性的重新组合,运用各种推理形式使新的数学命题获得意义。

数学命题证明的结构为:一般地,一个命题 $A \Rightarrow B$,中间要经历许多步骤,设 $A \Rightarrow A_1 \Rightarrow A_2 \Rightarrow \cdots \Rightarrow A_n \Rightarrow B$。其划归命题就是 $A_1 \Rightarrow B, A_2 \Rightarrow B, \cdots, A_n \Rightarrow B$。这一系列的步骤实质就是推理,其中包含两种认知成分,激活相关的信息和遵循逻辑规律的心理操作。在这个过程中学习者不断地将条件集和结论集进行匹配,最后求得结果(见图5-4)。

命题的证明受3种认知因素的影响:推理者是否具备与新命题相关的旧知识及提取旧知识的程度;推理者能否将条件集和结论集进行匹配;根据匹配的情况合理得到结论。教师在教学的过程中根据要证明命题的实际情况对学生进行相关的训练和指导,来解决命题证明出现的难点。

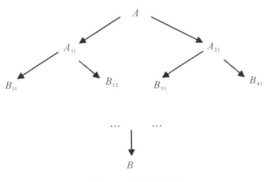

图 5-4　命题证明

(三)应用命题

数学命题的应用有两个层次:命题的直接应用和变式应用。直接应用是变式应用的基础,变式应用又是直接应用的扩展。前者不需要学生进一步辨认,可直接利用命题进行命题的计算证明,直接应用可以加深学生对命题的记忆理解。变式应用则不同,是学生在对命题理解的基础上,对命题进行变形、转化等相关知识的应用。变式应用是大多数学生命题学习的瓶颈。

初学命题时,教学应该以直接应用为主,重在让学生理解命题的内容,以培养学生的智慧技能。随着学习时间的增长,教师可以以命题变形、变换为主,这样不但可以提高学生应用命题的能力,也能提高学生分析和解决数学问题的能力,进一步提高数学核心素养。

1.例题的设计

例题的作用在于巩固和运用所学的数学命题。在教学中要注意命题条件的验证,命题的合理应用。例题应适量选择,量过少不足以巩固命题学习,量过多又重复与单调,不利于培养学生的学习兴趣。

2.练习的设计

练习的难度要坚持循序渐进、由易到难、由单一到适当复杂的原则。练习的形式应包括综合题、实际应用题和探索性问题、创造性问题、开放性问题等。

第四节　数学技能的教学

一、技能的含义

技能是顺利完成某项任务的一种动作或心智活动方式。它是一种接近自动化的、复杂而较为完善的动作系统,可通过有目的、有计划的练习而习得。数学技能是顺利完成某项数学任务的动作或心智活动方式。它通常表现为完成某一数学任务时所必需的一系列动作的协调和活动方式的自动化。这种协调的动作和自动化的活动方式是在已有数学知识经验基础上经过反复练习而形成的。例如学习乘数是两位数的乘法的计算技能,就是在掌握其运算法则的基础上通过多次的实际计算而形成的。

数学技能与数学知识和数学能力既有密切的联系,又有本质上的区别。它们的区别主要表现为:技能是对动作和动作方式的概括,它反映的是动作本身和活动方式的熟练程度;知识是对经验的概括,它反映的是人们对事物和事物之间相互联系的规律性的认识;能力是保证活动顺利完成的某些稳定的心理特征的概括,它所体现的是学习者在数学学习活动中反映出来的个体特征。三者之间的联系,可以比较清楚地从数学技能的作用中反映出来。

二、数学技能的类别

数学技能可以分为操作技能和心智技能。具体内容第四章第四节已详细阐述,此处不再重复。

三、数学技能形成的过程

数学技能的形成是学生练习的直接结果,其途径有两条:其一是伴随着数学理论的获得而形成数学技能;其二是在综合应用数学理论过程中形成数学技能。

(一)操作技能的形成过程

操作技能作为一种外显的操作活动方式,它的形成大致要经过以下 4 个基本阶段。

1.动作的定向阶段

这是操作技能形成的起始阶段,主要通过视觉,形成达到学习目标所需的表象与概念,包括明确学习目标、激起学习动机、了解与数学技能有关的知识、知道技能的操作程序和动作要领以及活动的最后结果等内容。也就是说,这一阶段主要是了解"做什么"和"怎样做"两方面的内容。如角的作图,这一阶段主要是了解所作角的度数(即知道做什么)和角的作图步骤(即怎么做),以此给作图的操作活动做出具体的定向。

2.动作的分解阶段

这是操作技能进入实际学习的最初阶段,其做法是把某项数学技能的完整动作分解成若干个单项动作,学生在教师的示范下依次模仿练习,从而掌握局部动作的活动方式。

如用圆规按照给定的半径作圆,该阶段可把整个操作程序分解成 3 个局部动作:①把圆规张开,按照给定的半径量好圆规两脚间的距离;②把有针尖的一脚固定在一点上,确定圆心;③将有铅笔尖的一脚绕圆心旋转一周,即可作出完整的圆。通过对这 3 个具有连续性的局部动作的依次练习,即可掌握画圆的要领。学生在该阶段学习的方式主要是模仿,一方面根据教师的示范进行模仿,另一方面也可以根据有关操作规则的文字描述执行作图。

3.动作的整合阶段

这一阶段,将先前所掌握的各个局部动作按照一定的顺序联结起来,使其形成一个连贯而协调的操作程序,并固定。如作圆,在这一阶段就可将 3 个步骤综合起来形成一体化的操作系统。这是由于局部动作之间尚处在衔接阶段,动作还难以维持稳定性和精确性,动作系统中的某些环节在衔接时甚至还会出现停顿现象。不过,总的来说这一阶段动作之间的相互干扰将逐步得到排除,操作过程中的多余动作也会明显减少,最终形成完整而有序的动作系统。

4.动作的熟练阶段

这是操作技能形成的最后阶段,在该阶段通过练习而形成的数学活动方式能适应各种变化情况,其操作表现出高度完善的特点。如这时作圆,不需要意志控制就能顺利地完成全套动作,并且能充分保证其正确性。

(二)心智技能的形成过程

苏联心理学家加里培林及其同事将心智技能的形成过程分为 5 个阶段。

1.定向

这是数学心智活动的认知准备阶段,主要是让学生了解并记住与活动任务有关的知识,明确活动的过程和结果,在头脑里形成活动本身及其结果的表象。

如学习"除数是小数的除法"的计算技能,定向就是让学生回忆除数是整数的小数除法法则等知识,在此基础上明确计算的程序和每一步计算的具体方法,以此在头脑里形成除数是小数的除法计算过程的表象。

2.物质活动

这是数学心智活动进入具体执行过程的开始,这一阶段学生把在头脑里已初步建立起来的活动程序以外显的操作方式执行。不过,这种执行活动通常在教师的指导、示范下进行。

如计算"乘数是两位数的乘法"时,一方面根据运算法则指导运算步骤,另一方面在表述运算规定的同时重点示范用乘数十位上的数去乘被乘数所得的部分积的对位,以此让学生顺利地掌握两位数乘多位数计算的技能。在这一阶段中,学生的执行水平较低,通常停留在物质活动的水平上,如该阶段在解答复合应用题时,学生通常借助线段图分析题中条件的数量关系。

3.有声言语

在此阶段,学生的认知活动已不通过对具体化模式的视觉模仿来实现,取而代之的是运用自己的口头言语表述进行模仿训练。

如"两位数加两位数的笔算",在该阶段,学生往往一边计算,一边讲述:相同数值对位,从个位加起,个位满十,向十位进一。很明显,这时的计算过程伴随着对法则运算规定的复述。

4.无声的"外部"言语

本阶段,学生出声的外部言语活动会逐步向无声的外部言语活动过渡。如"两位数加两位数的笔算",在本阶段的后期,学生往往通过默想法则规定的运算步骤进行计算。

5.内部言语

这是数学心智技能形成的最后阶段,在该阶段学生的智力活动过程有了高度的压缩和简化,整个活动过程达到了完全自动化的水平,无须去注意活动的操作规则就能较流畅地完成操作程序。

四、数学技能的教学目标

数学技能的教学目标是培养学生掌握并熟练运用技能的能力,要求做到以下几点:

第一,正确。

正确是数学技能学习应注意的第一要素。数学是一门不断精确的学科,严谨是它的特点。数学要求在解决问题的过程中遵循正确的思维规律和形式,运算、推理、作图都须遵循各自一定的规则和标准。

第二,快速。

动作迅速仍是技能训练的目标。当下各种数学测试都要求受测者在限定的时间内完成,那么对于数学问题解决的效率提出了一定的要求。例如对运算技能、推理技能的速度要求,就是减少回忆定义、定理、公式、性质、法则等所用的时间和精力,尽可能减少具体的中间环节或寻求简捷的解法。

第三,协调。

协调指各种特殊反应的适当配合,在解决问题时有意识地控制自己的反应,对于文字、符号、图形运用自如,动作娴熟,手、眼、脑并用,做出连锁反应。

第四,利用技巧。

技巧是技能所希望达到的高级水平,它不仅能巩固和发展原有的技能,使工作的速度加快,而且能减少错误,形成新的技能。

第五,自动化。

注意对数字、符号、图形所代表的意义进行解释,对公式、定理、性质、法则熟练应用,达到一定程度后,数学技能将出现自动化。

五、数学技能教学的一般模式

中学的数学技能以心智技能为重点和难点,根据心智技能的形成过程,数学技能教学的一般模式如表 5-2 所示。

表 5-2 数学技能教学的一般模式

阶段	活动内容
行为定向	给定与任务相关的知识背景,学生提取储备知识,明确活动的过程和结果
尝试执行	教师引导学生,合作学习,尝试完成活动任务
获得技能	对技能进行理解、强调
模仿操作	例题示范,在教师的讲解、示范下模仿技能活动
技能训练	训练、提升

(一)行为定向

行为定向是建构数学技能的初始时期。实质是学习有关的知识与规则。在这个阶段,必须使学生了解任务的性质及动作结构,使任务的操作活动程序在学生头脑中得到清晰的反应。

为帮助学生提高定向水平,可创设教学情境,巩固旧知,活化认知结构,将新任务置于教学情境中,激发学生自主建构新技能的动机,使学生用已有的经验去同化或顺应当前的新任务,并赋予新任务的初始表征。

(二)尝试执行

学生利用已有的数学知识,通过合作交流,尝试完成任务。在该阶段,教师必须做一定的引领。

(三)获得技能

在该阶段,教师对技能进行讲解,明确方法和操作步骤。需注意,教师须通过具体案例讲解技能,以帮助学生较好地理解技能的操作步骤,并且做到理论与实际一一对应。也就是说,操作步骤的说明需对应教师的实际操作行为。

(四)模仿操作

在教师的示范后,学生进一步模仿该数学活动。此时,学生已有明确的方法进行操作,对比操作步骤,逐步完成任务。

该阶段适宜设置可直接运用技能的简单的练习。

(五)技能训练

一般而言,要使数学心智技能保持、迁移、发展,必须进行一定的训练。通俗地说,"能说会道"是学生数学心智技能建构的初始标识，"能做会干"是其掌握的标志，那么"熟能生巧"是其熟练掌握的标志。要实现熟能生巧，就必经训练环节，但训练不宜过量，否则可能会"熟能生厌"。

第五节　数学问题解决的教学

一、问题的含义

问题解决离不开问题，但究竟什么是问题呢？问题是多种多样的，不同的问题在内容、形式、功能等方面千差万别。心理学家们对问题的表述也不尽相同。

1988 年，在第六届国际数学教育大会（ICME）上，"问题解决、模型化和应用"课题组提交的报告给出了较为明确且具启发性的"问题"的界定，认为：一个数学问题是一个对人具有智力挑战特征的，没有现成的直接方法、程序或算法的未解决问题的情境。

现代认知心理学的观点认为，问题是指那些对于解答者来说还没有具备直接的解决方法，对解答者构成认知上的挑战的情况。例如：$1+2+\cdots+100=?$ 这对于儿童来说就是问题，而对于学过数列知识的学生来讲，就无法构成问题了。

多数心理学家对问题的成分有一定的共识：

①给定，即问题的起始状态。

②目标，即问题要求的答案或目标状态。

③障碍，即给定与目标之间的隔阂，这个障碍通过思维可以寻求解决的方法。

就一个数学问题本身而言，它应有以下特征：

第一，在问题和解答中包含着数学知识和数学技能。

第二，在学生已有的知识和能力范围内有多种解决方法。

第三，能用学生已有的知识和方法进行推广，或推导出相类似的问题。

第四，包含的数据能组合、分类、制表和分析。

第五，能借助于模型或图象解决。

第六，能激发学生兴趣并具有智力挑战。

二、数学问题的类别

数学问题究竟如何分类？学者们的观点不尽相同。我国的学者主张将数学问题分成 4 种类型，即综合题、数学模型、开拓探究问题与开放型问题。具体内容第四章第五节已有详细阐述，此处不再重复。

三、问题解决的含义

什么是问题解决？据目前的文献资料，概括起来有 5 种释义。具体内容第四章第五节已有详细阐述,此处不再重复。

四、问题解决的教学目标

在数学教学中,数学问题解决的教学担负着数学课程的许多重要目标,包括以下 4 个方面。

第一,使学生成为一个优秀的问题解决者。掌握数学意味着善于解决问题,不仅善于解决一些标准的问题,更善于解决一些要求独立思考、思路合理、见解独到的问题和需要创造发明的问题。因此,问题解决的目标之一是培养学生成为一个好的问题解决者。

第二,帮助学生增进对数学的理解。

第三,学会数学式的思维。要通过问题解决培养学生的数学思维,必须选择一个合适的有真正数学"味道"的问题。这种问题的一个特征是:在解答过程中可以产生新的数学问题,由此得到数学的问题串。

第四,帮助学生形成正确的数学信念。

五、问题解决教学的一般模式

基于问题解决的过程,结合现代教学理论和学习理论以及教学实践,所构建的数学问题解决教学的一般模式如图 5-5 所示。

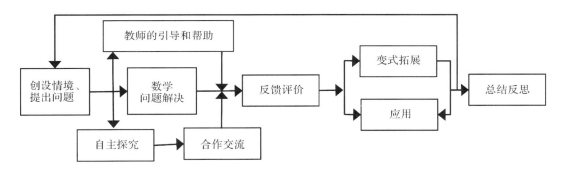

图 5-5 数学问题解决教学的一般模式

(一)创设情境和提出问题

创设情境和提出问题是数学问题解决教学的出发点,它对引导学生展开数学探究起着激发和导向思维的作用。因此,教师需在进行教学设计的过程中予以充分重视。

(二)数学问题解决

数学问题解决是数学问题解决教学的核心部分。该环节的实施,一般可以分为以下两个步骤。

首先,教师需引导学生带着问题进行独立思考,探索问题解决的策略,最大限度地发挥自主解决问题的能力。其次,教师需组织学生进行小组合作。在合作交流时,每个小组的成员围绕主题充分发表个人见解,从不同角度、不同层面提出自己对问题及其解决策略的意见和存在的困惑,交流学习的感受,并在此基础上达成小组对问题及其解决策略的一定共识。对于存在的困惑,可以展开组内讨论。若讨论未果,可以在下一阶段将小组的困惑交由全班讨论,也可以向教师反馈,寻求教师的帮助。以上两个步骤的顺序并不是绝对的,当所要解决的问题比较复杂,很难直接进行个人自主探究时,也可以先进行组内交流,集思广益,寻找解决问题的途径,随后再进行个人的自主探究。

(三)反馈评价

反馈评价是数学问题解决教学的重要环节,其具体实施方案为:各组的学生代表发表对所面临数学问题的理解及其解题方法,同时提出在解题过程中存在的疑问。该方案使得每位学生都能够从相互反馈中整合他人见解,得出对问题及其解决方法全面而深刻的认识。对于存在的共同疑问,学生可以展开讨论或反馈教师。在该环节中,教师的反馈评价亦十分必要。

(四)变式拓展和应用

变式指教师对原问题的某一部分进行改编,由此引出新的问题和进一步的结论;拓展指教师将原问题延伸到一般情形或其他特殊情形,从而引导学生进行更广阔或更深层次的探究。变式和拓展不仅能深化学生对原有问题的认识,也是培养学生的迁移能力和锻炼思维灵活性的重要途径。

应用指问题解决过程中新获得的知识技能和思想方法的再应用,这种再应用的情境通常基于现实生活中的实际问题。增强实际问题的训练是培养学生数学建模能力和应用能力的有效途径。

变式拓展和应用均是数学问题解决教学的重要环节。

(五)总结反思

总结反思指师生对数学问题解决过程进行回顾,归纳总结所学习的数学知识技能和蕴涵其中的数学思想方法,反思自身在学或教的过程中的得失,明确未来努力进取的方向。

以上实施模式及其说明,反映的是数学问题解决教学的一般过程,其中的各个环节并非一成不变,教师在教学过程中需要针对具体情况进行必要的调整。

✸ 练习题

1.当前中学数学教学中主要有哪些基本课型?它们的基本结构分别是怎样的?

2.在下列概念的教学中你会采用怎样的方法?说说你的理由。

因式分解,三角形中位线,一次函数

3.数学活动课教学与常规课堂教学之间有什么关系?如何在常规教学中渗透活动教学?

4.在下列命题的教学中你会采用怎样的引入方式?说说你的理由。

有理数运算法则,平行四边形的判别条件,圆周角定理

✲ 拓展阅读

[1]叶立军.数学教师课堂教学行为研究[M].杭州:浙江大学出版社,2014.

[2]马复.设计合理的数学教学[M].北京:高等教育出版社,2003.

[3]奚定华.数学教学设计[M].上海:华东师范大学出版社,2001.

[4]贝尔.中学数学的教与学[M].许振声,管承仲,译.北京:教育科学出版社,1990.

[5]JOYCE B,WEIL M,CALHOVN E.教学模式[M].荆建华,宋富钢,花清亮,译.北京:中国轻工业出版社,2002.

[6]唐瑞芬.数学教学理论选讲[M].上海:华东师范大学出版社,2001.

第六章 数学教学设计

✳ 学习目标

(1)理解教学目标的内涵以及确定教学目标的依据、策略、原则,能根据具体教学内容,合理确定教学目标及教学重难点。

(2)理解教学过程的内涵以及设计教学过程的依据、策略、原则,能根据具体教学内容,明确教学课型及教学模式,合理设计教学过程。

(3)理解问题情境的内涵以及设计问题情境的依据、策略、原则,能根据具体教学内容,合理设计问题情境。

(4)理解数学活动的内涵以及设计数学活动的依据、策略、原则,能根据具体教学内容,合理设计数学活动,引导学生经历数学的发生发展过程,并感悟勇于探究、不懈求索等数学探究精神,以及数学理性精神。

(5)理解课堂结尾的内涵以及设计课堂结尾的依据、策略,能根据具体教学内容,合理设计课堂结尾。

(6)理解板书设计的依据、策略,能根据具体教学内容,合理设计教学板书。

✳ 导 语

数学教学设计是教师在实施数学教学前,运用教学理论系统地分析数学教学中的问题和需求,研究教学对象,选取教学内容,明确教学目标,选择教学方法与教学模式,设计教学思路、流程及评价方式。教学设计包括教材分析、学情分析、教学目标、教学重难点、教学方法、教学过程、教学板书等内容。

弗赖登塔尔认为,"与其说让学生学习数学,不如说让学生学习数学化"。在课堂中,教师需要让学生经历数学化的过程。而这需要教师在分析教材、学情的基础上,合理设定教学目标与教学重难点,并从数学活动、问题情境、教学行为等方面设计相应的教学过程,从而引导学生经历数学发生发展过程。基于前文对学生数学学习心理特征以及教材特征的分析,本章结合具体案例阐明如何确定教学目标与重难点,如何设计教学过程,如何设计问题情境、数学活动以及如何设计结尾和板书等。

第一节 教学目标设计

　　教学目标是教学活动所预期的结果,或是预期的学习活动所要达到的标准。实际上教学目标是人们对教学活动结果的一种主观愿望。教学目标在教学过程中的重要性毋庸置疑,它不仅是教学的出发点,而且是教学的归属地,同时还是教学评价的依据,它既有定向功能又有调控功能。

　　因此,课堂教学目标的预设是教学设计中的关键部分。正确的教学目标指明了教学前进的方向,有利于提高教师的教学质量和学生的学习效率。正是有了准确、合理的教学目标,教学结果的评价才有了可靠的标准,教师的教学价值才有了实现的可能。

　　本节所说的教学目标,是指一节数学课的既定目标。

一、透视教学目标设计中的问题

问题1:"面面俱到",模糊空泛

【案例1】函数的零点与方程的解

知识与技能

(1)结合方程解的几何意义,理解函数零点的定义;

(2)结合零点定义的探究,掌握方程的实数解与其相应函数零点之间的等价关系;

(3)结合几类基本初等函数的图象特征,掌握判断函数的零点个数和所在区间的方法.

过程与方法

(1)通过化归与转化思想的引导,培养学生从已有认知结构出发,寻求解决棘手问题方法的习惯;

(2)通过数形结合思想的渗透,培养学生主动应用数学思想的意识;

(3)通过习题与探究知识的相关性设置,引导学生深入探究判断函数的零点个数和所在区间的方法;

(4)通过对函数与方程思想的不断剖析,促进学生对知识灵活应用的能力.

情感、态度与价值观

(1)让学生体验化归与转化、数形结合、函数与方程这三大数学思想在解决数学问题时的意义与价值;

(2)培养学生锲而不舍的探索精神和严密思考的良好学习习惯;

(3)使学生获得学习、探索并发现的乐趣与成功感.

在实际教学中,类似案例1的教学目标为数不少,看似描述得面面俱到,实则模糊不清。尤其是对"过程与方法""情感、态度与价值观"的描述,教师喜欢"高大全",使得教学目标不堪重负。归结原因,主要有两个方面:一是教师直接将课程目标等同于教学目标,导致教学目标空洞、宽泛,缺乏可操作性。数学课程目标是学生通过数学学习最终要到达的"目的地",是经过长期努力才能实现的学习结果。课程目标需要结合特定的教学内容进行具体化,才能转换为教学目标。因而教学目标必须是针对特定的数学内容而言,且具体可操作的。二是教师机械陈述教学目标的3个维度,割裂教学目标的内在联系。实际上,三维目标是指知识与技能,过程与方法,情感、态度与价值观作为一个目标体的3个维度。其中,知识与技能是关于"学生获得什么"的维度,过程与方法是关于"学生如何获得"的维度,而情感、态度与价值观是关于"学生在'如何获得什么'的过程之中或之后将其内化为自己的某种相对稳定的素质"的维度。因此,教师不能将三维目标简化为一个维度中的3类目标而机械分裂,应该从整体上进行思考,把握过程与结果的统一。

问题2:主体错位

【案例2】互斥事件

通过探究式教学,使学生能正确地理解并掌握"互斥事件"、"彼此互斥"和"对立事件"等概念,理解并掌握当 A、B 互斥时"事件 $A+B$"的含义及其概率的求法,了解"对立事件的概率和为1"的结论,会应用所学知识解决实际问题。

通过探究式教学,引导学生学会学习"互斥事件有一个发生的概率",学会如何观察、推理和评价,潜移默化地激发学生的情感,使学生形成一种积极的态度和正确的人生价值观。

通过探究式教学,让学生养成手、口、眼、耳、脑五官并用的良好习惯,强化动作技能的熟练。

对于案例2这样的教学目标,我们经常会看到诸如"引导学生……""培养学生……""帮助学生……""激励学生……"之类的语句描述。这些语句中的动词都是以教师为主语,而学生处于被动地位。这说明教师没有从学生的角度思考教学目标的设计。事实上,教学目标是指学生通过教学将会达到在知识、能力、态度等方面的变化。因此,教学目标必须指向学生的学习结果。

问题3:认知水平层次不清

《普通高中数学课程标准(2017年版2020年修订)》关于数学教学目标要求包括知识与技能,过程与方法,情感、态度与价值观3个方面,所涉及的行为动词水平大致分类如表6-1所示。据此,数学认知教学目标一般可划分为3个层次,即"了解""理解""掌握"。其中,"了解"是指把某种意识到的数学信息,按其原本的形态或初步加工改组之后的形态,储存在大脑之中,以保证在需要的时候能再认或再现这些信息。简单地说,就是记住和识别事实材料,使之再认或再现。它是学习行为表现的最低水平。"理解"是指抓住对象的实质,把握对象的组成要素,能准确地描述对象的特征和由来,熟悉其适用范围和应用条件,并能在规范或相似的环境中进行一定的发展和推理。"掌握"是指在理解的基础上,把对象应用于新的情境,选择或创造适当的方法解决问题,是知识转化为能力的具体表现。

表 6-1　行为动词分类表

目标领域	水　平	行为动词
知识与技能	知道/了解/模仿	了解,体会,知道,感知,认识,初步了解,初步体会,初步学会,初步理解,求(简单的)
	理解/独立操作	描述,描绘,说明,表达,表述,表示,刻画,解释,推测,想象,理解,归纳,总结,抽象(出),提取,比较,对比,识别,判定,判断,会求,能,运用,初步应用,(简单的)应用,初步讨论
	掌握/应用/迁移	掌握,导出,分析,推导,证明,研究,讨论,选择,决策,解决问题
过程与方法	经历/感受	经历,感知,观察,参与,尝试
	操作/体会	查阅,操作,借助(工具),模仿,设计(问卷、装置),收集(数据),梳理,整理
	发现/探索	试验,分析(实例),发现,研究,探索,探究,解决(问题)
情感、态度与价值观	反应/认同	感受,认识,了解,初步体会,体会(价值)
	领悟/内化	获得,提高,增强,形成,养成,树立,发挥(想象力),发展

要区分"了解""理解""掌握"这 3 个教学目标的认知水平并不容易,需要教师经过较长时间有意识的经验积累。案例 3 中关于教学目标的表述或许有些复杂,但其理念完全符合新课程的要求。《普通高中数学课程标准(2017 年版 2020 年修订)》中这些外显化和可测评的行为动词充分体现在其中,使得教学目标层次分明,更具导向作用。

【案例 3】直线的倾斜角与斜率

知识与技能

(1)了解直线方程的概念:①分析一次函数图象和直线的关系;②能说出直线方程的两个特征。

(2)理解直线倾斜角的概念:①能说出直线倾斜角的定义和倾斜角的取值范围;②能根据给出的图形,作出直线的倾斜角;③分析得出直线和直线的倾斜角是一对多的映射关系。

(3)理解直线的斜率公式:①能准确说出斜率公式以及倾斜角 α 的取值范围;②能指出直线的倾斜角和斜率不是映射关系;③能根据给出的角或图形,求出该直线的斜率。

(4)掌握过两点的直线的斜率的计算公式:①准确说出该公式及其使用的范围和步骤;②能准确运用公式解题。

过程与方法

(1)分析研究直线方程的意义。

(2)经历用代数方法刻画直线斜率的过程:①分析斜坡和倾斜角的关系;②通过联想,找到用代数方法刻画直线的斜率的方法,从而提高"数学地"分析问题和解决问题的能力。

情感、态度与价值观

在本节每一个概念的学习和探索活动中,初步体会代数与几何之间的转化关系,进一步形成事物之间是相互联系和转化的辩证唯物主义观。

二、构建教学目标模型

当前,以知识与技能,过程与方法,情感、态度与价值观分类呈现课堂教学目标成为一种"规定",要求教师在课堂教学设计时用"三维目标"表述,虽然在一定程度上为教师如何撰写教学目标提供了参照,但也引发出许多问题,例如教学目标条目混乱、空话套话连篇等。因此,构建一个科学的、易操作的,专属数学学科的教学目标模型显得尤为必要。

基于现代认知心理学关于知识、技能、能力的认识,以及加涅的学习分类理论、布鲁姆的学习目标分类理论,我们构建得到如图 6-1 所示的数学教学目标模型。模型将数学教学目标分为 3 个维度,分别是知识目标,能力目标,情感、态度目标。其中,数学知识分为数学符号、事实性知识,概念、原理,以及定理、公式;数学能力分为常规问题解决、综合问题解决,以及数学思想方法;情感态度分为对数学学习的情感态度、对数学的审美感,以及学生在学习中树立的价值观。

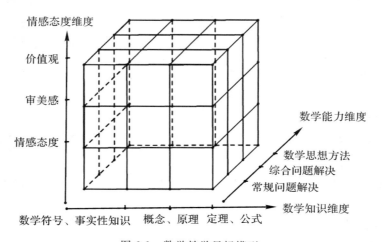

图 6-1 数学教学目标模型

以 2019 年人教 A 版《高中数学》必修第一册第四章第二节"指数函数的图象和性质"第一课时为例,在实际操作时,我们可依据如下步骤设计教学目标。

首先,将数学教学内容对应至图 6-1,得到表 6-2。

表 6-2　"指数函数的图像和性质"教学目标划分

数学知识目标		数学能力目标		情感态度目标	
数学符号、事实性知识		常规问题解决	√③	情感态度	√⑤
概念、原理	√①、②	综合问题解决		审美感	√⑤
定理、公式		数学思想方法	√④	价值观	

注：①～⑤对应下文的教学目标。

其次，结合表 6-2，确定各个教学目标的行为动词。

最后，整合并陈述数学教学目标。在整合时注意过程性目标与结果性目标的有机结合。本节课的教学目标如下：①理解指数函数的概念，能画出指数函数的图象；②通过多媒体的直观反映，学生主动探究指数函数的性质，从而归纳出其性质；③能运用指数函数图象、性质解决简单的数学问题；④回顾、类比，并归纳出从图象和解析式这两种角度研究函数性质的数学方法；⑤在探究指数函数性质的过程中，加深探索规律的兴趣，感受数学的曲线美和对称美。

三、寻求设计教学目标的依据

(一)以课程标准为指南

通过国际数学教育比较，并剖析我国数学教育发展的历史与现状，《普通高中数学课程标准(2017 年版 2020 年修订)》和《义务教育数学课程标准(2022 年版)》分别提出了高中阶段和义务教育阶段的数学课程目标。数学课程目标追求全面育人，要求学生在获得"四基"的基础上发展"四能"，形成对数学学习的情感及良好的人生观、价值观。数学课堂教学作为落实数学课程目标的重要途径，其教学目标的设计要以完成课程目标为宗旨，并结合实际教学内容做进一步的细化，同时全面考虑知识与技能，过程与方法，情感、态度与价值观 3 个维度，保障数学课程目标的全面落实，不可有所偏废。此外，课程标准中的第四部分"课程内容"具体介绍了各个学段的数学学科内容，并提出了相应的教学要求，而这也对教学目标的制定有明确的指导作用。因此要准确设计教学目标，必须细心研读课程内容及其教学要求，如此才能保证教学目标不偏不倚。

(二)以教材体系为参照

事实上，数学课堂教学目标是根据数学学科目标体系，以及教材等课程资源进行设计的。教师除了在宏观层面上把握数学课程标准的内涵，还需要自觉研究教材，正确把握教材特点与体系。教材为学生的学习活动提供了基本线索，为教师的课堂教学提供了基本资源。无论哪种版本的教材，其内容的编排和呈现总有一定的自身特点与体系。课时教学目标要融入单元教学目标的设计，以教材内容编写体系为依据，系统把握教材内容的编排特点。在梳理单元教学目标的基础之上，细化制定课时目标并进行落实。

(三)以学生特点为重心

学生的学习情况是影响教学目标设计的重要因素,教学目标的设定要充分体现"以学生发展为本"的理念,可从以下 4 个方面考虑:一是充分了解学生在知识与技能方面的原有认知水平,正确估计潜在认知水平,以便确定知识与技能目标;二是充分考虑学生在情感、态度与价值观等方面的因素,了解学生的基本生活经验、学习态度、学习动机等,从促进学生全面发展的需求出发,合理设计相应教学目标;三是充分尊重学生的个体差异、个性特点,为不同状态和不同水平的学生设计适合他们最佳发展的教学目标;四是积极发挥教学评价功能,充分调动学生学习数学的积极性,好的教学目标应该包含激励成分,可以不断激励学生。

四、遵循设计教学目标的原则

具体包括 3 项原则。

第一,全面性原则。一般来说,一节数学课的教学内容包括数学知识、数学技能(问题解决策略、数学思想方法)、情感态度等方面。学生的发展并不是单一目标的发展,而是多个目标的整合性发展。因此,在制定教学目标时,必须全面考虑知识、技能与情感目标,但要注意有所侧重。

第二,可操作性原则。教学目标是学生通过数学学习在知识、能力、情感等方面的变化。教学目标的主体是学生,它指导着学生如何进行学习活动并获得什么。为了利于指导学生学习、利于评价学习结果,教学目标的制定应避免含糊不清和流于形式,做到具体、明确和可操作,发挥其真正的作用。

第三,针对性原则。学情是教学目标设计的重要依据,针对不同层次和发展需求的学生,教学目标也应不同,不能一概而论。虽然市场上各种类型的教学参考书和互联网上各种教学网站的资料,为教师设计教学目标提供了多角度的参考,但这些资源绝不能简单应用于实际教学。教师应针对不同学生的学习现状,结合教学实际,设计针对性的目标,从而保障在实际课堂教学中满足不同学生的学习需求。

第二节　教学过程设计

教学过程是学生在教师有目的、有计划的指导下,积极主动地掌握系统的科学文化基础知识和基本技能,发展能力,并形成情感、态度与价值观的过程。数学教学过程可以理解为一种特殊的认识过程,包含两个方面的意义:第一,教学过程本质上是一种认识过程,是学生对所学数学知识的一种认识过程;第二,这种认识又不同于一般认识或其他形式的认识,具有其特殊性。其特殊性在于它是在教师有目的、有组织、有计划的指导下,学生主动地学习知识的师生共同活动的过程。

教学过程是将教学目标具体化并有效落实的一个过程,是让学生循序渐进地学习数学的过程。教学过程中的每一个环节,都应让学生明确学习方向。教师必须精心策划教学过程的各个环节,既要有具体细致的总体设计,还要提前预设各个环节可能出现的情况及应对策略。在实际课堂教学中,既可按照拟订的设计方案实施教学,又应结合现状实时修正方案。一个教学过程的设计质量,在某种程度上影响着教学实施效果。科学、有效地设计教学过程,有利于教师有序地开展课堂教学,从而保证学生系统掌握数学基础知识与基本技能,在经历数学学习的过程中积累数学基本经验,感悟数学基本思想。

本节所说的教学过程,通常是指一节数学课的既定过程。

一、准备阶段

(一)深刻解读教材内容及其编写意图

合理设计数学教学过程的前提是理解数学,数学知识理解不到位,就不可能产生有效的教学过程。教材作为数学知识的重要载体,理解数学知识最基本的途径便是深刻解读教材内容,领会教材的编写意图。

教材是数学家、数学教育家、专职数学编辑和优秀的一线数学教师等共同努力的成果,其价值毋庸置疑。教师不仅要清楚教材内容,还要挖掘编写意图,这样才能真正实现"用教材教",而不是照本宣科地"教教材"。在分析教材时,教师需要多问几个"什么"和"为什么",例如,与这个知识点相关的知识点是什么,两者之间的联系是什么,教材为什么要以这样的顺序编写内容,教材为什么要编写这道题,等等。案例1呈现了教师关于"奇偶性"教材内容地位与作用的认识。在实际教学中,教师可从以下几点实现对教材内容的深刻解读:整体把握教材脉络,梳理知识体系;区分核心知识、重点知识和一般知识;了解数学概念、定理产生的背景知识和逻辑意义;理解教材内容所反映的思维过程和思想方法,理解每个问题与情境背后所蕴含的意图;分析例题和习题的水平层次及其相应的目标要求。

【案例1】教材分析:奇偶性

奇偶性是2019年人教A版《高中数学》必修第一册第三章第二节的内容。按认知主义心理学对知识的划分,本节内容主要以陈述性知识为主。从教材的编排来看,在这之前,教材安排了集合与函数、函数的单调性等内容,为本节课的学习做好铺垫。函数是高中数学的一条主线,而奇偶性作为函数的一个重要性质,有助于学生后续函数知识的学习。从数学思想方法来看,本节内容反映了函数思想的内在联系和迁移,其中蕴含着观察、归纳、数形结合、类比等丰富的数学方法。因此,无论从内容上还是方法上,本节课都具有承上启下的重要地位,值得重视。

当然,教学内容并不等同于教材内容,但教师只有读通、读透教材,才能在充分理解教材内容编写意图的基础上,对教材内容进行重组、创造,并在实践探索中明确教学内容,从而制定合理的教学过程。而且教学内容不同,教学功能也会有所差异。例如,教学中有以讲授概念、定理、法则为主的新授课,有以巩固知识技能为主的复习课,也有以了解学生掌握知识情况为主的检查课。教师需要根据教学内容特点及其功能,灵活设计不同的教学过程。任何一段教学内容都能起到夯实基础和培养能力的作用,关键在于如何精心设计教学过程。

(二)深入了解学生水平、兴趣与习惯

随着新课程改革的不断深化,教师在教学中所扮演的角色已经从知识的传授者转变为学习的组织者、合作者、开发者和引导者,"以学生为本"的教学理念日益受到大家的重视。教师不仅要思考怎样教,更要考虑学生怎样学。教学过程作为师生互动交流的平台,教师在设计时要在落实学生主体学习地位上下功夫,在培养学生合作与探究学习上下功夫,在充分调动每位学生的学习积极性上下功夫,在防止学生的学习活动流于形式、切实提高课堂效率上下功夫。

了解学情是设计教学过程的前提,是上好课的充分条件。教师要把学情研究作为教师教学设计的重点,其角色必须从"教书"变为"教人",避免"心中有教材,目中无活人"。在研究学情时,教师需要做到4个"了解":一是了解学生已有的知识基础和生活常识,即学生已经知道了什么,哪些知识点学生已经熟练掌握,哪些知识点还需要强化和拓展;二是了解学生的思维特点,即重视学生理解发展的层次性,知识的获得与理解层次的提高必须同步进行;三是了解学生的群体差异,即教学需要满足不同层次学生的学习需求,使学优生"吃得饱",学困生"吃得了";四是了解学生的学习兴趣与学习习惯,这是选择教学方法的重要依据。案例2的学情分析简短、精悍,全面贯彻了4个"了解",为进一步教学过程的设计提供了强有力的保障。

【案例2】学情分析:空间中直线与直线的位置关系

这一阶段的学生拥有较为丰富的知识储备,在皮亚杰的认知发展理论看来,他们的智力已发展到形式运算阶段,具备了较强的抽象思维能力。但相较于国外,我们的学生归纳能力不强,自主意识较弱,合作交流不够。所以,在教学上需要注重启发探讨和交流。

学生已经在初中学习了平面中两条直线的位置关系,并经常在生活中得到体验。但异面直线是学生所没有接触过的,也超出了一般情况下的经验,可能会使部分同学感到困难。

二、设计阶段

在深刻解读教材内容、深入了解学生水平之后,就需要依据教学内容、课题特点设计教学过程。下面以常规课的设计为例,展现如何设计教学过程。教学过程的设计主要包括教学环节的设计、教学方法的选择。

(一)教学环节的设计

当下的课堂教学存在多种模式,每种教学模式都反映着一定的教学理论,具有它的优势和适用范围。一般来说,教学过程大致都经历 5 个基本环节:诱导学习动机、领会新知识、巩固新知识、应用新知识和检查教学效果。当然,具体到某一节课的教学,可能只是将构成上述教学过程中的某一环节或这一环节的某一方面要求设为重点。但若从该节课的整体来看,同样具备上述过程的各个环节。而且这些环节并非互相割裂分离,而是有机交错、紧密联系,教师在实际教学过程中不能机械地设计、安排教学环节。

1.诱导学习动机

在数学教学中,常见的诱导学生学习动机的方式有生活实例导入法、以旧换新法、实验操作法、悬念设疑法等,例如案例 3 采用从生活实例引入教学。但是并非每种诱导方式都适合所有的教学内容,必须根据具体的教学内容选择合适的诱导方式。若有需要,这些诱导方式也可交错使用。当然,有时候在教学中根据实际情况也可省略此环节,即开门见山式地展开教学。

【案例 3】曲线的参数方程

问题:锡城蠡湖公园新添了一道令人惊叹的风景——亚洲最高的摩天轮。世界第一的水上摩天轮在此盛装登场,近期有望对游客开放。若该摩天轮半径为 60 米,按逆时针方向以 $\frac{\pi}{600}$ 弧度/秒的角速度匀速旋转。某游客现在在 P_0 点(其中 P_0 和转轴 O 的连线与水平面平行)。问经过 t 秒,这个游客的位置在何处?

2.领会新知识

由于选择的教法、学法不同,"领会新知识"环节的设计呈现出丰富多样的模式,例如讲授式、启发引导式、自主探究式、合作学习式等。教师需要根据新授知识的特点、难易程度决定适宜的方式,并由此在教学过程中有所侧重。若新知识简单、直观,教师可以采取直截了当的"讲授式",整个教学过程的重点将在新知识的应用和拓展;若新知识抽象难懂,教师可以采取合作学习与自主探究的方式,将时间留给学生,整个教学过程也将偏重领会新知。

案例 4 呈现了一则通过问题串引导学生循序渐进地思考,从而深刻认识点到直线的距离公式的教学设计。整个教学过程重在学生领会新知,强调公式的推演产生而非结果的简单识记。而且教师对学生在教学过程中可能出现的情况进行预设,并提出相应的教学对策。

【案例 4】点到直线的距离公式

(1)公式推导过程

问题 1:类比两点间距离公式,这个问题实际就是要用 x_0, y_0, A, B, C 这几个量来表示点 P_0 到直线 l 的距离。解决这个问题你有什么思路吗?

预案一:学生提出了多种解决问题的思路。

方案一:传统方法。先过点 P_0 作直线 l 的垂线,垂足为 Q,则 $|P_0Q|$ 就是点 P_0 到直线 l 的距离 d;然后用点斜式写出垂线方程,并与直线 l 的方程联立方程组,此方程组的解就是点 Q 的坐标;最后利用两点间距离公式求出 $|P_0Q|$。

方案二:面积法。

方案三:三角法。

方案四:函数法。

……

教师指出:在这几种方法中方案一最容易想到,它不需要构造任何几何图形,只需要利用点的坐标和直线方程就可求解,同时它也是代数化最彻底的方法,其他方法在运用解析法的同时都借助了其他方法。

预案二:学生只提出了方案一一种方法。

教师对学生的思路予以肯定,并引导学生用方案一计算求解。

根据定义,点 P_0 到直线 l 的距离是点 P_0 到直线 l 的垂线段的长,设点 P_0 到直线 l 的垂线为 l',垂足为 Q,由 $l' \perp l$ 可知 l' 的斜率为 $\dfrac{B}{A}$,所以 l' 的方程:$y - y_0 = \dfrac{B}{A}(x - x_0)(A \neq 0)$。

当 $A = 0$ 时,直线方程为 $x = x_0$。

为了与 l 的方程联立求交点坐标,我们将这个方程写成一般式:
$$Bx - Ay - Bx_0 + Ay_0 = 0(A = 0 \text{ 时也适用})$$

与 l 联立方程,解得交点 $Q\left(\dfrac{B^2 x_0 - ABy_0 - AC}{A^2 + B^2}, \dfrac{A^2 y_0 - ABx_0 - BC}{A^2 + B^2}\right)$,

$|P_0Q|^2 = \dfrac{(Ax_0 + By_0 + C)^2}{A^2 + B^2}$。由此,得 $d = \dfrac{|Ax_0 + By_0 + C|}{\sqrt{A^2 + B^2}}$。

问题 2:上述公式的推导过程计算量较大,能否化简?

问题 3:在上述计算过程中,是先解出交点坐标,再代入两点间距离公式求解,是否一定要求出交点的坐标呢?能不能考虑构造一个关于 $x - x_0$ 和 $y - y_0$ 的方程组将它们整体求解呢?

$$\begin{cases} B(x - x_0) - A(y - y_0) = 0 & (1) \\ A(x - x_0) + B(y - y_0) = -Ax_0 - By_0 - C & (2) \end{cases}$$

由此得 $x - x_0 = -\dfrac{A(Ax_0 + By_0 + C)}{A^2 + B^2}$,$y - y_0 = -\dfrac{B(Ax_0 + By_0 + C)}{A^2 + B^2}$,两式分别平方后求和再开方得到结果。

问题 4:根据上面的求解,我们已经化简了求解过程,让我们再观察一下上面由(1)(2)两个式子构成的方程组,会发现式子具有一定的对称性,你还有更好的处理方法吗?

我们发现如果不看运算符号,实际上 $x - x_0$ 和 $y - y_0$ 两项的系数在两个式子中是交换的,在两点间距离公式中,只需要得到 $(x - x_0)^2 + (y - y_0)^2$,这样只要将上述(1)(2)两式分别平方后再相加即可。

问题 5:我们利用同学们提出的思路得到了点到直线的距离公式,可以看到适当构造整体求解可以简化运算,对于上述推导你有什么体会?

教师肯定学生想法,并强调两点:我们将交点的坐标设出来了,但没有求交点,而是根据式子的特点进行了整体求解,简化运算,这种设而不求的方法是解析几何里常用的方法;解析几何由于其特点,具有一定运算量是正常的,但如果运算量过大,这时候一方面可以想办法解决计算中的问题,如我们今天采取的就是设而不求整体求解法,另一方面考虑其他思路解题,引导学生课后用面积法思路证明。

(2)公式结构分析

问题6:公式有哪些结构特征?

公式的分子:保留直线方程一般式的结构,体现了公式与直线方程的关系。

公式的分母:直线方程中两个未知数的系数的平方和再开方。

$|Ax_0+By_0+C|$ 就是将已知点的坐标代入直线方程后取绝对值的结果。点到直线的距离公式实际上也体现了 $|Ax_0+By_0+C|$ 这个值与点到直线的距离的关系。对任意点 $P_0(x_0,y_0)$,$|Ax_0+By_0+C|$ 与点 P_0 到直线的距离的比值是个定值,这个定值就是公式分母中的式子。

问题7:公式在 $A=0$ 或 $B=0$ 时还成立吗?当点在直线上时是否适用?

3.巩固新知识

德国瓦根舍因的范例教学理论,即借助清楚、典型的示例进行教学,使学生经历由个别到一般的过程从而掌握知识,至今还对我国的数学教学产生很大的影响。数学课堂教学中往往有"例题示范"这一环节,这也就意味着教师在实际教学过程中需要设计例题。一方面,要精选例题,同时考虑例题的难易程度,过易则无法保证学生能够及时巩固新知,过难则会打击学生的学习信心;另一方面,视知识内容特点考虑例题的教学方式,在教学中需要平衡教师引导与学生自主思考两个方面。

4.应用新知识

数学课堂教学需要重视学生对新知识的及时应用,注重"讲练结合",在练习中帮助学生进一步巩固新知,达到灵活运用知识的程度;在练习中帮助学生拓展新知,提升综合解决问题的能力。因此,"应用新知识"环节的设计需要:第一,注意练习的难度梯度,力求达到因材施教的效果;第二,注意练习的拓展性,发展学生的综合能力;第三,注意练习背后思想方法的提炼,促进学生实现学习迁移。

5.检查教学效果

本环节既是对学生学习效果的检查,也是对教师课堂教学效果的测评。教师在实际设计时,需要联系课堂教学目标及教学内容,不仅要思考本节课是否完成了预期教学目标,还要思考怎样才能有效地检查学生的学习效果。一种常见的实施方式是教师在课堂小结环节以"今天这堂课我们学到了什么?还有什么疑惑?"这样的问题带领学生回顾教学过程,通过先学生自由回答、再教师引导总结的形式梳理本节课的学习内容。需要注意的是,教师应创新呈现课堂小结环节,避免学生照搬书本内容、生硬回顾知识内容,致使教学效果的检查流于形式。

(二)教学方法的选择

对于教学方法,每个人的理解不尽相同。广义上说,教学方法是指完成教学目标和教学内容所采取的一切手段、途径。若单纯从方法上而言,我们通常所说的教学方法是指为了完成某一具体环节的教学任务而采取的教与学相互作用的活动方式。从教学活动方式的本质来看,教学方法主要有讲授法、自主探究法、小组讨论法、练习法等,在实际教学中需要考虑学生(或班级)的学习情况、教师的专业水平、教学内容的进程等多方面因素进行选择。

1.教学方法的选择要符合学情

"学情决定教法",教学应充分体现学生的主体地位,引导学生积极参与课堂教学,努力使得教学过程实现师生、生生之间的动态交互。教学方法的选择应避免教师与学生的单向交流,加强师生、生生之间的多边交流,特别是数学思维方面的深刻交流,使数学教学成为一个探索、发现、模仿、尝试的过程。同时教学方法的选择要注意发挥学生非智力因素对数学学习的辅助作用,激发学生的主观能动性,使学生主动、活泼地学习,力求使学生从"学会"到"会学"。只有多采用符合学生认知能力的教学方法,多采用鼓励学生学习活动的教学方法,才可以提升课堂教学效果。

2.教学方法的选择依赖教师的专业水平

"教学有法,但无定法,贵在得法",教学方法的多样性要求教师学习多种教学方法,博采众长,能根据具体情况,选择、设计最优教学方法。长期使用一种固定的教学方法,或原封不动地照搬一种课堂教学模式是不可取的。在各种各样的教学方法中,没有哪一种可以普遍适应一切教学活动,只有依附一定条件下的相对优势。对一个教师来讲,为了发挥教学过程的整体功能,保持教学系统的最大活力,在教学过程中应提倡综合应用多种教学方法,形成良好的整体课堂教学结构,努力发挥各种教学方法的最大效益。

3.教学方法的选择要考虑教学内容的进程

选择适当的教学方法,要充分考虑知识传授的先后顺序,例题、习题的先后使用顺序,以及各个知识点和教学环节所占用的时间比例等。针对教学内容的进程,可以考虑采用与之适切的教学方法。例如,在发现新知时,可考虑多采用启发讨论或小组、大组讨论形式。又如,在学习向量等一些知识时可考虑采用实物模型,或采用幻灯投影,或采用多媒体等现代化信息技术辅助教学,以此优化教学过程,提升课堂教学效果。

(三)经典教学设计案例分析

【案例5】函数 $y=A\sin(\omega x+\varphi)$ 的图象教学过程

一、创设情境,由旧引新(预计 4～5 分钟)

【观察】(1)弹簧的外形发生了怎样的变化?说说这些变化与什么有关?

(2)观察简谐运动中弹簧相对平衡位置的位移 y 与时间 x 的关系,观察图象的变化特点。

【回顾】回忆学过的正弦曲线、余弦曲线的图象与性质,对比思考上述问题,你发现了什么?

二、动手尝试,探究归纳(预计 25～28 分钟)

(一)提出问题,简单猜想

【设问】观察图象,试猜想:改变参数 φ、ω、A 的取值对 $y=A\sin(\omega x+\varphi)$ 的图象有什么影

响? 讲讲你的探究思路。

（二）分步探索，各个击破

让学生在电脑上利用设计好的几何画板，通过拖动鼠标绘制函数图象，对参数 φ、ω、A 对函数 $y=A\sin(\omega x+\varphi)$ 图象的影响进行自主探究和归纳。

1. 探索 φ 对函数 $y=\sin(x+\varphi)$，$x\in\mathbf{R}$ 的图象的影响（见表 6-3）（预计 8 分钟）

表 6-3　探究参数 φ 对函数 $y=\sin(x+\varphi)$ 图象的影响

探究内容	请同学在几何画板中将下列函数图象与 $y=\sin x$ 的图象作比较，探究它们之间的内在联系，归纳 φ 对函数 $y=\sin(x+\varphi)$ 的图象的影响。 1. $y=\sin x$　　2. $y=\sin\left(x+\dfrac{\pi}{3}\right)$　　3. $y=\sin\left(x-\dfrac{\pi}{3}\right)$ 4. $y=\sin(x+\pi)$　　5. $y=\sin(x-\pi)$	
预设	1. $y=\sin x$ 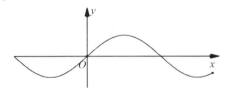	
	2. $y=\sin\left(x+\dfrac{\pi}{3}\right)$ 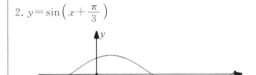	3. $y=\sin\left(x-\dfrac{\pi}{3}\right)$ 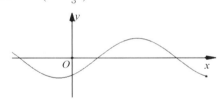
	4. $y=\sin(x+\pi)$ 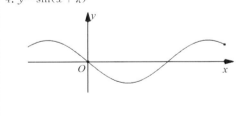	5. $y=\sin(x-\pi)$ 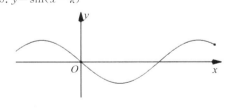
结论	$y=\sin(x+\varphi)$ 的图象随着 φ 值的改变，图象向左、右平移。若 φ 为正，则函数图象向左平移 $|\varphi|$ 个单位；若 φ 为负，则函数图象向右平移 $|\varphi|$ 个单位。	

【思考】三角函数也是一种函数，那么你能从函数的角度验证刚才的结论吗?

【提示】将三角函数 $y=\sin x$ 抽象为一般的函数 $y=f(x)$，自然地，学生利用迁移思想，可以较轻松地把 $y=\sin(x+\varphi)$ 看作是一般函数 $y=f(x+\varphi)$。

2.探索 $\omega(\omega>0)$ 对函数 $y=\sin(\omega x+\varphi)$ 的图象的影响(见表 6-4)(预计 8 分钟)

表 6-4　探究参数 $\omega(\omega>0)$ 对函数 $y=\sin(\omega x+\varphi)$ 图象的影响

探究内容	请同学在几何画板中将下列函数图象与 $y=\sin(\omega x+\varphi)$ 的图象作比较,探究它们之间的内在联系,归纳 ω 对函数 $y=A\sin(\omega x+\varphi)$ 的图象的影响。 1. $y=\sin2x$　　2. $y=\sin\dfrac{1}{2}x$　　3. $y=\sin3x$ 4. $y=\sin\dfrac{1}{3}x$　　5. $y=\sin\left(2x+\dfrac{\pi}{3}\right)$　　6. $y=\sin\left(2x-\dfrac{\pi}{3}\right)$
预设	1. $y=\sin2x$ 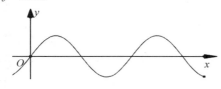　　2. $y=\sin\dfrac{1}{2}x$  3. $y=\sin3x$ 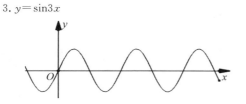　　4. $y=\sin\dfrac{1}{3}x$  5. $y=\sin\left(2x+\dfrac{\pi}{3}\right)$ 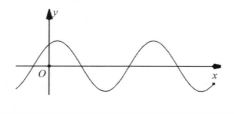　　6. $y=\sin\left(2x-\dfrac{\pi}{3}\right)$ 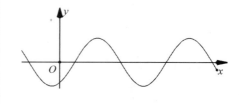
结论	由函数 $y=\sin(x+\varphi)$ 的图象变换为函数 $y=\sin(\omega x+\varphi)$ 的图象,只需把图象上所有点的横坐标变为原来的 $\dfrac{1}{\omega}$,纵坐标不变。

【思考】把三角函数 $y=\sin(x+\varphi)$ 抽象为一般函数 $y=f(x+\varphi)$,就可以把 $y=\sin(\omega x+\varphi)$ 看作是一般函数 $y=f(\omega x+\varphi)$,类比"探究 1"中的思路,画一画"函数变换图"。

3. 探索 $A(A>0)$ 对函数 $y=A\sin(\omega x+\varphi)$ 的图象的影响(见表 6-5)(预计 8 分钟)

表 6-5　探究参数 $A(A>0)$ 对函数 $y=A\sin(\omega x+\varphi)$ 图象的影响

探究内容	请同学在几何画板中将下列函数图象与 $y=\sin x$ 的图象作比较,探究它们之间的内在联系,归纳 A 对函数 $y=A\sin(\omega x+\varphi)$ 的图象的影响。 1. $y=2\sin x$　　　2. $y=\dfrac{1}{2}\sin x$　　　3. $y=3\sin x$ 4. $y=\dfrac{1}{3}\sin x$　　　5. $y=3\sin\left(2x+\dfrac{\pi}{3}\right)$　　　6. $y=3\sin\left(2x-\dfrac{\pi}{3}\right)$
预设	1. $y=2\sin x$ 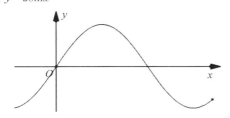　　2. $y=\dfrac{1}{2}\sin x$ 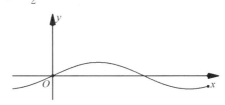 3. $y=3\sin x$ 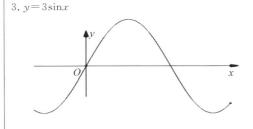　　4. $y=\dfrac{1}{3}\sin x$  5. $y=3\sin\left(2x+\dfrac{\pi}{3}\right)$ 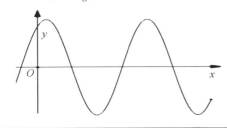　　6. $y=3\sin\left(2x-\dfrac{\pi}{3}\right)$ 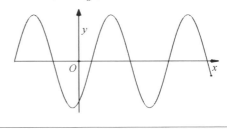
结论	函数 $y=\sin(\omega x+\varphi)$ 的横坐标不变,纵坐标伸长为原来的 A 倍即可得到函数 $y=A\sin(\omega x+\varphi)$ 的图象。

三、归纳总结,练习验证(预计 10 分钟)

(一)函数 $y=\sin x$ 与函数 $y=A\sin(\omega x+\varphi)$ 的关系

$$y=\sin x \xrightarrow{\text{平移变换}} y=\sin(x+\varphi) \xrightarrow{\text{周期变换}} y=\sin(\omega x+\varphi) \xrightarrow{\text{振幅变换}} y=A\sin(\omega x+\varphi)$$

【总结】教师通过 PPT 演示对整个探究过程的总结。

【归纳】函数 $y=A\sin(\omega x+\varphi)(A>0,\omega>0)$ 的图象可以看作是先把 $y=\sin x$ 的图象上所

有的点向左(右)平移 $|\varphi|$ 个单位,再把所得各点的横坐标缩短到原来的 $\frac{1}{\omega}$(纵坐标不变),再把所得各点的纵坐标变为原来的 A 倍(横坐标不变)而得到的。

(二)例 1. 画出函数 $y=2\sin\left(\frac{1}{3}x-\frac{\pi}{6}\right)$ 的简图

学生用五点法完成,教师用几何画板验证。

四、课堂小结

(1)总结一下参数 φ、ω、A 对函数 $y=A\sin(\omega x+\varphi)$ 的影响。

(2)如何由 $y=\sin x$ 的图象变换为 $y=A\sin(\omega x+\varphi)$ 的图象? 讲一讲不同的变换方式有何区别和联系?

五、布置作业

P239 第 1 题的(1)(4)小题;第 2 题。

课后思考题:函数 $y=\sin x$ 可以通过哪些方法变换到函数 $y=3\sin\left(2x+\frac{\pi}{3}\right)$?

该教学设计从学生好动、求新的年龄特征出发设计引入环节,旨在激发学生的学习兴趣。再通过三组函数,让学生自己归纳性质,符合课程标准"归纳与演绎并用"的教学原则,强调知识的提出和生成,重视学生独立思考和意义建构的过程。整个教学过程通过解剖问题、层层推进,引导学生动手作图,总结图象之间的关系,培养学生从具体到抽象的思维方法。通过小组讨论,教学中实现师生互动、生生互助,丰富情感体验,活跃课堂气氛,充分体现了"先做后教,师生合作"的理念,而且利用现代教育技术进行自主探究,引导学生由直观感知逐步形成理性思考。

此外,该教学设计在学法与教法上有一定创新。学法上,此设计通过归纳、类比猜想、自主探究,归纳得出结论;教法上,此设计应用几何画板让学生自主探索、归纳,培养学生的动手操作能力,学生通过亲自动手参与探索过程,学会从函数的图象、解析式等不同形式多角度地理解和研究问题。同时,学生对图形和数据信息的处理能力也有所提高。

三、反思阶段

对教学过程的反思需要符合以下一些原则。

第一,师生沟通和交流原则。"教学过程",顾名思义就是"教"与"学"的过程。"教"与"学"两者相互依存、相互影响;既是教学过程的主要矛盾,也构成了师生在教学过程中的复杂关系。教学双边中的教师和学生,都是教学过程中的能动性因素,二者交互影响,因此,教学过程必须符合师生沟通和互动的原则。

第二,理解和信任学生原则。教学实践中由于教师对学生的理解度和信任度不够,常常会出现教师重复讲解知识的现象。因此教师在完成教学过程的设计之后,需要反思:教学内容是否符合维果斯基的"最近发展区理论",建立在学生的认知发展水平和已有的学习经验之上;能否调动学生的学习积极性,激发学生的学习兴趣与自信心;教学方法是否符合建构主义理论,促使学生参与知识建构的过程。

第三，揭示思维过程原则。如何在教学过程中有效地启发学生的思维是值得思考的问题。教师首先应该了解学生的思维特点，控制问题的难度，采用适当的手段启发学生；其次，注意理论的研究和运用，思考设计中的理论依据是什么。教学过程设计从表面上看是教学的活动设计，其实背后蕴涵着活跃的师生思维活动。教师应反思其教学过程是否有效地启发了学生在课堂上的思维活动。

第四，教学系统的和谐优化原则。新课程背景下的数学教学过程是多种要素的有机结合体。教学过程的各种要素、各个环节能否共同组成优化结构，并作为一个和谐的系统发挥其整体最佳功能，从根本上制约着教学的最终效果。

第三节　问题情境设计

心理学、社会学、教育学、传播学等领域均涉及"情境"一词，因而其被赋予了不同的含义，例如："多重刺激模式、事件、对象""传播事件或传播过程具体化的背景""人们正在进行某种行为时所处的社会环境""学生进行意义建构所需要的外部学习环境"等。建构主义学习观认为，任何知识都有其赖以产生意义的背景，知识是一种工具，要理解并灵活运用某一知识，就应当知道知识的适用范围，也就是知识赖以产生意义的背景，即情境。教育心理学则将"情境"解释为"多重刺激模式、事件和对象等"。

问题情境是指在问题解决过程中，用于刺激学生的好奇心和求知欲，引发学生产生认知冲突，从而进行质疑、猜想、探索所创设的情境。简单地说，即问题需情境刺激，情境中必有待解问题。数学问题解决需要融入数学问题情境，才能被学生自然地接受。问题情境应满足以下特征：

第一，趣味性。"问题情境"最大的特点是趣味性，有时具有游戏的成分，但在问题中要有一定的思维价值，能使学生体会和挖掘其中的数学知识和思想方法。

第二，过程性。设置"问题情境"的目的是让学生逐渐经历从发现问题、提出问题、思考问题、探索问题到解决问题的过程，在此过程中感受和体验数学的应用性。

第三，问题性。"问题情境"更多地要引出问题，激发学生学习本节课知识内容的积极性和主动性，使学生产生"口欲言而弗能，心求通而未达"的效果。

第四，挑战性。"问题情境"要能引起学生的认知冲突，要更具本原性，使学生在问题解决的过程中，更好地理解数学知识的本质思想和内容。

第五，开放性。"问题情境"的内容需要面向学生的真实生活，使学生在活动过程中产生丰富多彩的学习体验和创造性的表现。问题解决的过程和结果可以是不确定、开放的，但又具有生成性。

一、问题情境创设中的失误反思

失误 1：情境看似新颖独特，实则缺少科学性

在教学中，一个新颖、恰当的问题情境可以极大地激发学生的兴趣和解决问题的欲望，

但有时教师在创设问题情境时只考虑了其是否新颖独特,如何吸引学生,却忽视了问题情境的科学性、合理性。

【案例1】指数函数的增长方式

将一张厚度为0.1mm的报纸对折一次,其厚度为0.2mm,对折两次,厚度为0.4mm,以此类推,对折30次,厚度是多少?

其厚度为 0.1×2^{30} mm $\approx 10^5$ m > 8848 m(超过了珠穆朗玛峰的海拔高度)

案例1中的教师设计了纸张对折的情境,让学生体会指数函数的增长速度很快,即"指数爆炸"。这样的问题情境的确能使学生惊讶其结果,从而感受数学的魅力,但是事实证明这种对折操作只能进行10次左右。像这种有科学性错误的问题情境对培养学生的科学精神极为不利,甚至还会误导学生。

失误2:问题情境生活化,却不合常理

《普通高中数学课程标准(2017年版2020年修订)》指出高中数学课程应提供一些基本内容的实际背景,反映数学的应用价值。因此,以实际生活为背景的问题情境被广泛运用到教学中,以帮助学生体会数学与生活的联系,感受数学方法的魅力,从而提高学习数学的兴趣。但是,有些生活型问题情境却与生活实际严重不符,不符合常理。

【案例2】数列的应用

某大楼共有20层,有19人在第1层上了电梯,他们分别要去第2层至第20层,每层1人,而电梯只允许停一次,只能使1人满意,其余18人都要步行上楼或下楼,假设乘客每向下走1层的不满意度为1,每向上走1层的不满意度为2。若设所有人的不满意度之和为 S,为使 S 最小,电梯应停在第几层?

其答案是电梯应停在第14层。

案例2以乘电梯为背景,突出的是数学中的最优化设计问题。从一定程度上来说,这是考查学生数列知识和函数最值综合应用的一道好题。但众所周知,电梯是为了方便人们上下楼而设置的,生活中不存在只能在一层停靠的电梯,也极少有人要到2楼,却需要先乘电梯到14楼再走到2楼。很显然,这种问题情境与生活实际严重不符,纯粹是为了应用而设计情境。教师在创设生活化情境时需要立足学生已有的生活经验,同时考虑情境是否符合生活的一般常识和规律。

失误3:问题情境与教学内容貌合神离,冲淡主题

问题情境的创设需要与教学内容相辅相成,突显教学内容的重点与核心,不能一味为了

突出"情境"而遮掩教学内容的生成。案例 3 中的情境虽然以一则故事说明了学习概率的重要性,但太多的干扰信息已经冲淡数学课的主题,无助于学生理解随机事件概率。

【案例 3】随机事件的概率

1943 年以前,在大西洋上英、美两国的运输船队常常受到德国潜艇的袭击,当时,英美两国限于实力,无力增派更多的护卫舰,一时间,德国的潜艇搞得盟军焦头烂额。为此,有位美国海军将领专门去请教了几位数学家,数学家们运用概率分析后认为:舰队与敌潜艇相遇是一个随机事件,从数学角度来看这一问题,它具有一定的规律性,建议美国海军将舰队的编队规模增大,美国海军接受了数学家的建议,命令舰队在指定海域集合,在集体通过危险海域后再各自驶向预定港口。结果,奇迹出现了,盟军舰队遭到袭击的概率由原来的 25% 降为 1%,大大减少了损失,保证了物资的及时供应,你知道是什么原因使盟军舰队遭袭被击沉的概率降低了吗?

失误 4:问题情境成为直接灌输知识的方式

创设情境旨在激发学生的学习动机和学习热情,通过情境引发学生对数学问题进行思考,让他们经历新知识的产生过程。案例 4 中的教师创设典故型问题情境,形式新颖,能够激发学生学习的兴趣。但是,这节课的重点是等差数列前 n 项求和公式的推导过程,而"倒序相加"是公式推导的关键,教师将披着"问题情境"外衣的关键性知识直接告诉学生,与"经历新知识的发生过程"相悖。

【案例 4】等差数列的前 n 项和

教师板书:"$1+2+3+\cdots+100=$?"早在 200 多年前德国的一个小学课堂,老师也在黑板上写下了这个式子,让每位小学生计算,孩子们计算得可认真了,绝大多数孩子都在努力地做加法,没过两分钟,一位清秀的小男生便把手举得高高的,他走到黑板上在老师的式子下面写了:$(1+100)+(2+99)+(3+98)+\cdots+(50+51)=101\times50=5050$。他的表现赢得了老师和同学们的一致赞扬。这位聪明的小男生就是后来著名的数学家高斯,在他 8 岁的时候,他就懂得观察,积极动脑筋,知道找到正确的方法就能快速解决问题的道理。也就是从他的解法中提炼出来的"倒序相加"的方法,成为解决等差数列求和最重要的方法。同学们,你愿意来学习今天的知识吗?

一个好的数学问题情境,不仅应具有丰富的内涵,而且还应具有问题情境的真实性、开放性、可接受性以及其作用的全过程性。

二、创设问题情境的策略

数学问题情境的素材可以源于数学自身,源于现实生活,还可以源于其他相关的学科,但其创设都必须依据学生的心理发展特点,顺应学生的认知发展规律。

(一)利用数学旧知,创设问题情境

建构主义学习观认为,学习不是知识由外向内的转移和传递,而是通过新经验与原有生活知识经验的相互作用,来丰富和改造自己的知识经验的过程。教师可以利用学生已有的知识经验创设问题情境,引发学生的认知冲突,进而激发学生的求知欲和学习欲。案例5中学生自己计算发现两个平方形式的数之和为负数,与原有认知相冲突,为引入复数概念的学习奠定基础。

【案例5】复数的概念

已知 $a+\dfrac{1}{a}=1$,求 $a^2+\dfrac{1}{a^2}$ 的值。

学生能较快算出 $a^2+\dfrac{1}{a^2}=\left(a+\dfrac{1}{a}\right)^2-2=-1$。为什么两个平方形式的数之和为负数?

(二)利用其他学科知识,创设问题情境

当今时代不同学科之间相互交叉渗透日益明显,这就要求数学教学应重视与其他学科的联系。教师可以从其他学科中选取素材作为课程资源,对学科知识加以整合,使学生整体地把握知识,促进学生的全面发展。例如:讲向量时,可以与物理学中的力、速度作类比;讲乘方的概念时,可以采用生物学中细胞分裂的问题;讲空间直角坐标系时,可以借助化学学科中学生熟悉的食盐晶胞立体模型建立坐标系,写出各原子所在位置的坐标,体会空间坐标系的特点。

(三)利用日常经验,创设问题情境

学生的学习是建立在已有生活经验基础之上,也就是说,学习者走进教室时自身并不是一无所知的白纸,而是已经在日常生活、学习和交往活动中,形成对各种现象的理解和看法的个体。教师可以通过收集与学生生活相关的教学资料,创设生活情境,将学生的生活经验作为"已知通向未知"的桥梁。案例6中的教师通过呈现世界杯进球折线图以及绵阳市某天的气温变化曲线图,让学生观察图象的变化趋势,获得对函数单调性的直观认识,并让学生带着问题(什么是函数的单调性? 怎样判定函数的单调性?)进入新课,为概念的引入做好铺垫。

【案例6】函数的单调性

(1)六届世界杯进球数如表6-6所示。

表6-6　六届世界杯进球数

年份	进球数
1990	115
1994	137
1998	171
2002	161
2006	147
2010	145

画成折线图如图6-2所示。

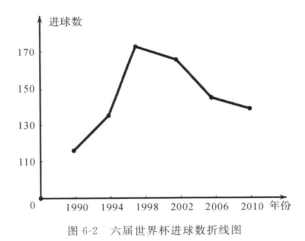

图6-2　六届世界杯进球数折线图

问题1：随着年份的不同，进球数有什么变化？进球数的变化与图象的变化之间存在什么联系吗？

(2)绵阳市某天的气温变化曲线图如图6-3所示。

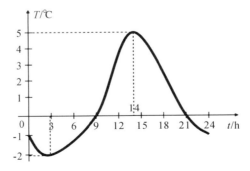

图6-3　气温变化曲线图

问题2:随着时间的变化,温度的变化趋势是上升,还是下降?

事实上,在生活中,有很多数据的变化是有规律的,了解这些数据的变化规律,对我们的生活很有帮助。观察满足函数关系的数据变化规律往往是看:随着自变量的变化,函数值是如何变化的,这就是我们今天要研究的函数的单调性。

(四)利用实验,创设问题情境

美国实用主义教育家杜威主张"从做中学"。教学中的实验操作可以调动学生的主观能动性,使学生在"做数学"的过程中学习数学。例如,在"椭圆"的教学中,首先请三位同学做实验,两个同学按住绳子的两端,第三个同学用粉笔套住绳子在黑板上画图形,画好后请第三个同学说出他在画图过程中的感受。当两个同学把绳子拉直按住两端时,画出的就是线段而不是椭圆;当粉笔端到两个同学按住的两点的距离和大于这两点间的距离时,画出的才是椭圆。在这一实验中,不但引出了椭圆的定义,而且还得到了特殊的情形,真正体现了实验探究发现问题的价值。

又如,同样在"椭圆"的教学中,请同学们取一圆纸片,圆心为 O,在圆内取定一点 A,将圆片的边缘向圆内折叠,使圆片的边缘通过定点 A,或者使圆片边缘上的一点 P 与定点 A 重合(见图6-4)。每取一点折一次就得一折痕。当点在圆周上取得足够多且密,所得的众多折痕就显现出一个椭圆的轮廓。

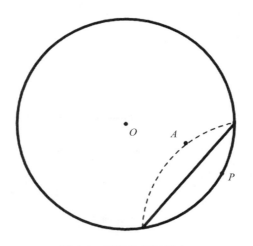

图6-4 圆纸片折叠示意

(五)利用现代信息技术,创设问题情境

现代信息技术的广泛应用正在对数学课程内容、数学教学、数学学习等产生深刻的影响。《普通高中数学课程标准(2017年版2020年修订)》也提出高中数学课程要注重信息技术与数学课程的深度融合,提倡实现信息技术与课程内容的有机整合,加强数学教学与信息技术的结合,鼓励学生运用计算机、计算器等进行探索和发现数学。教师应该充分发挥现代信息技术的优势,加强信息技术与学科教学的整合,运用网络、多媒体、计算机及其软件、计算器等各种信息技术平台开发课程资源。教师可以运用几何画板、数学实验室、Flash等软

件以及 TI 图形计算器、Z＋Z 智能教育平台等创设情境,提高教学效率和教学质量。图 6-5 展示了运用现代手持技术 TI 图形计算器,对三角函数的定义这一知识内容进行情境创设。

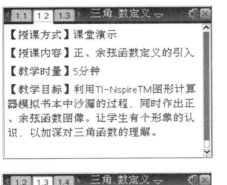
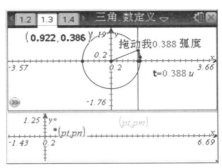
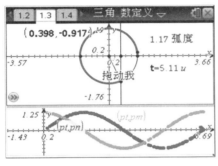

图 6-5　图形计算器在"三角函数"教学中的应用

(六)利用典故材料,创设问题情境

　　数学史料是新课引入时的绝佳材料,通过在数学课堂中介绍数学家的趣闻轶事、数学概念的起源、古今数学方法的对比等,能够激发学生的学习兴趣。前文中的【案例 4】提供了很好的数学史料,用来引入等差数列求和公式的内容。若教师在设计时能多些思考,便能把数学史料运用得恰到好处。

　　除上述几种策略外,还可以从其他角度思考创设情境的策略,例如创设争论性问题情境、动态问题情境、试误问题情境等。

三、创设问题情境的原则

　　具体包括以下一些原则。

　　第一,启发性原则。作为数学问题情境的材料或活动,要富有启发性和挑战性,对学生形成一种智力活动的刺激,引发他们进行广泛的联想和想象。

　　第二,探究性原则。问题的背景和材料要能够诱发学生产生学习的想法,启迪学生的思维,激发学生的探索意识,引导学生展现思维过程,探究问题解决的策略和方法。

　　第三,发展性原则。问题情境要体现数学的价值和功能,提供学生自主思考的空间,强调学生智力因素和非智力因素的整合发展,在获取知识、技能的同时,发展数学思维。

　　第四,针对性原则。材料或活动要符合学生年龄特征以及数学思维的发展特点,同时要与他们已有的数学认知发展水平相适应。

第四节　数学活动设计

《普通高中数学课程标准(2017年版2020年修订)》指出,教师要把教学活动的重心放在促进学生学会学习上,积极探索有利于促进学生学习的多样化教学方式,不限于讲授与练习,还包括引导学生阅读自学、独立思考、动手实践、自主探索、合作交流等。数学活动是教师综合运用资源、手段,引导学生积极发挥主观能动性,有组织性地经历数学学习,从而获得数学经验的过程。数学活动的过程作为教学内容,贯彻了新课程改革的教学理念。

心理学家皮亚杰认为:"活动是认知的基础,智慧是从动作开始的。"学生学习的过程是建立在经验基础上的主动建构的过程,通过各种活动将新旧知识有机地结合在一起。无疑,数学活动可以激发学生学习数学的兴趣和创造力,帮助学生建构数学知识,并使学生形成发现和提出数学问题、分析和解决数学问题的能力。数学活动呈现出以下特点。

第一,实践性和趣味性。数学活动要求学生具身参与数学学习的过程,例如全体学生动手操作或小组合作共同解决,在活动中进行数学思考。而且数学活动的许多内容源自学生的生活实际,富有一定的趣味性。

第二,探索性和开放性。数学活动研究的内容是与生活紧密结合、有着现实背景的问题,在解决问题的过程中,学生需要独立思考、自主探索。而且活动过程与结果具有开放性,旨在让学生生成个性化的创造性的表现,并获得丰富多彩的学习体验。

第三,差异性和层次性。多元的智力结构、多元的思维形式、多元的认知方式决定了学生的数学学习过程应当是富有个性的。数学活动最大限度地实现了学生主体性的发挥,每一个学生都需要参与数学活动的过程,并由此获得个性化的发展。

一、数学活动的类型

(一)按教学功能划分

数学活动以其教学功能可分为探究新知型与应用知识型两类。

1.探究新知型数学活动

"探究"一词最早源于20世纪60年代布鲁纳提倡的"发现学习",发展于施瓦布提出的"探究式学习"。探究新知型数学活动以探究数学概念、性质、定理或公式为目的,重在让学生经历数学知识的发生发展过程。学生逐渐经历"发现要探究的问题—猜想与假设—通过各种方法分析论证—得出数学结论—合作评估与交流"的环节,获得对数学知识的概念性理解。

2.应用知识型数学活动

应用知识型数学活动以"用数学"为目的,促使学生体验数学在解决实际问题中的作用、数学与日常生活及其他学科的联系,感受数学的实用价值,从而逐步形成和发展数学应用意识,提高实践能力。案例1呈现了函数知识应用于解决实际问题的数学活动,其设计旨在发展学生的函数应用意识与能力。

【案例1】函数的应用

教学目标

(1)进一步了解函数在解决实际问题中的应用,发展应用意识;

(2)掌握构造函数模型的基本方法;

(3)能够对自己构造的函数模型作评价,改进方法。

活动过程

1. 知识背景:简要复习一次函数、二次函数、幂函数的解析表达式及其图象性质。

2. 引入实际问题:某城市新建一个服装厂,投产前4个月产量分别为1万件、1.2万件、1.3万件、1.37万件,并且产品销售良好,为了推销员在推销产品时接受的订单不至于过多或过少,需要估测以后几个月的产量,你将用什么样的方法估测产量?

3. 数学抽象,确定函数模型:建立平面直角坐标系,进行描点画曲线。根据所描曲线形状,可以给出4种模拟函数:

一次函数　$f(x)=kx+b(b\neq 0)$　　　二次函数　$g(x)=ax^2+bx+c(a\neq 0)$

幂函数　$h(x)=ax^{1/2}+c$　　　　指数函数　$l(x)=ab^x+c$

将前4个月的数对视为坐标得:$A(1,1),B(2,1.2),C(3,1.3),D(4,1.37)$。确定这4个函数的表达式,同时分别求出与剩余点的误差(有多种结果)。

结果:误差最小的模型为指数函数。

4. 应用拓展:

某县2017—2020年的财政收入分别为4.73亿元、5.42亿元、6.09亿元和7.01亿元。

(1)请建立一个数学模型,预测该县以后的财政收入情况,并用2021年(8.50亿元)、2022年(8.60亿元)两年的财政收入检验一下;

(2)计算出该县收入的平均增长率;

(3)按照(1)(2)分别预测2023年该县的财政收入,讨论哪种预测结果更有可行性。

5. 总结报告。

(二)按教学内容和模式划分

数学活动以其教学内容和模式可分为实践操作型、课题研究型和数学建模型三类。

1. 实践操作型活动

实践操作型活动是指为了形成或检验某个数学结论,解决某类数学问题,学生运用相关的工具,在数学思维的参与下动手操作的数学活动。这类活动根据实践操作得出的数据、结果进行分析归纳、演算或推证,从而得出结论。实践操作有助于调动学生的非智力因素,给数学的"再创造"提供无限的可能;有助于培养学生动手操作的能力,实现"在做中学"和"在学中做"的统一。

2. 课题探究型活动

课题探究型活动是指学生围绕某个数学问题,自主探究、学习的过程。这个过程包括观察分析数学事实,提出有意义的数学问题,猜测、探求适当的数学结论或规律,给出解释或证明等环节。课题探究有助于学生在尝试数学研究的过程中体验创造的激情,初步了解数学概念和结论产生的过程,初步理解直观和严谨的关系,初步形成严谨的科学态度和不怕困难的科学精神;有助于培养学生勇于质疑和善于反思的习惯,发展学生的创新意识和实践能力。

3.数学建模型活动

数学建模是一种数学的思考方法,是运用数学的语言和方法,通过抽象、简化建立能近似刻画并解决实际问题的一种强有力的数学手段。如图 6-6 所示,它表现的是对问题的分析、假设、抽象的加工过程,是对数学工具、模型工具的选择过程,是模型的求解、再分析、修改假设、再求解的迭代过程。数学建模为学生提供了感受数学在解决实际问题中的价值与作用的空间,在综合运用知识和方法解决实际问题的过程中体验数学与日常生活和其他学科的联系,发展学生的创新精神和实践能力,增强应用意识。案例 2 呈现了运用数学知识解决桌子摆放问题的数学建模过程。

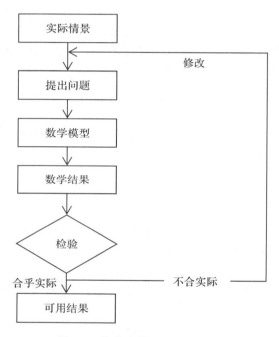

图 6-6　数学建模型的基本流程

【案例 2】桌子问题的数学建模

问题的提出:把四条腿的连线呈长方形的桌子(见图 6-7)往不平的地面上一放,通常只有三条腿着地,放不稳,然后稍微挪动几次,就可以使四条腿同时着地,放稳了。试作合理的假设并建立数学模型说明这个现象。

问题的分析:对于此题,如果不用任何假设很难证明,结果很可能是否定的。因此对这个问题我们假设:

(1)地面为连续曲面;

(2)长方形桌的四条腿长度相同;

图 6-7　桌子问题

（3）相对于地面的弯曲程度而言,方桌的腿是足够长的;

（4）方桌的腿只要有一点接触地面就算着地。

那么,总可以让桌子的三条腿是同时接触到地面。

建立数学模型:如果上述假设成立,那么答案是肯定的。以长方桌的中心为坐标原点作平面直角坐标系如图6-8所示,方桌的四条腿分别在 A、B、C、D 处,AB,CD 的初始位置与 x 轴平行,再假设有一条在 x 轴上的线 ab,则 ab 也与 AB,CD 平行。当方桌绕中心 O 旋转时,对角线 BC 与 x 轴的夹角记为 θ。

容易看出,当四条腿尚未全部着地时,腿到地面的距离是不确定的。为消除这一不确定性,令 $f(\theta)$ 为 A、B 离地距离之和,$g(\theta)$ 为

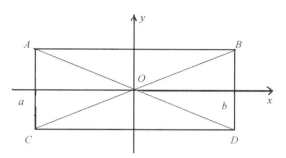

图 6-8　长方桌的直角坐标系建立示意

C、D 离地距离之和,它们的值由 θ 唯一确定。由假设（1）,$f(\theta)$,$g(\theta)$ 均为 θ 的连续函数。又由假设（3）,三条腿总能同时着地,故 $f(\theta)g(\theta)=0$ 必成立（$\forall \theta$）。不妨设 $f(0)=0,g(0)>0$（若 $g(0)$ 也为 0,则初始时刻已四条腿着地,不必再旋转）,于是问题归结为:

已知 $f(\theta)$,$g(\theta)$ 均为 θ 的连续函数,$f(0)=0,g(0)>0$ 且对任意 θ 有 $f(\theta_0)g(\theta_0)=0$,求证存在某一 θ_0,使 $f(\theta_0)g(\theta_0)=0$。

证明:当 $\theta=\pi$ 时,AB 与 CD 互换位置,故 $f(\pi)>0,g(\pi)=0$。作 $h(\theta)=f(\theta)-g(\theta)$,显然,$h(\theta)$ 也是 θ 的连续函数,$h(0)=f(0)-g(0)<0$ 而 $h(\pi)=f(\pi)-g(\pi)>0$,由连续函数的零值定理,存在 θ_0,$0<\theta_0<\pi$,使得 $h(\theta_0)=0$,即 $f(\theta_0)=g(\theta_0)$。又由于 $f(\theta_0)g(\theta_0)=0$,故必有 $f(\theta_0)=g(\theta_0)=0$,证毕。

二、设计数学活动的策略

数学活动的设计过程如图6-9所示,包括确定活动目标、寻找活动素材、选择活动方式、提炼"数学"等环节。

图 6-9　数学活动的设计过程

（一）确定活动目标

数学活动并非学生的娱乐活动,数学活动的开展旨在帮助学生获得数学经验或情感,其目标制定应遵循数学活动标准的要求,契合教学进度,满足学生的学习需求,切忌为了"活动"而活动。

(二)寻找活动素材

数学活动既可以直接对某个数学问题进行探究,也可以设置实际背景,引导学生在生活中发现数学,在数学中解决生活问题,或搜寻某个数学知识的相关历史,帮助学生了解知识的产生意义或生成过程,形成数学知识框架体系,因而其素材来源包括数学知识、日常生活、历史文化、信息技术等不同方面。教师应当学会活用身边一切资源,将数学整合进去,创设新颖、有意义的活动内容。案例3和案例4呈现了分别运用数学知识素材、信息技术素材设计的数学活动。

【案例 3】探究不同的多面体中顶点数、棱数、面数之间的关系

具体如表 6-7 所示。

表 6-7　不同多面体中顶点数、棱数、面数之间的关系探究

课题	探究不同的多面体中顶点数、棱数、面数之间的关系			
研究方法	实验观察、计数、归纳			
初步结论	多面体	顶点数	棱数	面数
	正四面体			
	正方体			
	正八面体			
	正十二面体			
	正二十面体			
	四棱柱			
	五棱锥			
	六棱台			
	自选观察体			
	自选观察体			
	n 棱台			
	n 棱柱			
	n 棱锥			
猜想发现				
解决问题				
尚未解决的问题				

【案例 4】探究梅花瓣的面积

问题:如图 6-10 所示,正方形边长为 a,以 a 为半径,正方形四个顶点为圆心作四个圆,求四个圆重叠部分(梅花瓣)的面积。

解法 1：积分运算法

求曲边图形的面积常用积分运算方法，先建立如图 6-11 所示的平面直角坐标系，写出圆心在第四象限的圆的标准方程，求出其在 x 轴上方的曲线方程及其与 x 轴的交点横坐标，再求第二象限内的面积，用 TI 图形计算器的 CAS 运算过程如图 6-12 所示。

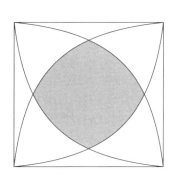

图 6-10　四个圆的重叠部分(梅花瓣)

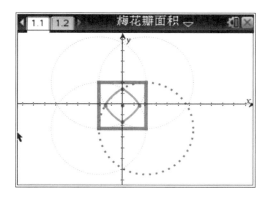

图 6-11　利用图形计算器建立梅花瓣的直角坐标系

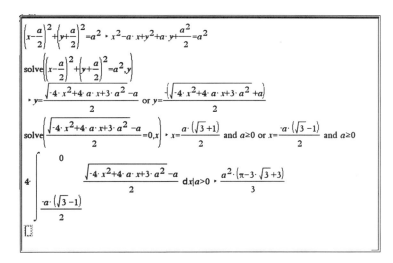

图 6-12　图形计算器的 CAS 运算过程

根据积分运算的结果，可知此例正方形中梅花瓣的面积为 $\left(\dfrac{\pi}{3}-\sqrt{3}+1\right)a^2$。

解法 2：模拟估值法

蒙特卡洛(Monte Carlo)方法是一种随机抽样与统计试验方法，可用于估计阴影部分或函数图形所围成区域的面积。此例梅花瓣的面积可采用蒙特卡洛方法计算，具体思路是：先建立如图 6-13 所示的平面直角坐标系，借助 TI 图形计算器的电子表格或 TI-Basic 编程进行模拟实验，设正方形的边长为 2，产生两组 0～1 的随

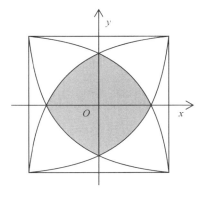

图 6-13　平面直角坐标系(蒙特卡洛法)

机数,构成的坐标点落在正方形在第一象限的部分,并判断是否落在第一象限阴影部分,进行大量的重复实验并统计实验结果,算出落在第一象限阴影部分的频率,再由此估算面积。

采用 TI 技术的电子表格进行模拟实验,如图 6-14、图 6-15 所示。

图 6-14 模拟实验计算表 1   图 6-15 模拟实验计算表 2

注意 D 列公式栏的计算公式及 E2 单元格的条件判断。

我们计算出 $\left(\dfrac{\pi}{3}-\sqrt{3}+1\right)a^2\approx0.315147a^2$,从上面模拟实验的结果来看,增大实验次数时,模拟估计值更接近于实际计算值,这就是用频率估计概率的思想。当然还有许多其他解法,比如分割计算法、方程求解法等,在此就不一一介绍。

(三)选择活动方式

数学活动方式因其具体活动内容而有所差异,既可以是全体学生参与,即学生自主或合作进行实践操作,得出操作结果,也可以是个别学生示范演示,其他学生观察、研究,也可以是教师演示,学生观察与探究,还可以是多种不同方式的结合。教师需要综合考虑活动重点、活动时间、学生水平等各个因素,制定最有利的活动方式。

(四)提炼"数学"

数学活动承载着数学知识、技能或情感的输出与习得。为了达成活动的数学目标,数学活动尾声的设计必须注意"数学"的提炼,可以是概念性质、定理规律的总结,也可以是解决问题涉及的数学思想方法的归纳等。

三、设计数学活动的原则

具体原则包括以下几个。

第一,主动性原则。数学活动的设计必须有效促使学生主动参与活动过程,积极开展发现问题和解决问题的学习。教师可以多开发一些联系实际的数学活动,激发学生主动学习的动机。在学生可接受的前提下,适当加大数学探索的力度,使学生开展尝试和探究,帮助学生养成主动探索的习惯与态度。

第二，发展性原则。数学活动立足于对学生的认知、情感、态度和价值观的影响，旨在增长学生的数学知识，培养学生的数学能力，强调学生数学认识的不断深化和个性的不断完善，实现学生的认识和经验的不断成长。数学活动的教学需逐步加大数学思维的力度和操作分量，发展学生的逻辑思维能力、分析问题和解决问题的能力，使学生习惯于主动探索发现的学习。

第三，整体性原则。数学活动内容的选取需要关注数学内部以及与其他学科知识之间的联系和转换，强调螺旋上升，根据教学内容整理设计数学活动环节并进行教学，保证数学活动整体性教学功能的顺利实现。

第五节　课堂结尾设计

课堂结尾是教师对课堂教学进行归纳总结，扩展新旧知识联系，以帮助形成系统知识结构的教学环节。俗话说："编筐编篓，重在收口；描龙描凤，神在点睛。"一个好的课堂结尾，不仅能对整节课的教学内容起到画龙点睛和提炼升华的作用，而且还能成为贯通新旧知识，衔接前后内容的纽带。然而，在教学实践中，有些教师往往忽视课堂结尾，课堂结尾千篇一律地设计为"这堂课你学到了什么"，学生的回答也匆忙带过，没能有效发挥课堂结尾的功能。事实上，恰当地设计课堂结尾，可以统揽课题要领，使学生进一步明确本节课的教学任务，深化知识体系，同时也为后续课题埋下伏笔，激发学生进一步探讨的兴趣。

一、课堂结尾的类型

具体分为以下几种。

第一，提纲式结尾。提纲式结尾作为课堂教学中最常用的一种方式，是教师和学生运用准确、精练的语言，对知识重点和学习方法进行归纳。这种方式讲求精练，突出重点，既可以侧重于数学知识本身的梳理，也可以侧重于学习方法的总结。运用此种方式可以让学生的数学学习实现由博返约、纲举目张。

第二，提问式结尾。提问式结尾是让学生在回顾所学内容的基础上提出问题，教师给予解答或由学生讨论回答。这种方式能再次激发学生的学习兴趣，启发思维，有时也可弥补教学中的不足。

第三，解惑式结尾。解惑式结尾是运用刚学习的知识内容解决课堂引入环节提出的问题，并进行总结和深化，实现课堂教学首尾呼应，有因有果，浑然一体。

第四，拓展式结尾。拓展式结尾是指教师提出一个或几个与教学内容联系紧密而在本次课堂上又无法解决的问题，留待学生课后思考，从而达到拓展教学内容的目的。

第五，铺垫式结尾。铺垫式结尾是以问题激发学生的求知欲，由此作为下节课的引入，实现本节课教学与下节课教学的系统连贯，为后续知识内容学习做好铺垫。

二、课堂结尾设计的策略

(一)提纲挈领、画龙点睛

教师借助准确、精练的语言,并运用表格、图示等形式,提纲挈领地归纳总结本节课的内容、知识结构与技能技巧,既能帮助学生加深对知识的理解,又有助于学生构建知识网络,使得知识习得条理化与系统化。总结归纳环节既可以由教师进行,也可以先启发学生思考,再由教师加以补充和修正,或者由教师和学生共同讨论。

【案例 1】

表 6-8 呈现了关于单项式除法运算的课堂结尾。

表 6-8 单项式除法运算的课堂结尾呈现

(一)单项式相除	(二)多项式除以单项式
1.系数相除; 2.同底数幂相除; 3.只在被除式里的幂不变	先把这个多项式的每一项分别除以单项式,再把所得的商相加

(二)自由发问、查漏补缺

学生自由发问关于本节课没有理解的知识内容,或者是在学完这节课的基础上产生的新的困惑,并与同学进行沟通交流,然后教师进行释疑。

(三)首尾呼应、学以致用

教师引导学生运用本节课所学到的知识,分析和解决新课导入时所提出的问题,这样既能巩固本节课所学到的知识,又能首尾呼应,使一堂课的教学形成一个相对完整、独立的系统。例如,在学习余角与补角时,给出如何在量角器无法嵌入的情况下测量堤坝的倾斜角,使学生带着问题进入新课学习。伴随着新知识的引入与传授,学生逐渐思考得到解决方案,并在课堂结束时运用所学知识解决相应问题。

(四)设置悬念、开拓思维

课堂结尾不应是学生学习的结束,而应作为联系课堂内外的纽带,引导学生向课外延伸,开辟"第二课堂"。教师可以提出有一定难度的问题供学生课后探讨,让学生带着问题离开课堂,将学习兴趣延伸到课外。这要求教师能够对问题进行多角度和多层次审视,根据教学目标、教学内容和学生水平,恰当地选择一些"发散点"。案例 2 呈现了在"周期函数的概念"教学结尾时,引申设计的拓展性问题。

【案例 2】周期函数的概念

若将周期函数概念中的恒等式"$f(T+x)=f(x)$"做如下改动,其结果如何呢?

①$f(T+x)=-f(x)$;②$f(T+x)=f\left(\dfrac{1}{x}\right)$;③$f(T+x)=-f\left(\dfrac{1}{x}\right)$

如果学生有兴趣和时间,还可以进一步研究,将恒等式再做如下变化,其结果又如何呢?

①$f(T+x)=f(x-T)$;②$f(T+x)=-f(x-T)$;③$f(T+x)=f(T-x)$;

④$f(T+x)=-f(T-x)$

(五)埋下伏笔、激发求知欲

叶圣陶说:"结尾是文章完了的地方,但结尾最忌的却是真的完了。"教师应根据学生的心理特点以及新旧知识之间的内在联系,在教学结束时给学生留下一个有待探索的未知数,激起学生学习新知识的强烈欲望,使"且听下回分解"成为学生的学习期待。

第六节　教学板书设计

板书作为教师经常使用的一种重要的教学手段,可以形象、精练地呈现一节课的教学内容。好的板书就是一篇"微型教案",对启发学生思维、发展智力、指引学路起着重要的点化作用。[①] 牛津大学出版社出版的由 Halsey A H,Lauder H,Brown P 等人编著的《教育学》中指出:"一切直观教具,不论像电影和录像节目那样昂贵、复杂,还是自制的画片和模型那样简单、便宜,都具有相同的目的:在视觉上给学习者留下强烈的印象,事实上,所有直观教具中,数黑板最普遍、最重要、最灵活。""粉笔+黑板"的手段虽然古老,但在许多场合下确实比现代化教学手段更为有效。[②] 随着信息技术的发展,多媒体已经成为教师组织教学必不可少的资源,现代化的教学手段与传统的板书应是互补关系,两者相辅相成。

一、板书设计的类型

具体包括以下几种类型。

第一,提纲式,即按教学内容和教师的讲解顺序,提纲挈领地编排并书写教学内容。

第二,表格式,即分项设计教学内容的呈现,适用于知识的归类、比较。

第三,图示式,即用文字、数字、线条、箭头、符号等直观展示教学内容,并揭示不同内容之间的联系,便于学生理解与识记。

第四,网络式,即将分散的知识点集结串联,组成以某一个知识内容为主体的知识网络并系统呈现,帮助学生进行迁移识记,适用于章节的复习整理。

---

① 吴仁林.小学教学板书设计的基本思路[J].课程·教材·教法,1993(6):24-28.

② 何小亚,姚静.中学数学教学设计[M].北京:科学出版社,2008:218.

二、板书设计的原则

具体包括以下原则。

(一)规范性

板书设计应做到科学、规范，包括：文字书写用字要规范，杜绝不规范的简化字；字母、符号使用正确，例如角的符号不能写成"<"；作图规范，例如运用尺规画几何图形，画平面直角坐标系要标注 x 轴、y 轴和坐标原点；表述简洁、完整，例如函数图象的变化过程应完整表述为纵坐标不变，将横坐标变为原来的 1/3（学生常常容易漏掉"纵坐标不变"）；解题格式规范，关键步骤完整，例如立体几何计算题的三个步骤——作、证、算，缺一不可。

(二)逻辑性

数学课堂的板书不应是零星知识点的简单罗列，而应尽可能显示出知识之间的内在联系，展现不同内容之间的逻辑关系，以帮助学生构建完整的认知结构。

(三)概括性

板书在保证信息完整、规范的基础上，应尽可能地减少书写内容，做到只书写关键字词；对所书写的内容进行合理的加工重组，以节约板书时间；合理使用符号语言和图形语言，节约文字书写时间。

(四)选择性

板书应突出重点，有所取舍。一般来说，重要概念的表述及其注解，重要公式、定理、法则的表述及其推导过程，典型例题的关键步骤，重要的规律方法的概括和总结，其他有特殊目的的素材等内容可作为板书的重点。

三、板书设计的策略

(一)巧设板书感受简洁之美

板书不是烦琐的演算，也不是千篇一律、逐字逐句的书写，简洁、清晰才是板书设计的特点。例如，在进行函数单调性研究时可以用上箭头表示增，下箭头表示减。用符号或图案来呈现板书内容，不仅简单明了，而且直观形象，给学生以视觉享受。

(二)巧设板书体现辨析之美

板书不只是过程的简单演练、概念的单一总结，更是作为知识比较与辨析的平台，有助于学生发现事物的区别与联系。例如，在双曲线内容教学时，教师如表 6-9 所示设计板书，引导学生类比椭圆自主探究双曲线的性质，并且充分认识两者之间的区别。

表 6-9 "双曲线"教学的板书设计

特征		
形状		
定义		
标准方程		
对称性		
顶点		

(三)巧设板书启发思维之美

板书不单是静态的信息传递,更是师生互动交流的重要媒介。通过板书教师可启发学生思维,使学生积极投入探究活动。例如,在推导等差数列的通项公式的过程中,由定义得到"后项－前项＝公差"是解决问题的关键,教师设计如下板书引导学生得出累加法,再启发学生能否从上述各式得出用 a_1、d 表示的通项 a_n。教学实践表明,通过这样的板书,多数学生都能由此得出累加法。

$$a_2 - a_1 = d$$
$$a_3 - a_2 = d$$
$$a_4 - a_3 = d$$
$$\cdots$$
$$a_n - a_{n-1} = d$$

(四)巧设板书展现动态之美

教师可通过图示型板书或网络型板书,以逻辑方式呈现复杂问题,让学生直观感受不同知识之间的相互联系或问题解决的过程。

第七节 教学设计案例分析

结合上述教学设计的要求,本节呈现了关于初、高中数学教材内容的教学设计各一例,以及适合作为基础性课程教学中的数学探究专题教学或适合拓展性课程教学的一则数学项目活动设计。

【案例一】"同底数幂的乘法"教学设计①

一、教材分析

"同底数幂的乘法"选自人民教育出版社《数学(八年级上册)》第十四章第一节第一课时,主要内容是同底数幂的乘法法则及应用。本课时是本章的起始课,是整式乘法的基础,学生通过理解同底数幂的乘法法则,体会从特殊到一般的归纳思想。本课时一方面承接前面有理数的乘方、用字母表示数、整式的加减等基础内容,另一方面又为后面学习单项式的乘法、多项式的乘法等重要内容做好铺垫。

二、学情分析

八年级的学生在之前已经学习了有理数的乘方、用字母表示数等内容,对数的运算算理有了一定的认识,这些为本节课的学习打下了坚实的基础。而且该阶段学生已经具备了一定的归纳能力并初步具备了抽象能力,在学习过程中能够较好地理解同底数幂的乘法法则。但是同底数幂的乘法法则的得出是通过先归纳后验证的形式,学生理解起来可能会有些困难,需要在教师的引导下理解、掌握法则。

三、教学目标

【知识技能】

1. 进一步了解正整数指数幂的意义;
2. 理解同底数幂的乘法法则;
3. 能利用同底数幂的乘法法则运算。

【数学思考】

经历同底数幂的乘法法则的猜想验证过程,感受从特殊到一般的数学思想。

【问题解决】

会运用同底数幂的乘法法则解决简单的实际问题。

【情感态度】

通过探究同底数幂的乘法法则的过程,积极参与数学活动,体验数学学习的乐趣。

四、教学重难点

【重点】

理解同底数幂的乘法法则。

---

① 本案例由徐洪丙提供。

【难点】

同底数幂的乘法法则是根据乘方的意义得出的,采用先归纳后验证的方法,理解该过程需要一定的归纳能力,是本节教学的难点。

五、教学方法

【教法】

讲授法、讨论法。

【学法】

探究学习法、自主学习法、合作学习法。

六、教学过程

环节一:创设情境,导入新课

1.回顾旧知,引入新课

引入:同学们,在学会用字母表示数后,数已经扩展到了式。数有加减乘除运算,关于式,已经学习了整式的加减,那么接下来我们来学习整式的乘法。

2.问题驱动,引发思考

问题:一种电子计算机每秒可进行 1 千万亿(10^{15})次运算,它工作 10^3 s 可进行多少次运算呢,你能列出怎样的式子?

预设:$10^{15} \times 10^3$。

问题:这个式子的答案是多少?

预设:学生可能会猜想 10^{18},10^{45} 等。

问题:观察一下这个式子具有什么样的特点?

预设:底数都为 10。

引导:这就是同底数幂的乘法,那么这个式子该如何计算呢? 下面我们先来看看几个简单的例子。

设计意图:通过联系旧知和创设情境引入本节课的教学内容,一方面激发了学生解决问题的兴趣,体现数学来源于生活,另一方面为下面学习同底数幂的乘法法则做好铺垫。

环节二:深入探索,理解新知

1.由简入手,归纳猜想

问题:$2^2 \times 2^3 =$;$2^2 \times 2^4 =$;$3^2 \times 3^2 =$

预设:$2^2 \times 2^3 = 4 \times 8 = 32 = 2^5$;

$2^2 \times 2^4 = 4 \times 16 = 64 = 2^6$;

$3^2 \times 3^2 = 9 \times 9 = 81 = 3^4$。

问题:对于第一个式子,能否结合乘方的意义,来说明这个式子的正确性?这里的 2^5, 2^2 和 2^3 分别表示什么含义?

预设: 2^5 表示 5 个 2 相乘, 2^2 表示 2 个 2 相乘, 2^3 表示 3 个 2 相乘,一共有 5 个 2 相乘。

引导:仿照第一个式子,说明后面两个式子的正确性。

预设: 2^2 表示 2 个 2 相乘, 2^4 表示 4 个 2 相乘,因此一共是 6 个 2 相乘,等于 2^6; 3^2 表示 2 个 3 相乘,一共是 4 个 3 相乘,等于 3^4。

引导:猜想一下,同底数幂相乘遵循什么规律?

预设:底数不变,指数相加。

2. 深入探究,验证猜想

问题:根据乘方的意义填空,观察计算结果,你能发现什么规律?

(1) $2^5 \times 2^2 = 2^{(\quad)}$

(2) $a^3 \cdot a^2 = a^{(\quad)}$

(3) $5^m \times 5^n = 5^{(\quad)}$

(4) $a^m \cdot a^n = a^{(\quad)}$

预设: $7, 5, m+n, m+n$。

(4)一般地,对于任意底数 a 与任意正整数 m, n,

$$a^m \cdot a^n = \underbrace{(a \cdot a \cdot \cdots \cdot a)}_{m个a} \cdot \underbrace{(a \cdot a \cdot \cdots \cdot a)}_{n个a}$$

$$= \underbrace{a \cdot a \cdot \cdots \cdot a}_{(m+n)个a} = a^{m+n}$$

因此我们有

$$a^m \cdot a^n = a^{(m+n)} (m, n \text{ 都是正整数})$$

规律:同底数幂相乘,底数不变,指数相加。

引导:现在你能解决原来的问题了吗?

预设:

方法一:利用乘方的意义, $10^{15} \times 10^3 = \underbrace{(10 \times \cdots \times 10)}_{15个10} \times \underbrace{(10 \times 10 \times 10)}_{3个10}$

$$= \underbrace{10 \times 10 \times \cdots \times 10}_{18个10} = 10^{18}$$

方法二:利用法则, $10^{15} \times 10^3 = 10^{15+3} = 10^{18}$

> **设计意图:** 本环节从简入手,引导学生归纳"同底数幂相乘,底数不变,指数相加"这一猜想,并结合乘方的意义,在探究中让学生验证猜想,体会从特殊到一般的归纳思想。最后利用乘方的意义和法则解决问题,体会算法的多样性。

环节三:学以致用,巩固新知

例1 计算:

(1) $x^2 \cdot x^5$;

(2) $a \cdot a^6$;

(3) $(-2) \times (-2)^4 \times (-2)^3$;

(4) $x^m \cdot x^{3m+1}$。

预设：$(1)x^2 \cdot x^5 = x^{2+5} = x^7$；

$(2)a \cdot a^6 = a^{1+6} = a^7$；

$(3)(-2) \times (-2)^4 \times (-2)^3 = (-2)^{1+4+3} = (-2)^8 = 256$；

$(4)x^m \cdot x^{3m+1} = x^{m+3m+1} = x^{4m+1}$。

教师对学生的回答做出评价，并且在(2)中讲授 $a = a^1$。

例 2　判断下列式子是否正确，为什么？

$(1)b^3 \cdot b^3 = 2b^3$

$(2)x^4 \cdot x^4 = x^{16}$

$(3)a \cdot a^6 = a^6$

$(4)(-7)^8 \cdot 7^3 = -7^{11}$

$(5)(x+y) \cdot (x+y)^3 = (x+y)^3$

引导：总结在公式中的 a 可以是正数、负数、字母，还可以是一个式子。

例 3　卫星绕地球运动的速度（即第一宇宙速度）是 $7.9 \times 10^3\,\text{m/s}$，求卫星绕地球运行 $2 \times 10^2\,\text{s}$ 走过的路程。

预设：$(7.9 \times 10^3) \times (2 \times 10^2)$

$= (7.9 \times 2) \times (10^3 \times 10^2)$

$= 15.8 \times 10^5$

$= 1.58 \times 10^6\,(\text{m})$

答：卫星绕地球运行 $2 \times 10^2\,\text{s}$ 走过的路程为 $1.58 \times 10^6\,\text{m}$.

学生回顾用科学记数法表示的数相乘运算的算法，感受运用幂的运算法则给解决问题带来的方便。

【练习】计算：

$(1)b^5 \cdot b$；　　　　　　　　$(2)\left(\dfrac{-1}{2}\right) \times \left(\dfrac{-1}{2}\right)^2 \times \left(\dfrac{-1}{2}\right)^3$；

$(3)a^2 \cdot a^6$；　　　　　　　　$(4)y^{2n} \cdot y^{n+1}$。

> **设计意图**：通过先学生思考后教师讲解的方式，一方面可培养学生独立思考的习惯，另一方面可帮助学生巩固同底数幂相乘的法则。

环节四：课堂小结，自我提升

问题：通过这节课的学习，大家有什么收获？还有什么疑惑？

预设：同底数幂相乘，底数不变，指数相加；$a = a^1$ 等。

结合板书总结归纳本节课的主要内容。

> **设计意图**：学生发言、教师总结的形式一方面可以培养学生的语言表达和概括能力，另一方面也可以让学生再一次系统回顾所学新知识。

七、作业布置

第 104 页复习巩固 1.(1)(2);2.(1)。

八、板书设计

具体如表 6-10 所示。

表 6-10 "同底数幂的乘法"板书设计

14.1.1 同底数幂的乘法

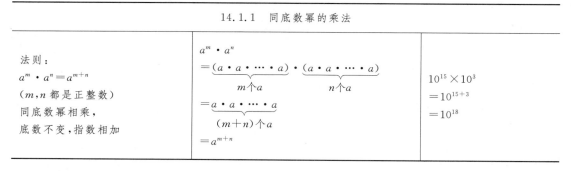

法则: $a^m \cdot a^n = a^{m+n}$ (m,n 都是正整数) 同底数幂相乘, 底数不变,指数相加	$a^m \cdot a^n$ $= \underbrace{(a \cdot a \cdot \cdots \cdot a)}_{m个a} \cdot \underbrace{(a \cdot a \cdot \cdots \cdot a)}_{n个a}$ $= \underbrace{a \cdot a \cdot \cdots \cdot a}_{(m+n)个a}$ $= a^{m+n}$	$10^{15} \times 10^3$ $= 10^{15+3}$ $= 10^{18}$

【案例二】"函数 $y = A\sin(\omega x + \varphi)$ 的图象与性质"教学设计 ①

一、教材分析

"函数 $y = A\sin(\omega x + \varphi)$ 的图象与性质"选自 2019 年人教 A 版《高中数学》必修第一册第五章第六节第一课时,主要包含函数 $y = A\sin(\omega x + \varphi)$ 的图象、性质以及与函数 $y = \sin x$ 的联系等内容。函数 $y = A\sin(\omega x + \varphi)$ 是描述现实生活中周期现象的重要的数学模型,具有丰富的现实背景。本课采用水车轮的圆周运动作为现实模型,从中抽象出单位圆,并借助图形计算器,在带领学生一起观察从 $y = \sin x$ 到 $y = \sin\left(2x - \dfrac{\pi}{3}\right)$ 图象变换的基础上,探究 $y = \sin\left(2x - \dfrac{\pi}{3}\right)$ 的图象及其性质。这一过程既蕴含数形结合的数学思想,又充分体现了信息技术辅助教学的优势。

本课以单位圆上点的运动为背景展开教学,便于学生在认识正弦函数的图象和性质的基础上,将其推广到 $y = \sin\left(2x - \dfrac{\pi}{3}\right)$ 的图象与性质;同时也为后续学习 $y = A\sin(\omega x + \varphi)$ 与 $y = \sin x$ 的联系提供了方法上的支持。

二、学情分析

高一年级的学生正处于形式运算向抽象思维过渡的阶段,具有一定的逻辑推理和分析问题的能力。但由于学生对三角函数与现实生活的联系体会不多,对三角函数的背景和意

---

① 本案例由王思凯提供。

义的了解并不深入,因此教师借助水车轮圆周运动的现实情景,并创设有梯度的问题,引导学生从简单的三角函数 $y = \sin x$ 模型出发,逐步探究函数 $y = \sin\left(2x - \dfrac{\pi}{3}\right)$ 的图象及其性质。

学生在此之前已经学习了三角函数的定义、图象与性质,但是可能缺乏从整体的、联系的高度来认识三角函数的意识,因此,教师需要帮助和引导学生经历从 $y = \sin x$ 到 $y = \sin\left(x - \dfrac{\pi}{3}\right)$ 再到 $y = \sin\left(2x - \dfrac{\pi}{3}\right)$ 图象变换的过程,学会用已有的三角函数知识研究并理解新的三角函数图象及其性质。

此外,由于学生对运动变化现象的直观感受能力较弱,特别是对几个运动的复合与关联所引起的复杂性的感知能力不强,可能导致对 $y = \sin\left(2x - \dfrac{\pi}{3}\right)$ 的图象与性质的理解困难。因此教师要借助图形计算器,把涉及的实际背景、动点的运动变化规律变得可视化,进而实现函数图象的直接生成、相关函数的直接关联。

三、教学目标

【知识与技能】

1. 能从水车灌溉模型中准确抽象出相应的三角函数;

2. 通过三角函数之间的图象变换,理解 $y = \sin\left(2x - \dfrac{\pi}{3}\right)$ 的图象和性质;

3. 掌握、理解 $y = \sin x$ 到 $y = \sin\left(2x - \dfrac{\pi}{3}\right)$ 图象的变换过程及其内在联系。

【过程与方法】

1. 经历从分析现实生活中匀速圆周运动到建立 $y = \sin x$ 等函数模型的过程,体验数学建模的过程及方法,提高几何直观能力;

2. 观察从 $y = \sin x$ 到 $y = \sin\left(x - \dfrac{\pi}{3}\right)$ 再到 $y = \sin\left(2x - \dfrac{\pi}{3}\right)$ 的图象变化过程,经历从特殊到一般的数学探究过程,感知数形结合的思想。

【情感、态度与价值观】

1. 在动手操作图形计算器分析 $y = \sin\left(2x - \dfrac{\pi}{3}\right)$ 的图象及其性质过程中,感受运动变化规律及其数学表征的多元联系性;

2. 借助图形计算器开展探究 $y = \sin\left(2x - \dfrac{\pi}{3}\right)$ 的图象及其性质的数学实验,增强用信息技术探究问题的能力;

3. 从水车灌溉模型出发,结合匀速圆周运动的物理意义及其与三角函数之间的联系进行探究,进一步感受数学与现实及其他学科之间的联系。

四、教学重难点

【教学重点】

通过三角函数之间的图象变换,理解 $y=\sin\left(2x-\dfrac{\pi}{3}\right)$ 的图象和性质。

【教学难点】

能从水车灌溉模型中准确抽象出相应的三角函数,理解 $y=\sin x$ 到 $y=\sin\left(2x-\dfrac{\pi}{3}\right)$ 图象的变换过程及其内在联系。

五、教学方法

【教法】

讲授法、讨论法、多媒体辅助教学法等。

【学法】

探究学习法、合作学习法、自主学习法等。

六、教学过程

环节一:创设情境,导入新知

1.情境创设

【教师活动】PPT 展示如图 6-16 所示的水车图片,提出问题:

1.生活中见过水车吗?

2.了解水车灌溉的工作原理吗?

图 6-16 水车

【学生活动】学生根据自己的实际情况,讲述水车灌溉的原理。

【过渡】PPT 展示如图 6-17 所示的《农政全书》中水车灌溉的图示。

明朝科学家徐光启在《农政全书》用图示描绘了人们利用水车轮的圆周运动进行灌溉的工作原理:河水冲来,水车借着水势的运动惯性缓缓转动着辐条,一个个水桶装满了河水被逐级提升上去,临顶,水桶又自然倾斜,将水注入渡槽流到需灌溉的农田。

图 6-17　水车灌溉

【教师活动】用多媒体设备播放"水车灌溉"的视频,同时讲解工作原理。

2. 新课导入

【教师活动】提出问题:水车上的水桶在做匀速圆周运动,能否定量描述水桶(可视为质点)的运动变化规律?

设计意图:通过古时灌溉的发明——水车引入,一方面可以激发学生学习的兴趣,营造良好的数学课堂氛围,另一方面也可以让学生感受数学来源于生活。

环节二:建立模型,理解新知

1. 建立模型 $y = \sin x$

【过渡】PPT 展示如图 6-18 所示的水车转动的几何模型,点 P 代表水桶。

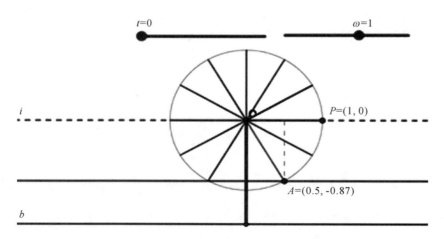

图 6-18 水车转动的几何模型

【教师活动】提出问题：模型里水车在做匀速圆周运动，现在若要确定某一时刻 P 的位置，需要哪些量？

【学生活动】回答问题：水车轮的半径 r、水车轮的转速 ω、P 的初始位置、时间 t 等。

水车的初始状态如图 6-19 所示，设水车轮半径为 1m，并以 1rad/s 的角速度匀速旋转（按逆时针方向）. 试描述水车最右端的水桶 P（视为质点）相对于水车转轴 O 的高度 y 随时间 x 的变化规律：

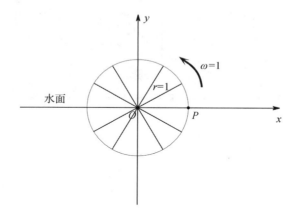

图 6-19 水车的初始状态

· 写出它的函数解析式；

· 画出它的图象。

【学生活动】观察教师事先展示的课件，并回答问题。

【教师活动】如图 6-20 所示借助图形计算器展示点 P 的位置随时间变化的过程，同时介绍如何使用图形计算器画图并观察。

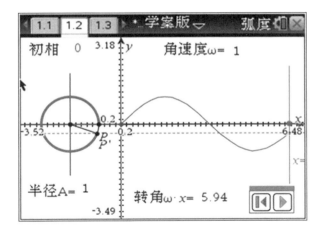

图 6-20　点 P 位置随时间的变化而变化

2.探究 $y=\sin\left(x-\dfrac{\pi}{3}\right)$ 和 $y=\sin x$ 的联系。

水面下降至如 6-21 所示的位置,试描述在出水点 A 处的水桶(视为质点)相对于水车转轴 O 的高度 y 随时间 x 的变化规律:

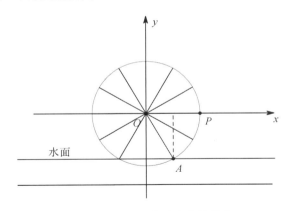

图 6-21　水面下降时水车的状态

· 画图象,并写出其函数解析式;

· 用计算器检验你的判断。

【学生活动】1.根据图形直观,定性画出函数图象;

2.根据单位圆、三角函数的定义,求出函数解析式,并将结果即时上交;预设结果:$y=\sin\left(x-\dfrac{\pi}{3}\right)$;

3.在课件上自主实验(画动点轨迹,输入函数解析式画图象检验)。

【问题】点 A 对应的图象 $y=\sin\left(x-\dfrac{\pi}{3}\right)$ 与点 P 对应的图象 $y=\sin x$ 有何联系?

【师生活动】从图形和代数角度讨论和交流两个图象之间的关系。

$$\left(\text{相差 }\dfrac{\pi}{3}\text{ 的角度,延迟 }\dfrac{\pi}{3}\div 1=\dfrac{\pi}{3}\text{ 的时间}\right)$$

【思考】更一般地:$y=\sin(x+\varphi)$和$y=\sin x$有何联系?

【学生活动】除A点外,学生随便选取一个点,用图形计算器来演示图象,写出解析式,初步体会一般形式下$y=\sin(x+\varphi)$和$y=\sin x$的联系.

设计意图:在建立模型的过程中,让学生学会使用图形计算器,同时初步认识$y=\sin(x+\varphi)$和$y=\sin x$两者之间的联系.

环节三:深入探究,突破难点

1. 建立$y=\sin\left(2x-\dfrac{\pi}{3}\right)$的函数模型

如图6-22所示,下雨天,水的流量增大,水轮转动的角速度ω也随之增加,若角速度增加为2rad/s,则水桶A相对于水车转轴O的高度y随时间x的变化规律如何?

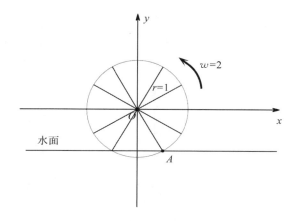

图6-22　雨天时水车的状态

· 写出其函数解析式,并画图象;
· 用图形计算器检验你的判断。

【师生活动】学生交流讨论,尝试使用图形计算器判断;
教师带领学生用图形计算器一起观察总结。

2. 探究$y=\sin\left(2x-\dfrac{\pi}{3}\right)$和$y=\sin\left(x-\dfrac{\pi}{3}\right)$、$y=\sin x$的联系。

【问题】此时点A对应的函数图象与1rad/s时对应的图象有何联系?$\left(\text{即 } y=\sin\left(2x-\dfrac{\pi}{3}\right)\text{和 } y=\sin\left(x-\dfrac{\pi}{3}\right)\text{有何联系?}\right)$

【师生活动】利用图形计算器将两者的图象放在一起,引导学生观察两个图象中同一函数值下对应点的横坐标。

【思考】更一般地:$y=\sin(\omega x+\varphi)$和$y=\sin(x+\varphi)$的关系呢?

【学生活动】类比前面过程,取一个点用图形计算器操作验证。

【问题】$y=\sin\left(2x-\dfrac{\pi}{3}\right)$和$y=\sin x$有何联系?

【师生活动】学生可能会想到将刚刚学习过的内容联系起来，教师通过板书及时引导学生将前后知识连贯起来。

【思考】更一般地：$y=\sin(\omega x+\varphi)$ 和 $y=\sin x$ 的关系呢？

> 设计意图：让学生自主动手操作，一方面熟悉图形计算器的操作流程，另一方面为学习 $y=\sin(\omega x+\varphi)$ 和 $y=\sin x$ 的联系奠定基础。

环节四：总结提升，设疑结课

1. 归纳总结

【问题】这节课我们学习了哪些内容？

【学生活动】自由发言。

预设：1. $y=\sin x$ 向右平移 $\left|\dfrac{\pi}{3}\right|$ 个单位得到 $y=\sin\left(x-\dfrac{\pi}{3}\right)$；

2. $y=\sin\left(x-\dfrac{\pi}{3}\right)$ 图象上的所有点的横坐标缩短到原来的 $\dfrac{1}{2}$，得到 $y=\sin\left(2x-\dfrac{\pi}{3}\right)$；

……

【教师活动】借助板书，和学生一起回顾这节课学习的主要内容。

2. 设疑结课

到了汛期，水位升高，这时可以考虑在水车的每个叶轮上增加一个水桶以提高取水效率，如在 OA 上增加水桶 B，使 $OB:OA=2:3$。

- 水桶 B 相对于水车转轴 O 的高度 y 随时间 x 的变化规律如何？
- 图象如何？
- 它与 A 点对应的函数图象有何关系？

> 设计意图：总结提升可以帮助学生及时巩固和系统掌握新知；设疑结课可以激发学生的好奇心和学习兴趣，为接下来知识的学习做好铺垫。

七、作业布置

【必做题】为了得到函数 $y=3\sin\left(2x+\dfrac{\pi}{5}\right)$ 的图象，只需把函数 $y=3\sin\left(x+\dfrac{\pi}{5}\right)$ 的图象上所有的点（　　）。

　A. 横坐标伸长到原来的 2 倍，纵坐标不变

　B. 横坐标缩短到原来的 $\dfrac{1}{2}$，纵坐标不变

　C. 纵坐标伸长到原来的 2 倍，横坐标不变

　D. 纵坐标缩短到原来的 $\dfrac{1}{2}$，横坐标不变

【选做题】试用水车模型说明函数 $y=\sin 2x$ 的实际意义,利用实际意义画出它的简图,分析它与函数 $y=\sin x$ 的图象之间的关系。

八、板书设计

具体如图 6-23 所示。

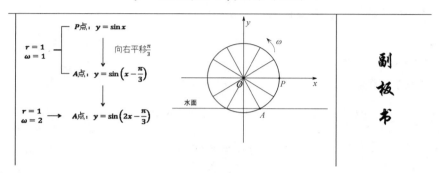

$$y = A\sin(\omega x + \varphi) \text{图象与性质}$$

图 6-23　水车模型的板书设计

【案例三】项目活动设计——特殊的平行四边形①

基于项目的学习(project-based learning,简称 PBL)是对复杂、真实问题的探究过程,也是设计项目任务、规划并实施、精心制作项目成果的过程。在这个过程中,教师组织学生以小组为单位,在基础性课程学习的基础上,围绕核心知识,确定活动主题,通过自主探究、合作学习等方式实现深层概念理解,并完成活动任务。与此同时,教师需向学生提供充分从事数学活动的机会,帮助他们在自主探索和合作交流的过程中真正理解和掌握基本的数学知识与技能、数学思想和方法、获得广泛的数学活动经验。②

基于项目活动的教学设计,通常包括情境导入、结构图、活动建议、实施建议、评价标准五个方面。本案例围绕特殊的平行四边形这一核心内容,进行教学设计,并通过模拟学生活动展示学习成果。

一、情境导入

仔细观察身边的世界,你会发现,许多事物都和"特殊的平行四边形"有关,例如某些单位的电动伸缩门、扑克牌中的方块、地砖的图案等(见图 6-24)。矩形、菱形、正方形这些特殊的平行四边形具有许多实用的性质,而且图形工整、匀称、美观,设计方便,在人们的生活和生产实际中有着广泛的应用。

---

①　该课题设计由武迪、竺坤媛、陈鹏提供。

②　路德维希,徐斌艳.项目导向的数学教学设计[J].中学数学教学参考:教师版,2005(Z1):5-7,10.

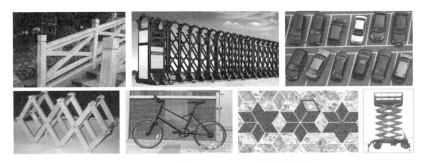

图 6-24 特殊的平行四边形的应用

二、结构图

特殊的平行四边形并不仅仅属于数学世界,它也是艺术、历史、物理等领域的重要概念与现象,与生活联系紧密!(见图 6-25)

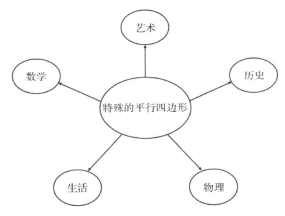

图 6-25 相关领域

想要参加"特殊的平行四边形"里丰富多彩的活动,你可能需要这些数学知识(见图 6-26)。你准备好了吗?

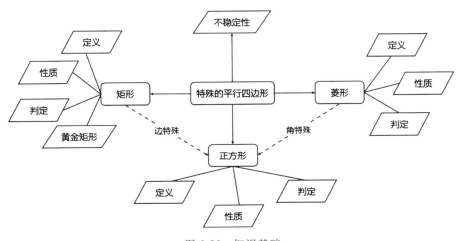

图 6-26 知识基础

三、活动建议

> 平行四边形 Family Tree

平行四边形、矩形、菱形和正方形共同构成了"平行四边形家族",它们之间存在着什么样的联系和区别呢?让我们制作一份平行四边形家族的族谱(family tree)来梳理一下!

◇ 所需的数学知识:平行四边形、矩形、菱形及正方形的定义(边、角、对角线、对称性)、性质、判定等。

◇ 所需材料:白纸、直尺、彩笔等。

◇ 活动形式:搜集整理关于平行四边形、矩形、菱形及正方形的相关性质定理,找出这些图形之间的联系,构建平行四边形家族的族谱。

◇ 成果形式:小海报。

> 奇妙的黄金矩形

宽与长的比是 $\frac{\sqrt{5}-1}{2}$(约为 0.618)的矩形称为"黄金矩形"。"黄金矩形"给我们以协调、匀称的美感,在很多艺术品及大自然中都能找到它。请同学们寻找一下生活中的"黄金矩形",并自己设计一款精美的产品吧!

◇ 所需的数学知识:矩形的性质、比例等。

◇ 所需材料:大卡纸、直尺、彩笔、相机等。

◇ 活动形式:①借助图书、网络等搜集黄金矩形在实际生活中的应用;

②实地观察,用相机拍摄身边的"黄金矩形";

③自己动手,利用"黄金矩形"设计一款产品。

◇ 成果形式:PPT 或数学板报呈现——"黄金矩形"的应用;

产品实物或设计图。

> 宝藏"菱形"

观察一下学校大门口的电动门、装修工人用的电动升降机,我们发现这里的图形大多都是菱形,可见菱形在生活中的用途广泛。恰逢世界环境日,请同学们利用身边的废旧物品,结合菱形的性质来制作一个实用的产品吧!

◇ 所需的数学知识:平行四边形、菱形的性质与特点。

◇ 所需材料:木棒、大头钉等。

◇ 活动形式:收集生活中的废旧物品(如木棒等),根据菱形的性质制作出对生活有用的产品,变废为宝。

◇ 成果形式:产品实物或设计图。

> 我们的生活离不开特殊的平行四边形。

四、实施建议

这里我们提出了 3 个活动建议,大概需要 2.5 个学时来完成。这 2.5 个学时又可分为如下几个阶段。

第一阶段(共 0.5 学时):完成知识点的复习后,全班一起讨论本次项目活动的主题,根据各自的兴趣,选择活动项目。自由组合,分小组进行活动。每个小组各自制订活动计划,并按照计划开展活动。

第二阶段(共 1 学时):小组成员要明确自己在分组活动中的角色,合作完成项目。教师组织一场小组的预备讨论会,各小组初步展示项目的完成情况,对开展活动过程中遇到的困难和存在的不足,进行组间讨论,教师给予指导意见,小组成员采纳有效的建议继续完成项目。

第三阶段(共 1 学时):正式汇报。教师策划成果展示会,各小组呈现活动过程、项目成果,并对其原理进行解说,现场回答其他小组同学的各种疑问,交流学习心得。教师进行总结。

五、评价标准

项目活动的评价分为自评和他评。

表格一式两份,自评表与小组成果作品放在一起,另一份交由教师进行打分(见表 6-11)。

表 6-11 项目活动评价

具体内容	评价	高(5)	较高(4)	一般(3)	较低(2)	低(1)
项目过程	信息收集与分析					
	动手实践					
	合作交流					
项目结果	任务完成情况					
	创新程度					
项目展示	成果质量					
	讲解情况					

✳ 练习题

1.以 2013 年人教版《数学》(八年级下册)第 19 章第一节"函数"(第一课时)为例,确定教学目标并进行教学设计。

2.以 2019 年人教 A 版《高中数学》必修第一册第三章第二节"函数的基本性质"(第一课时)为例,确定教学目标并进行教学设计。

3.结合具体内容谈谈在教学实践中如何确定教学目标,设计教学过程、问题情境、教学活动与课堂结尾。

4.结合具体内容谈谈在课堂上如何处理好信息技术与教学板书的使用,并说明如何设计板书。

✳ 拓展阅读

1.叶立军.数学教师课堂教学行为研究[M].杭州:浙江大学出版社,2014.

2.何小亚,姚静.中学数学教学设计[M].北京:科学出版社,2008.

3.马复.设计合理的数学教学[M].北京:高等教育出版社,2003.

4.曹一鸣,于国文.中学数学课堂教学行为关键性层级研究[J].数学教育学报,2017,26(1):1-6.

5.曹丽丽.数学课堂教学巧用板书[J].教学与管理,2007(32):21-22.

第七章　数学教学实施

❋ **学习目标**

(1)了解国内外主要的教学方法,知道主要的数学教学方法的应用条件。

(2)理解教学方法的选择依据,在教学设计中能选择合适的数学教学方法。

(3)掌握数学课堂教学选择教学方法的策略。

(4)结合实际进行说课和说题,并能根据要求进行备课与评课。

❋ **导　语**

数学是一门高度抽象且具有严密逻辑体系的学科,其在社会生产生活中有着非常广泛的应用,对于促进社会的发展以及提升人的思维水平起着不可或缺的作用。作为一线数学教师和数学教育工作者,肩负着帮助学生掌握数学知识技能的重任。要想实现这一目标,除了教师自身的数学功底外,还要求教师能够灵活运用合适的教学方法,有效实施数学教学。

在日常教学实践中,数学教育工作者都需要经历备课、说课、说题、评课等活动,在提升课堂教学效果的同时,强化自身的专业修养,以更好地开展数学教学工作。

因此,这一章,我们将介绍如何进行数学教学实施。

第一节　数学教学方法

任何教学活动的开展,都需要教师选择一定的教学方法。当教学内容和其他条件确定后,教学方法是能否取得预期教学效果的关键性因素。本节将介绍国内外主要的数学教学方法,以期帮助教师更好地理解并实施教学。

一、教学方法概述

教学方法是为实现既定的教学任务,师生共同活动的方式、手段和办法的总称,是教师创造性地指导学生经历知识发生发展过程的科学方法。它是教师施教和学生受教,促使学生身心发展的、师生共同参与的活动方法。

教学方法源于教学实践,教育实践活动是教学方法的源泉。例如,我国著名的小学数学教学专家邱学华先生自 1980 年始,历经 20 多年的实践、研究、再实践与再研究,不断探索而形成了一种在我国数学领域内影响非常广泛的数学教学方法——"尝试"教学法。又如,20世纪 50 年代,美国斯金纳继承普莱西教学的主要原理,针对教学当中出现的问题以及需要强化的知识点,进一步完善了程序教学法。

教学方法有其历史制约性和继承性[1],它的产生与发展不仅受到社会条件的制约,不同的世界观对其也有重大的影响。第二次世界大战后,世界各国普遍重视提高学生素质与培养学生能力的教学,从而启发式教学方法在学科教学中得到普及。20 世纪 60 年代美国数学心理学家和教育家、结构主义教育思想的代表人物布鲁纳结合当时的社会经济发展需要及特点,提出将发现学习作为儿童教学的主要方法,以鼓励儿童发现知识的奥妙并掌握学科结构,"发现式"教学法由此应运而生。

二、国内外传统教学方法简介

在人们长期的教学实践过程中,形成了一些相对稳定的教学方法,例如,依据教学活动的外部形态及在这种形态下学生认识活动的特点区分,一般有教师讲授法、师生谈话法、学生讨论法、学生活动法、自学辅导法及案例教学法等常见的教学方法。

(一)教师讲授法

教师讲授法作为教学史上最常用的一种教学方法,是指教师通过特殊的教学语言,系统连贯地向学生传授知识、引导学生认识问题,并培养其能力的方法。教师讲授法的基本步骤包括:准备—导入—讲解—总结。教师在运用讲授法教学时需注意数学语言的准确性和逻辑性,注重体态语言的运用,讲解内容时要从具体到抽象,强调启发性。

从教的方面看,讲授法是一种传授式教学。该方法能保证数学教师传授知识的主动性、系统性与连贯性,易于掌握课堂教学进度,有利于班级教学,在一定程度上解决知识量的广度、深度及学生认识的有限性对课堂教学进程所造成的困难。但从学的方面看,讲授法是一种接受式学习方法。学生在其中更多处于一种被动地位,不易发挥学习的主动性、独立性、实践性和创造性,由此不利于培养学生学习数学的内在动机。长期单一地使用讲授法易造成学生被动接受数学知识,不利于培养学生发现数学的眼光与思维。

---

① 傅岩,吴义昌.教育学基础:第 2 版.[M].2 版.南京:南京大学出版社,2019:287.

(二)师生谈话法

师生谈话法是指教师通过师生问答的方式引导学生理解、获取并巩固知识的方法。该方法的基本环节包括:第一,提出要讨论的问题;第二,将提出的问题数学化(若需要),并解释问题的含义;第三,组织讨论,鼓励学生形成交流和争辩的气氛,遇有突破性的建议及时认可,留待下一步考察其可行性;第四,逐个考察已获全班学生初步认可的建议的可行性,然后请学生总结经验教训,积累学习经验。

运用师生谈话法需要注意以下三点:一是问题的启发性和牵引性。例如,提出"这是一个属于什么类型、范围或性质的问题?""是不是曾经碰到过类似或相似的问题?""这个问题可能与哪些知识点产生联系?"等等,而不是提出"这个问题是不是可以使用配方法?"或者"你们能不能使用正弦定理?"等只需要简单回答"是"或"不是"、"能"或"不能"的问题。二是构建教师与学生之间互相合作、互相启发的"师生互动"的教学形态。问答过程中需要形成教师与学生共同参与活动、共同面对问题的民主气氛,避免出现教师通过问题一味"考问"学生的教学形式。三是强调教学目标的一致性、连贯性和集中性,通过问题的预定目标,或者围绕中心问题环环相扣、层层递进而达成目标。

(三)学生讨论法

学生讨论法是指学生根据教师预先制定的教学问题纲要逐一展开讨论,由此获取知识的方法。学生讨论法的基本环节包括:第一,宣读讨论提纲,引领讨论目的。若有必要,可事先给每人发放一份讨论提纲。第二,将学生适当分组,兼顾学生的个性、熟悉程度、合作意向。第三,组织讨论,教师巡视引导。第四,各小组选取一名代表汇报讨论结果。第五,师生回顾总结讨论过程,并对结论与解决的方法给予分析评价。

学生讨论法与师生谈话法的相同之处在于,以问题为引导开展教学活动,但其教学问题纲要由教师明确提出,并给出要求和达成的目标。而且讨论的组织形式以学生分组合作思考为主,构成学生与学生之间互相合作、互相启发的"生生互动"的教学形态,教师主要起统筹兼顾、整体指导的作用,对学生的讨论不做直接干涉或评论。另外,教学目标的设置采用由小到大、螺旋递进的方式。每个子目标由各小组的独立意见综合评价,统一定论,然后进入下一个环节。

(四)学生活动法

学生活动法是指学生在教师的指导下,通过实验、实际操作、实地测量或参观等多种方式,了解、体会事物发生、变化的过程,来探求事物的规律,以提高认识、获取知识和发展能力的方法。该教学方法的基本环节包括:第一,导入。教师通过新课导入,激发学生兴趣,唤起探究欲望。第二,展开。教师引导学生主动探究新知,为学生提供参与的条件和机会,使不同层次的学生都有参与的信心和行动。第三,深入。教师通过深层诱导充分展现学生思维过程,学生积极参与讨论、争论,主动发表想法。第四,拓展。教师组织学生参与练习及评价、小结等,深化知识理解。

学生活动教学法以教师组织和指导的方式辅助学生自主学习,教师由学习过程中显性的决策者转变为学习过程中隐性的参与者,促进学生独立活动的展开,为学生提供有心理安全感的宽松、愉悦的学习环境。学生活动教学法可以采取分组教学的形式,分组需注意不同学生的学习程度,便于教师协助学生进行个别辅导以及其他方式活动的展开,同时可以培养学生的团结协作精神、竞争意识及评价能力。在具体实施过程中,教师需要注意:一是活动目的要明确,即为提高课堂教学效益、发展学生思维服务,不能单纯追求形式和趣味。二是注意活动设计中的"数学化"含量,且符合学生的认知特征。三是强调活动过程的动态生成,不只是外显的操作、实验等,也包括学生思维的内化。

(五)自学辅导法

自学辅导法由卢仲衡教授于20世纪60年代提出,是指学生通过独立收集资料,寻求方法,探索真理,教师予以适当的辅导指点,从而获取知识、发展能力的方法。自学辅导法的基本环节包括:第一,启,即每节课教师的开头语,由教师向全班进行启发,从旧知识引入新问题,明确要学习的目的。第二,读,即学生根据自学提纲,以粗读、细读、精读的方式阅读、理解和钻研课本,回答自学提纲上的问题。第三,练,即学生通过动脑、动手在练习本上做练习,尽量做到落笔准确。在学生阅读课本并回答了自学提纲的问题之后,教师校正答案、解释重难点,学生将自学到的知识进行运用并检查自学情况,加深对知识的理解和巩固。第四,知,即学生及时校对答案,自我纠正。第五,结,即对本节内容的总结,可以是先学生总结,再教师或其他学生进行补充,也可以教师引导全体学生进行小结。

自学辅导法从学生实际出发,适时调节自学水平不同的学生的学习过程,为学生提供一个宽松自由的、有安全感的学习环境。自学能力强的学生在完成学习任务后,可以自主学习更多课外知识;而自学能力弱的学生可以在教师指导和同学帮助下,更好地完成学习任务。学生充分调动自己已有的知识经验,在开展独立自主的思维活动、自己理解知识的基础上,积极主动地与教师和同学开展交流,以实现对数学知识多层次、多侧面的理解。当然,学生独立活动并不意味着取消教师的主导作用,自学并非无师自通。在学生自学、自练、自检的过程中,教师需要根据不同学生的不同情况进行有针对性的辅导。

(六)案例教学法

案例教学法是以案例为媒介,教师提出案例供学生思考讨论,学生从中获得知识,并提升综合能力。它最早于1870年左右应用于法学教育,是美国、加拿大等国家法学院最主要的教学方法,后来被广泛用于其他学科,例如医学、经济学、管理学、社会学等。案例教学法的基本环节包括:第一,寻找具有鲜明代表性的案例为学生创设问题情境;第二,学生对案例进行分析讨论;第三,学生在情境中掌握理论知识并总结规律;第四,学生创造性地将知识与实践相结合,找到更多的实际生活范例或提出解决实际问题的思路与方法。

在案例教学法中,学生是积极的知识探究者,在边做边想中提升自我,而教师重在为学生创设可供独立探究的情境。同时教师需要注意的不仅仅是结论本身,更要关注学生在案例分析与讨论过程中的思维发展,以及发现问题与解决问题能力的养成。一个成功的案例应能驱动学生的好奇心,使其对探究未知的结果产生浓厚的兴趣。教学的着眼点应放在学生的自主发现上,教师的主导作用便在于引导学生深化发现,加深理解。

三、国内外近代教学方法简介

随着教育思想的更新迭代,教学领域内不断有新的教学理论形成,教学方法也有了很大的革新,下面介绍当前国内外颇为盛行的几种新的教学方法。

(一)读读、议议、讲讲、练练教学法

读读、议议、讲讲、练练教学法又称八字教学法,是上海市育才中学于 20 世纪 70 年代首先总结提出的。所谓读,就是引导学生自学教材和参考书,写读书笔记,这是教学的基础;所谓议,就是学生之间开展讨论,主动探究问题,这是教学的关键;所谓讲,就是教师解惑,可以教师讲解,也可在教师指导下由学生讲解,这是教学的重要环节;所谓练,就是让学生亲自动手练习,这是学习、巩固知识的重要途径。

这种方法的优点是将读、议、讲、练穿插进行,能够充分调动学生的学习积极性,有利于提高课堂教学效率,减轻学生课外负担,有利于培养自学能力、表达能力和创新精神,但教学过程不易控制。

(二)单元整体教学法

单元整体教学法由北京市景山学校于 20 世纪 60 年代初系统提出①,是根据知识结构和学生水平将教材划分为若干单元,并分 4 个步骤进行:第一,自学探究,教师对本单元的学习目的、方法进行简短提示和引导,学生阅读教材并提出问题、展开讨论;第二,重点讲解,教师简要讲解本单元的重点、难点和易混淆点;第三,综合训练,学生在模仿教材做一般性练习的基础上,着重研究那些综合性、技巧性的练习;第四,总结提高,在学生对本单元进行整理与归纳的基础上,教师予以深化、提高,即由学生的"自我总结"过渡到师生的"共同总结"。

单元整体教学法的核心是在教师充分掌握教材并了解学生的基础上,找到学习这部分内容的知识结构和学生主动学习这部分知识的认知结构,当两者有机地结合起来(即找到最佳点)时,教学就能取得明显的效果。其优点是以教材为主线,有利于培养学生的自学能力和探究精神,有利于获得比较系统、完整的知识。

(三)六课型单元教学法

六课型单元教学法由武汉师范学院黎世法同志于 20 世纪 80 年代中期提出②,是将中学生学习书本知识的 8 个环节中的 6 个主体环节改为相应的课型,即课前自学改为自学课,专心上课改为启发课,及时复习改为复习课,独立作业改为作业课,解决疑难改为改错课,系统小结改为小结课,然后根据现行教材的不同特点和内在联系,以及所教班级学生的实际接受能力,划分为若干单元,最后依次通过 6 种课型进行教学。其中:自学课,即学生根据教师要求自学教材;启发课,即教师进行重点讲解;复习课,即教师指导学生独立复习;作业课,即教

---

① 王海青.论整体主义教学[J].全球教育展望,2019,48(4):34-44.
② 苏春景.中国特色教学流派视角下尝试教学理论的生成机制及其启示[J].课程·教材·教法,2016,36(5):45-52.

师指导学生独立完成作业;改错课,即师生共同批改作业;小结课,即将知识技能概括化、综合化。这种方法既可减轻学生的学习负担,也可减轻教师批改作业的负担。

(四)发现式教学法

发现式教学法又称问题教学法,由美国著名心理学家布鲁纳于 20 世纪 50 年代首先倡导,是让学生自己发现问题、主动获取知识的一种教学方法。[①] 布鲁纳从青少年好奇、好学、好问、好动手的心理特点出发,提出在教师指导下,通过演示、实验、解答问题等手段,引导学生像当初数学家发现定理那样去发现知识,以便培养他们研究、探讨和创造的能力。发现式教学法因其思维方法的不同,又可分为类比法、归纳法、剖析法、学习迁移法和知识结构法等。

该方法的基本环节包括:创设发现情境—寻找问题答案—交流发现成果—小结发现成果—运用发现成果。发现式教学法使学生既学到知识,又学到科学的思想方法,有利于激发学习兴趣,培养创造能力,但因其耗时较多,不利于学生掌握系统的知识和形成必要的技能技巧,也难以普遍加以运用。

(五)程序教学法

程序教学法由美国心理学家和教育学家斯金纳于 20 世纪 50 年代根据行为主义心理学理论和控制论原理提出[②],是指学生按照一定程序独立地获取知识,其基本思想是将学生掌握知识、技能与技巧的过程程序化,使学生按程序进行独立的、个别化的学习。

程序教学法的基本环节包括:精选教材内容,编写成包括课本、练习和答案在内的程序教材,或借助计算机和其他教学仪器将教材内容予以呈现;学生按照程序,边看教材做练习,边对照答案,及时获得反馈信息,以不断调整自己的学习活动,遇到困难再由教师进行个别或集体辅导。程序教学法又可分为基本程序法和复合程序法两种。

这种教学方法的优点是能充分调动学生的学习积极性,因材施教,有利于培养学生的自学能力、动脑动手的能力。数学教学中恰当地运用程序教学法,会起到提高教学质量的作用,但并非所有内容都易做到程序化,况且学生的活动过于程式化,会削弱教学的教育性,从而不利于学生智能的发展。

除上述教学方法之外,还有很多其他的教学方法,例如研究法、问题讨论教学法、MM 教学法、学导式教学法等。我们会发现,这些新的(相对于传统的)教学方法,都突出地反映了当前一些教学方法的共同特点,即注重对学生智力的开发与培养,注重对学生学习心理的探讨和学法的研究,注重教师的主导作用和学生的主体作用相结合,注重对传统教学方法适当的保留并加以改进。在教学中要正确处理好传统教学方法与新教学方法之间的关系,在运用好传统教学方法的基础上,慎重选用新的教学方法并努力实践。

四、选择数学教学方法遵循的原则

数学教学方法的选择除了需要遵循启发性原则、循序渐进原则、因材施教原则等一般的

---

① 郭琼.现代教育技术[M].北京:人民邮电出版社,2012:263.
② 王天平.学案导学:要求、条件、策略及局限[J].课程·教材·教法,2014,34(8):104-109.

教学原则,还需要遵循以下一些原则。

(一)符合学生的年龄和心理特点

不同年龄段的学生有着不同的认知特征和年龄特点,例如初中低年级的学生在数学课上一般对教师的提问都有很高的积极性,这种与年龄和年级相适应的行为表现,为启发式教学和发挥学生的主动性、积极性创造了有利条件。而学生进入初三或高中以后,主动回答问题的积极性明显降低,若仍采用与低年级相同的教学方法,一定不会取得好的教学效果。因此教学方法的选择要适应学生的年龄和年级特点。

(二)考虑学生的能力基础

不同阶段的学生表现出不同的能力水平,例如初一学生只具备简单的运算和逻辑推理能力,以及初步的分析问题、解决问题的能力,但随着年级变化,相应的数学能力会有明显提高。教师的课堂教学方法必须建立在学生各阶段能力发展的基础上,这样才能有利于激发学生学习的积极性、主动性和创造性。

(三)适合知识类型和学科特点

数学教学内容大致可分为概念性、论证性、运算性、复习练习性、考试总结性等方面。不同性质的知识对学生来说有不同的要求,教师应根据教学目的、要求和学科知识特点,采取不同的教学方法。

五、数学教学方法的选择过程

具体包括以下方面。

(一)分析教学内容

教学内容的分析是选择教学方法的一个重要环节。它将直接影响教师对学习水平的确认、教学目标与学习目标的确定及教学媒体的选择等各个环节。一般来说,对教学内容的分析可从 3 个方面进行:一是建构教材内容的知识体系,二是确定知识点,三是确定教学内容的重点和难点。

(二)确定教学目标

教学目标是教师和学生从事教学活动的指南和出发点,同时也是评价教与学的依据,是影响教学方法选择的重要因素之一。教学目标及其层次水平的不同会影响所选择的教学方法。从学生主体出发,教师不仅要确定教学目标,还要制定相应的学习目标,全面考虑认知、情感和技能领域的目标。

(三)了解学生特征

教学方法的选择以适应学生的基本特征为前提。分析学生特征一般可从 3 个方面入手:一是了解学生的一般特征,注意学生的心理活动和社会特点;二是了解学生的能力,主要分析学生从事特定学科内容学习的准备状态,即已经具备了的有关知识技能的基础以及对学习内容的态度;三是了解学生的学习风格,即学生对感知的不同刺激,并对不同刺激产生影响的所有心理特征。

(四)了解教师自身的特征

教师自身的特征是选择教学方法的主观条件。教师在教学中表现出来的不同特征,包括教育教学观念、教育与教学理论知识的储备、语言表达能力、教学研究能力、媒体应用能力、教学经验与教学风格等,直接影响教学方法的选择。很显然,教师在选择教学方法时必须充分考虑这些因素。只有符合自身的条件,才能让教师所掌握的教学方法发挥良好的作用。

(五)确定教学组织形式

教学活动是通过一定的组织形式实现的。如何把教学内容教给学生,如何组织好教师和学生,如何有效地安排教学时间和空间,如何发挥教学媒体的作用,等等,都是教学组织形式需要解决的问题。任何教学方法最终都将具体落实到一定的组织形式之中。在课堂教学中,怎样选用合适、有效的教学组织,显然是教师重要的教学智慧之一。需要注意的是教学组织形式不存在唯一的、万能的,良好的教学方法应选择最佳的、最适用的组织形式。

(六)分析教学环境

教学活动在一定程度上依赖于教学环境,例如,同样是"立体几何"内容的教学,具备白板等信息技术的多媒体环境显然能为教学方法的选择提供更多的可能性。因此,教师在教学时要分析教学环境,根据教学环境来选择合适的教学方法,最大限度地利用现有条件辅助教学。

(七)选择适宜的教学媒体

在现代信息社会下,新教学媒体层出不穷,为教学提供了无限可能。教学媒体选择的适合与否直接影响教学效果的好坏。在选择教学媒体时,需要考虑以下几点:一是适合度,即教学媒体是否适合于特定的教学内容;二是难易度,即教学媒体是否适合学习者的智力水平、知识水平等。应综合考虑教学要素而选择合适的教学媒体,同时,应根据教学内容和教学目标的需要及各种媒体的特性,扬长避短,互为补充、有机地选择教学媒体,充分发挥整体功能大于各个部分之和的作用,从而优化教学过程。

六、数学课堂教学方法的选择策略

(一)根据数学学科特点选择教学方法

数学课堂教学方法的选择,应首先考虑数学学科的特点,关注数学知识内容的特征,然后决定师生活动方式。第一,学生通过课前预习和共同研究探讨能够理解的数学概念、定理的证明、公式的推导等,应先由学生自学再教师讲解。例如,相似三角形的性质、二次根式的乘除法等课时的教学。第二,对于概念性较强的内容,可由教师列出富有启发性的提纲,学生根据提纲阅读教材,再根据提纲回答问题。例如,函数的概念、实数的概念和性质等课时的教学。第三,对于定理和公式应用等的内容,其多以例题的形式出现,可先让学生边看边做,再由师生共同归纳总结,从中寻找规律性的知识和方法。例如,待定系数法、相似三角形应用举例等课时的教学。第四,对于以运算性、思考性为主的内容,给予学生充分的时间,进行思考、回答、练习。例如,多项式乘法、因式分解等课时的教学。第五,对于有多种证法的定理、公式、性质,或一题多解的例题等,可以组织学生边看边练,或先集中阅读,然后分组讨论,最后教师在学生发言的基础上做总结式的讲解。也可由教师先提出问题,列出提纲,然后学生自学讨论,再由教师讲解,最后学生练习。例如,相似三角形的性质、全等三角形的判定等课时的教学。

(二)根据学生心理发展特征和能力基础选择教学方法

中学阶段是学生生理、心理和智力发展较快的时期,这一时期的学生受心理特征和能力基础的制约,在求知欲、探索知识的能力、分析问题和解决问题的能力等许多方面都存在较大的差异,因而数学课堂教学方法的选择要适应学生的个体差异。对于中学低年级的学生,应营造科学、和谐、愉快的学习氛围,教学内容的引入尽量贴近生活,促使学习成为一种乐趣,成为学生的一种自觉行为。教师要从加强课堂阅读教学入手,培养学生的自学能力,同时也要注意避免因强调增加学生的活动时间而忽视教师的讲解作用,必须适时发挥教师"讲"的作用。

初三或高中阶段的学生主动回答问题的积极性较低,但独立思考能力进一步加强,分析问题和解决问题的能力有很大的提高。教学方法的选择上要体现教师引导、实践操作、自主探究、合作交流。第一,教师引导。教师是数学学习的组织者和引导者,不能因强调学生的主体地位,而削弱教师的主导作用。中学高年级阶段教师的讲授必须有明确的目的性和强烈的针对性,注意节奏和时间变化,否则长时间的讲解易挫伤学生的学习积极性。第二,实践操作。中学高年级学生的自学能力普遍有所提高,操作活动与实践经历可帮助他们理解抽象的数学,教师应善于组织学生进行实践活动。第三,自主探究。学习是知识内化的过程,教学方法的选择应充分发挥学生的自主探究性,帮助学生建构其良好的知识结构。第四,合作交流。教师应处理好师生之间的关系,多利用小组学习等方式,促进学生的合作与交流,既能促进学习更为高效,也能培养合作学习的习惯与交流的能力,更好地推动学生发展。

数学课堂教学因教师的差异,不存在固定的模式。教师对教材内容理解、体会和掌握的深度不同,课堂教学方法的选择也不尽相同,并且也不应该有固定的模式。教学方法需体现"因人而异,因书而异"。实际而有效的数学课堂教学方法必须能够体现教学规律、认知规律和数学学科特点,如此才能提高教学质量。

第二节　数学教学行为

一、教学行为的概念

关于"行为"的研究可追溯至 20 世纪 20 年代初。广义而言,"行为"并非人类的专利,动物同样也存在行为,它是指有大脑的动物的机体运动状态[①];狭义而言,行为仅指人的行为,是指人有目的的活动,包括人的需求、动机、态度、观念、意志、情感等在行为上的表现,是一种有目的、有意识并在一定力量支配下的自觉的能动活动。教师行为作为一种角色行为,除了具有人类行为的特点外,还具备教师身份的行为特征,是教师在教育过程中采取的行为方式的总和,其核心就是教学行为。[②]

那么,何谓教学行为? 施良方、崔允漷将教学行为视作"教师引起、维持与促进学生学习的所有行为",并将其划分为主教行为、辅教行为与管理行为。傅道春从教师行为的性质出发,将教学行为定义为"教师在教学过程中,依据教学经验和教学内部关系,对实施中的可操作因素的选择、组合、运用和控制的工作行为。它包括对各种教学要素的专业理解与教学运行中的设计、程序、手段、方式和方法"。[③] 柳夕浪在施良方等人的基础上,提出用"行为"整合错综复杂的教学动态变化,主要表现为教学情境中的讲解与聆听、提问与应答、解释与分辨、辅导与练习。[④] 刘志军等人立足于课堂教学的发展过程,指出课堂教学行为有 3 个方面的含义:第一,课堂教学行为区别于个别教学行为,它是以班级为单位的教学活动。第二,根据教学发生的环节,教学行为具体表现为备课、上课、作业批改与辅导等形式。由此可知,课堂并非教学行为发生的唯一空间,教学的时间也不仅仅是指上课的时间,从这个意义上看,教学的空间扩大了,时间延长了。另外,教师的教学是以课堂为主要阵地,采取班级授课的形式组织教学;教师备课和学生预习属于课堂前行为,是上课前的必要准备,而作业布置、批改、课后辅导和教学反思属于课堂教学后行为,是为巩固与保持教学成果采取的必要行为。第三,从时空特定的视角看,课堂教学行为是"截取上课这一特定时间段内的教师与学生在教室中开展的教学活动"[⑤]。

根据上述学者的观点,目前学术界关于教学行为的理解主要分为两种。一种观点主张教学行为等同于教师的"教",其行为主体只有教师一方,相应地,教学行为就是教师行为。另一种观点认为,教学任务中教师的"教"与学生的"学"是同时进行的,由于学生行为的发生同样带有目的性与意识性,若将学生行为排除在教学行为之外是失之偏颇的。他们主张教学行为的主体除了教师之外,还应包含学生,因此教学行为指教师和学生的行为。事实上,

① 王海明.行为概念辩难[J].北京大学学报(哲学社会科学版),1999(6):59-65.
② 唐松林.教师行为研究[M].湖南:湖南师范大学出版社,2002:7.
③ 傅道春.教学行为的原理与技术[M].北京:教育科学出版社,2001:1.
④ 柳夕浪.课堂教学临床指导[M].3 版.北京:人民教育出版社,2011:4.
⑤ 陈实.课堂教学行为研究:基于教学行为三层次分析的视角[M].北京:科学出版社,2018:2.

两种观点的分歧缘于认识角度的不同,前者以教师视角解释教学行为,强调教学中教师的角色行为,而将学生视作教学行为的对象;后者从教学活动的构成角度解释教学行为,强调教学活动是由教师"教"与学生"学"两方面构成的,教师进行教学时,学生同样会做出反馈以回应教师的行为,进而将教学活动中的主体及主体间的关系都纳入概念。[1]

二、教学行为的特点

教学行为的特点包含以下几个方面。

第一,目的性。教学活动是学校教育的重要组成部分,它是一种有目的、有计划地培养人的组织活动,教学目的是所有教学活动的出发点和归宿。产生于教学活动中的一切教学行为服从于教学目的,教学目的决定所有的教学行为并将其直接指向特定的对象——学生。[2] 例如,为了让学生更好地理解数学公式而演示推导过程,为了调动学生学习积极性而创设学生熟悉的问题情境,为了激发学生高阶思维而设置思考题,为了提高学生的数学表达能力而引导学生说出思维过程等。因此,教学行为具有目的性,直接作用于学生的学习。

第二,情境性。勒温将人的行为与情境结合起来进行研究,并指出为了理解或预测行为,必须把人及其环境看作一种相互依存因素的集合。他把这些因素的整体称作该个体的生活空间,用函数式 $B=f(PE)=f(LS)$ 来表示(B 表示行为,P 表示行为主体,E 表示环境,LS 表示生活空间)[3]。该式表明行为是生活空间、行为主体与环境的函数,简而言之,人会影响行为,情境也会影响行为。由于教学活动发生在特定的时间与空间中,课堂教学行为带有情境性的特点。

第三,个体创造性。教师的工作主要是在日复一日地备课、上课、辅导、作业批改及组织各类活动中动态循环,其教学行为必然极具创造性。正如苏霍姆林斯基所言,教师劳动创造性的最重要特征之一是他的工作对象——儿童——经常在变化,永远是新的,今天同昨天就不一样。教师不可能用同样的方式对待每一届学生,也不可能用不变的方法就使学生得到优质的教育。教师的劳动是充满创新性的,是教师基于对自己职业的理解而进行的富有个体创造性的劳动。

三、教学行为的分类

对教师教学行为进行划分是开展教学行为研究的前提与基础。界定教学行为概念的殊异使得教学行为有多种分类方法。典型的分类方式有以下几种。

第一,基于教学流程对教师的教学行为进行分类,依据这一标准进行分类的研究将教学行为界定为教师行为。有学者按照教师在教学活动中的表现将教学行为划分为备课行为、导入行为、教学手段的运用行为、师生互动行为、课堂管理与评价行为。也有学者按照教学

---

[1]　刘桂辉.走向自主:教师教学行为转变研究[D].武汉:华中师范大学,2018.
[2]　高巍.课堂教学行为观察与评价研究[M].武汉:武汉大学出版社,2019:44.
[3]　鲍里奇.有效教学方法[M].易东平,译.南京:江苏教育出版社,2002:12-36.

流程分为课前准备行为、课堂实施行为和课后评价行为。[①]　其中,课前准备行为与课后评价行具有铺垫、反馈与反思的作用,而课堂实施行为既是教学准备的表现,也是课后评价的源泉。

第二,基于教学行为功能对教师的教学行为进行分类。傅道春等人以师范生为研究对象,系统分解研究教学行为,分为教师基础行为(体态语、口头语、书面语、课程语)、教师组织行为(人格适应、环境适应、师生关系)、教师技术行为(教学设计、导入讲解、提问、课堂管理、多媒体使用、练习、试卷编制、教学诊断)。施良方与崔永漷依据课堂中发生的主要教学行为及其发挥的功能,将教学行为分为主要教学行为(主教行为)、辅助教学行为(助教行为)、课堂管理行为,其中主教行为又分为呈示行为、对话行为和指导行为。[②]

第三,基于教学行为的情境性对教师的教学行为进行分类,即以教师在教学活动中所扮演的特定角色为标准。柳夕浪指出教师在课堂教学活动中扮演着信息交流者和活动组织者两个基本角色,因而将教学行为分为教学交往行为和课堂管理行为。[③]　前者因师生双方在交往过程中的地位差异与发挥的作用不同,而呈现出讲授教学、对话教学、活动教学3种不同类型的行为模式;后者指教师为实现教学目标而协调课堂中的人、事、时、空等因素的行为。

根据上述分类方式,我们可以看到,目前我国关于教学行为类型的研究存在两种不同的取向。一种是任务取向的分类方式,依据教学流程或教学行为功能而进行的分类侧重从外显的行为入手,关注教师在教学情境中的表现,为提高教师的教学效率,优化教学行为提供指导意见。另一种是角色取向的分类方式,以教学行为的特点之一———情境性为分类视角,根据教师的角色结构及其与学生的互动为分类依据,重点探讨教师在教学任务中的行为关系、行为目的、行为意识等与教师身份相关的行为特征,为加深教师对教学行为的理解及提升教师的角色意识提供参考。虽然两类研究的取向存在差异,但最终目的都是服务于优化教师教学行为,提高教学效果。

四、教学行为的评价

课堂教学效果与教师的教学行为密切相关,由此对教学情境中发生的教学行为进行评价是审视教育工作者行为的重要途径。在新课程改革的时代背景下,课堂教学行为研究备受关注,相关研究也是层出不穷。

蔡中宏等人提出,高校教师的教学行为评价内容应涵盖设计教学目标、组织课堂教学活动、运用教学方法与技巧、教学测试与质量分析等方面[④];田江等人对比新手型教师与专家型教师的课堂教学行为,为使新手型教师尽快掌握教师专业技能,从内容设计、师生

①　王兴福.中学数学教师数学认识信念对教学行为的影响研究[D].南京:南京师范大学,2014.
②　施良方,崔允漷.教学理论:课堂教学的原理、策略与研究[M].上海:华东师范大学出版社,2009:149.
③　柳夕浪.课堂教学临床指导[M].北京:人民教育出版社,2003:13-20.
④　蔡中宏,王永斌,许鹏奎.构建校内教学质量保障评价体系的研究:教师教学行为评价标准[J].理工高教研究,2004(5):36-38.

互动、教学表述、激发动机、鼓励创新等 7 个方面入手自编了"教师课堂行为观察表"。该表共涉及 33 种教学行为。[①] 梁永平采取行动研究的方式开展有关理科教师科学本质教学行为的发展性评价研究,通过阐述发展理科教师科学本质教学行为的意义、主要方面及其期望水平,提出从显性教学目标、具有认识论水平的教学主题、显性区别观察和推论、知识产生方式、反思性评价活动、评价性作业等方面对理科教师进行发展性评价。[②] 该研究采取定性研究,为开展教学行为评价研究指引了方向,但由于其评价维度太过宏观,因而实操性不强。苏明强等人采取定性研究与定量研究相结合的方式,依据教师课堂教学行为评价的指导思想与理念取向,归纳出教师课堂教学行为评价的 4 条原则:发展性原则、以学论教原则、形成性与终结性相结合原则、定量与定性相结合原则,从建构教学目标、制定教学设计、管理学习环境与促进学生学习 4 个角度提出可供中小学教师参考的教师教学行为评价的内容与标准。[③]

对于数学学科,陶宏伟从有效创设数学教学环境、有效组织数学教学内容、有效指导学生进行数学学习、有效管理数学课堂、有效讲授数学知识、有效提出数学问题、有效呈示数学教学内容、有效布置与管理数学作业、有效实行数学教学反馈和评价、有效进行数学反思与开展数学教学改革 10 个维度评价教师课堂教学行为。[④] 范晓婧借助文献法、问卷调查法与访谈法,构建初中数学教师课堂教学行为评价指标体系,该体系分为 8 个维度(涵盖 26 个指标),从定性与定量的角度对评价指标进行分析。[⑤]

根据以往的研究发现,在课堂教学行为评价领域,一类学者倾向于将研究的重点限定为教学行为评价,采取定性或定性与定量相结合的研究方式分析课堂环境中教师的教学行为,从而建立教师教学行为评价量表。另一类学者倾向于在进行课堂教学有效性研究的同时进行教学行为的评价研究。此外,教学行为评价研究多数以教师为研究对象,没有关注课堂中的学生行为,从学生视角探讨教师的教学行为。因此,如何全面认识、评价课堂教学行为仍有待探索。

第三节　信息技术与数学教学

随着人工智能、大数据、区块链等技术的迅猛发展,人才需求和教育形态发生了巨大的变化。站在新的历史起点,教育改革必须关注国家发展和人才培养的新需求,将教育信息化作为教育系统性变革的内生变量,发展智能教育,积极应对新技术浪潮带来的新机遇和新挑战。

---

① 田江,李丽,周福盛.师范生课堂教学行为的新手:专家法研究[J].宁夏大学学报(人文社会科学版),2003(6):99-102.

② 梁永平.论理科教师科学本质教学行为的发展性评价[J].教育科学,2007(3):48-53.

③ 苏明强,张占成.对基础教育课堂教学中教师教学行为评价的再思考[J].雁北师范学院学报,2004(3):13-15,21.

④ 陶宏伟.数学教师课堂有效教学行为的涵义及评价[J].教师,2007(11):28-29.

⑤ 范晓婧.初中数学教师课堂教学行为评价指标体系的研究[D].大连:辽宁师范大学,2010.

一、信息技术推动数学教学的变革

围绕加快教育现代化和教育强国建设,推进新时代教育信息化发展,落实立德树人的根本任务,数学教育教学应以教育信息化推动教育现代化,坚持信息技术与教育教学深度融合的核心理念,构建网格化、数字化、智能化、个性化、终身化的教育体系。

(一)信息技术与数学教学融合的发展阶段

信息技术与数学教育教学深度融合是伴随时代发展逐渐形成的理念,基于文献分析,依据信息技术在数学教学中的定位不同,将信息技术与数学课程教学融合创新的发展历程划分为4个阶段:第一,辅助阶段(20世纪80年代初—21世纪初);第二,整合阶段(2001—2005年);第三,融合阶段(2006—2011年);第四,深度融合阶段(2012年至今)①。

1.辅助阶段(20世纪80年代初—21世纪初)

我国的计算机辅助教学最早可以追溯至大力提倡幻灯、投影和影视等信息技术手段的20世纪80年代初。② 由于我国的计算机辅助教学起步晚,硬件设备和理论基础薄弱,因此前期以积极吸收引进、学习国外的先进经验和成果为主。从80年代中后期到90年代初,我国的计算机辅助教学进入实施阶段,一些有条件的地区和学校配置了一定数量的微机。从90年代初开始,我国计算机辅助教学的硬件条件得到改善,越来越多的学校配置了计算机,人们将关注点转移到课件的编制上,重视课件的评价与推广,同时教学软件兴盛,"课件""CAI"等词频繁出现于各类文章,CAI的兴起是教育领域中信息革命最具有代表性的产物。③

在数学课堂教学中,教师选择多媒体计算机进行教学,利用其图形演示和仿真模拟等功能将抽象的数学问题具体化,将教学变得直观可见。④ 在这一阶段,信息技术被视为数学课堂的一种辅助性工具,研究者在理论上探索如何利用多媒体技术更好地辅助教学等主题,在资源开发上则关注多媒体教室的建设、多媒体教学软件的开发等。然而实际的教学过程中,人们并没有更新数学教学思想,缺乏对教学情境的创设,忽视了学生数学思维的训练和情绪智力的培养,导致教学与多媒体的脱节。⑤

2.整合阶段(2001—2005年)

2000年10月25日,全国中小学信息技术教育工作会议在北京召开,教育部原部长陈至立发表题为《抓住机遇,加快发展,在中小学大力普及信息技术教育》的讲话,明确指出当时信息技术教育工作的指导方针,确立信息技术学科的存在价值,由此加快了中小学信息技术

---

① 张定强,梁会芳,杨怡.信息技术与数学课程深度融合:进阶之路与发展趋势[J].江苏教育研究,2020(25):46-52.
② 贾瑞凤,王艳,邹劲松.中国计算机辅助教学20年[J].中国电化教育,2000(8):5-7.
③ 贾瑞凤,王艳,邹劲松.中国计算机辅助教学20年[J].中国电化教育,2000(8):5-7.
④ 何耀根.数学多媒体课件的选择与设计原则[J].中国电化教育,2000(1):47-48.
⑤ 潘小明,吴凤.多媒体计算机辅助数学课堂教学误区透析[J].电化教育研究,1999(5):56-59.

教育发展的进程。① 研究者不再只注重数学课程内容的具体化、直观化、形象化,而是从整合的角度,将信息技术视为学生的认知工具,以数字化学习的视角审视信息技术与数学课程整合的价值。②

在将信息技术应用于各学科教学时,人们常将它作为实现学科教学目标的工具,而忽视信息技术作为一门课程的教育价值和教育目标。信息技术与数学课程的整合应该是一种从目标、内容、教学到评价的全方位整合。③ 信息技术作为教学工具、学习工具和学习对象融入数学教学,由此培养学生的信息意识,传授其信息知识,发展其信息素养。然而在该阶段,信息技术与数学课程的整合主要是利用 Z＋Z 智能软件、几何画板、图形计算器等技术的图形显示功能、制作功能和交互功能,来集中解决运算和几何方面的问题,存在局限性④,导致整合的范围窄化,整合程度不深。

3.融合阶段(2006—2011 年)

随着互联网的飞速发展,信息技术对数学教学的影响不断深入,由此改变了教师的教学方式和学生的学习方式,但仅仅关注数学教学方法和手段的改革无法从本质上改变数学课堂的教学结构。整合是融合的本质,融合是更细致的整合,是人们从理性的角度审视信息技术与数学课程融合的观点、目标、内容、方法及其实践,在创新的基础上探索促进教师、学生、资源全面和谐发展的途径,以实现"主导—主体相结合"的新型课堂教学结构与模式。⑤

教师、学生、计算机环境是制约信息技术与数学教学融合,构建新型课堂教学结构的关键因素。教师的信息意识、信息技能和教学素养影响着信息化数学教学的实施,在此阶段教师致力于通过教学研究、微格教学实践等途径发展专业技能。学生作为课堂学习的主体,影响着课堂教学结构的变化。以往灌输式教学过程中,学生常处于被动状态,课堂缺乏趣味性和互动交流,然而随着信息技术与数学教学的融合,学生的数学课堂参与感逐渐加强。2005年教育信息化建设强调要利用信息技术营造信息化的学习环境或教学环境⑥,电子白板的投入使用丰富了课堂互动交流,信息技术的人机交互、智能图画等功能不仅增添了课堂趣味性,还激发了学生的学习兴趣,促进学生在观察和实践中发展应用意识。但是信息技术与数学教学的融合过程中资源更新缓慢,理论与实践脱节,问题研究的针对性和有效性不强,融合效果未达到最佳化⑦。

4.深度融合阶段(2012 年至今)

2012 年,"互联网＋"理念首次出现,作为一种新的社会形态,其与教育的结合推动着教

---

① 陈至立.抓住机遇,加快发展,在中小学大力普及信息技术教育——在全国中小学信息技术教育工作会议上的报告(节选)[J].管理信息系统,2000(12):3-8.

② 张定强,梁会芳,杨怡.信息技术与数学课程深度融合:进阶之路与发展趋势[J].江苏教育研究,2020(25):46-52.

③ 孙名符,刘岗.国家基础教育课程改革中信息技术与中学数学课程整合的若干思考[J].电化教育研究,2005(1):16-19.

④ 唐彩斌.小学数学课程建设中培养学生信息素养的实施策略[J].中国电化教育,2005(7):66-68.

⑤ 张定强,金江熙.对信息技术与数学课程整合的一些新思考[J].电化教育研究,2006(1):55-57.

⑥ 何克抗.迎接教育信息化发展新阶段的挑战[J].中国电化教育,2006(8):5-11.

⑦ 张定强,梁会芳,杨怡.信息技术与数学课程深度融合:进阶之路与发展趋势[J].江苏教育研究,2020(25):46-52.

育行业的变革与创新。"互联网＋教育"是现代教育技术创造的新型教育方式,它一改传统单一的教学模式,实现了教学手段、学习方式以及教学研究的多元化和个性化[1],促进了信息技术与数学教学的深度融合。

深度融合与整合的根本区别在于前者在运用技术改善"教与学环境"和"教与学方式"的基础上,进一步实现"教育系统的结构性变革",而后者只停留在改善教学环境和教学方式的浅层水平,而"教育系统结构性变革"的实质内涵就是要实现课堂教学结构的根本变革。[2]课堂教学结构变革的关键在于改变传统课堂教学中教师的主导地位,转变知识灌输者角色为教学组织者和引导者,帮助学生在数学学习的过程中获取数学知识,掌握数学技能,发展能力,提升数学学科核心素养。

数据爆炸的信息环境为数学的教与学提供了大量的资源,丰富了数学课堂的教学手段,同时,技术的发展催生了多元化教学理念。围绕立德树人、学为中心等指导思想,以系统融合为思维导向,基于深度学习的数学教学理论研究和实践研究有了新的内涵,打破学科界限的 STEAM 教育得到广泛关注,人工智能、大数据、云计算等互联网技术让个性化学习成为现实。然而在教学实践中,由于信息资源存在时效性,大量教学资源无法与师生需求匹配,信息技术依旧被部分教师视为可有可无的辅助工具,没有真正实现数学教学信息化。融合信息技术的数学实验在小规模范围能够取得一点成效,但难以大规模推广并获益。[3]

(二)课程标准中有关信息技术融合的要求

数学课程标准是规定数学课程的性质与基本理念,以及课程目标、结构、内容和实施建议的指导性文件。面对新时代对人才培养的新要求与我国数学教育的新形势,教育部与时俱进修订数学课程标准,从根本指向上界定信息技术与数学课程深度融合的时代内涵。

《义务教育数学课程标准(2022 年版)》明确提出促进信息技术与数学课程融合,强调合理利用现代信息技术,提供丰富的学习资源,设计生动的教学活动,促进数学教学方式方法的变革。在实际问题解决中,创设合理的信息化学习环境,提升学生的探究热情,开阔学生的视野,激发学生的想象力,提高学生的信息素养。在"教学建议"中明确指出注重信息技术与数学教学的融合,重视大数据、人工智能等对数学教学改革的推动作用,改进教学方式,促进学生学习方式转变。

《普通高中数学课程标准(2017 年版 2020 年修订)》在教学建议和评价建议中明确提出,"教师要重视信息技术运用,实现信息技术与数学课程的深度融合","充分利用信息技术,收集、整理、分析有关反映学生学习过程和结果的数据,从而了解自己教学的成绩和问题,反思教学过程中影响学生能力发展和素养提高的原因,寻求改进教学的对策"。此外,高中课程标准也列举了教师将信息技术与数学教学创新融合的方式。例如,"利用计算机展示函数图

---

[1]　徐冉冉,裴昌根,宋乃庆.互联网＋数学教育:"机遇""挑战"与"应对"[J].数学教育学报,2016,25(3):6-9.

[2]　何克抗.学习"教育信息化十年发展规划":对"信息技术与教育深度融合"的解读[J].中国电化教育,2012(12):19-23.

[3]　孙彬博,郭衎,曹一鸣.信息技术与数学教学"深度融合":理想与现实[J].教育研究与实验,2019(5):45-50.

象、几何图形运动变化过程；利用计算机探究算法、进行较大规模的计算；从数据库中获得数据，绘制合适的统计图表；利用计算机的随机模拟结果，帮助学生更好地理解随机事件以及随机事件发生的概率"。

信息技术与数学教学的深度融合对教师的专业发展提出了更高要求，高中数学课程标准指出：教师应主动提升自己的信息素养、科学素养等通识素养，在教学中敢于教学创新，敢于指导学生学习创新；同时，教师要努力提升信息技术的使用能力，发挥信息技术直观便捷、资源丰富的优势。除了对教师的建议，课标还鼓励学生运用信息技术学习、探索和解决问题，例如，"利用计算器、计算机画出幂函数、指数函数、对数函数、三角函数等的图象，探索、比较它们的变化规律，研究函数的性质，求方程的近似解"，"利用信息技术完成数学建模活动与数学探究活动"。

二、信息技术与数学教学深度融合

随着互联网技术的迅猛发展，信息化的数学教学工具越来越丰富，为改进数学教学提供了更多途径。信息技术与数学教学的深度融合要求教师有机结合技术手段和教学设计，做到从结构到内容的协调统一。数学教师在创新融合信息技术前应全面了解不同信息技术在数学学科领域中的典型应用案例，理解不同技术的功能范围和操作方式。基于一定的信息技术知识，教师设计课程教学时，需要思考是否需要使用信息技术、选择什么技术、在哪个教学环节使用、如何使用等问题，从而确保数学教学的有效性。

（一）信息技术工具的分类

数学教学中的信息技术是数学功能基础上的教学工具，按照与教学内容相关程度可以将用于数学教学的信息技术分为 3 类：普适类数学软件、普适类教学软件、普适类数学教学软件（或平台）。

1. 普适类数学软件

普适类数学软件指普遍适用于执行科学与工程基本计算的软件，主要具备图形图象演示、数值计算、符号运算、编程等功能，例如计算机代数系统、数学电子词典等软件。数学软件作为现代研究手段的数学工具，对当今社会生活和科技的发展起了很大的推动作用，但从应用现状来看，目前主要应用于数学实验类课程的教学中，而基础性数学课程运用数学软件进行辅助教学并不常见。[①] 普适类数学软件的数学功能在三类用于数学教学的信息技术中最强，但其教育性最弱，对教师的专业基础要求较高。许多数学软件在后续的改进版本中逐渐加强了其教学功能，旨在适合在教学实践中应用。

2. 普适类教学软件

普适类教学软件以辅助各学科教学为指向，具有突出的教学功能，主要表现为呈现授课内容，演示活动过程，常见的教学软件有演示文稿（PPT）、微课视频等。教学软件能够为教学提供服务，但其设计缺乏针对性，导致其数学教育功能不强，不能作为学生数学学习的认知工具。

---

① 　罗天琦.数学软件在解析几何教学中的应用研究[D].重庆:西南大学,2009.

3.普适类数学教学软件（或平台）

为弥补普适类数学软件和普适类教学软件的不足，专家们将数学知识和信息技术结合，开发了普适类数学教学软件。数学教学软件的诞生就是为了服务数学的教与学，它体现了较强的数学功能与教育价值，能够满足数学活动严谨性、精确性和探究性的要求。常用的数学教学软件有几何画板、GeoGeBra 软件、Z＋Z 智能平台等。

（二）数学功能的两种教学加工方式

数学软件、教学软件以及数学教学软件都展现了图形显示、数值计算、符号运算、编程等常见的数学功能。在数学教学中对这些数学功能进行加工的方式可分为两种：一是将教学内容、策略与数学功能融为一体，制作成固定操作和呈现模式的课件；二是将教学内容、策略与数学功能分离[①]，例如，学习"三角形三条高线交于一点的垂心定理"时，教师利用几何画板呈现图形，并且可以任意拖动三角形顶点，帮助学生观察得到无论三角形如何变化，三条高线都交于一点。

第一种方式虽然常见，但其将教学内容和教学活动固定在课件中，课堂教学过程存在封闭性，不够灵活。而第二种方式将数学功能与教学内容分离，使得数学活动探究更加独立完整，教师在课程教学中也能够更加开放地与学生互动交流。最重要的是无论何种方式，都应融入具体的教学情境，以实现数学教学目标，完善数学课堂教学。

（三）常用信息技术软件介绍

1.GeoGebra 软件

GeoGebra 的名称由 Geometry（几何）和 Algebra（代数）两个英文单词组成，该软件于2002 年由美国 Markus Hohenwarter 教授针对学校数学教育而开发，是一套免费的跨平台动态数学软件，其功能有几何、代数、统计、表格、微积分等。GeoGebra 软件的"动态性"是其最大的特点，为数学教学提供了便利的动态演示效果。

【教学案例】函数单调性[②]

教学内容分析：

函数的单调性是函数的基本性质，它刻画了函数的变化规律。在学习函数单调性时，利用软件演示单调递增和递减两种变化趋势中自变量与函数值的数量关系，数形结合，可以加强学生对函数单调性的理解。

使用软件过程：

①绘制函数。在输入框中输入函数，绘制该函数的图象。
②构造函数单调区间。在输入框中输入命令"极值"，函数图象出现两个极值，在函数图

---

①　袁立新.数学教学中的信息技术：基于数学功能的教学工具[J].教学与管理,2014(30):103-105.
②　刘巧玲.GeoGebra 辅助高中函数教学的研究与实践[D].桂林：广西师范大学,2014.

象上选取单调递减和递增区间。

③设置动画。在单调递减区间内任取一点,构造该自变量点的函数值点,并设计该自变量点的动画。同理设计单调递增区间,设置隐藏显示按钮,优化界面。

制作原理与应用:

该案例采用动画功能,设置动点的动画效果。勾选"单调递减",显示函数单调递减区间的函数图象,单击动画按钮,观察自变量变化过程中对应函数值的变化情况,引导学生从数与形两方面认识函数单调性。

2.几何画板

几何画板由美国 Key Curriculum Press 公司研发,操作简单,其强大的图画绘制功能为数学教学提供了便利。利用几何画板能够画出任意函数表达式对应的图形,能够对所画图形、图象进行变换,例如缩放、平移、旋转等,同时它还能测量或计算角度、长度、弧长、面积等。

【教学案例】二次函数 $y=a(x-h)^2+k(a\neq0)$ 的图象和性质[①]

教材分析:

本课例选自人教版九年级《数学》第22章第1节的内容,主要探索二次函数的图象与性质。在此之前,学生已经对二次函数的基本概念以及二次函数的图象与性质有了一定的了解,本课时主要是对函数的图象与性质做一个深入的延伸,同时也为接下来探究二次函数的一般形式的图象与性质打下坚实的基础。在对该部分内容进行讲解的同时,也要兼顾知识点前后衔接的连贯性。

教学目标:

[知识与技能]能够快速、准确地绘制二次函数 $y=a(x-h)^2+k(a\neq0)$ 的图象,并能够通过对图象的观察了解二次函数的性质。

[过程与方法]经历借助几何画板探索二次函数的图象及其性质的过程,逐渐形成研究函数问题的一般经验,体会数形结合方法在函数研究中的有效性。

[情感、态度与价值观]在借助几何画板探索二次函数的图象及其性质中,培养用数学的眼光观察事物的能力,体验在数学探究中动态生成结论的乐趣。

教学重难点:

[教学重点]使用描点法画出二次函数 $y=a(x-h)^2+k(a\neq0)$ 的图象以及通过顶点式二次函数图象探索相应的函数性质。

[教学难点]通过几何画板的辅助性作用归纳二次函数 $y=a(x-h)^2+k(a\neq0)$ 的图象特征及性质。

---

① 　万剑.几何画板在初中二次函数教学中的应用研究[D].南昌:南昌大学,2013.

教学方法：

讲授法、演示法、讨论法。

软件使用：

[任务]教师通过几何画板软件快速绘制出下面表格中各函数的图形,让学生观察,填写表格(见表 7-1)。

表 7-1　具体二次函数的特征

表达式	开口方向	对称轴	顶点坐标
$y=2(x-3)^2+1$			
$y=-2(x-3)^2+1$			
$y=(x+1)^2+4$			
$y=(x-1)^2+4$			
$y=-(x-2)^2-3$			
$y=-(x-2)^2+3$			

设计意图：学生观察教师如何采用几何画板绘制 6 个二次函数的图象,结合相应的图象特征,自主完成表格的填写。设计该任务的目的在于让学生直观地看到几何画板软件的绘图过程,并结合几何画板精确的作图、计算功能以及该任务的答案,归纳出顶点式二次函数的一般性特征。

[任务]通过几何画板软件作图,填写表格如表 7-2 所示。

表 7-2　顶点式二次函数的一般性特征

	开口方向	对称轴	顶点坐标	单调性	
				对称轴左侧	对称轴右侧
$a>0$					
$a<0$					

设计意图：小组合作探究,结合几何画板工具,完成表格填写。此环节是本课时教学的重点内容,对学生的要求较高。学生必须结合以上对二次函数的作图演示,归纳顶点式二次函数的一般性特征。

3.Z+Z 智能教育平台

Z+Z 智能教育平台,即"智能化的知识型教育平台",由中国科学院院士张景中主持研发。Z+Z 指"智能＋知识",该平台功能强大,现已开发出平面几何、解析几何、立体几何、初中代数、三角函数、超级画板等板块。该平台致力于展现数学活动过程,包括几何体运动和变换过程、几何命题证明过程、代数运算过程、概率实验过程以及数据生成过程等,以直观方式帮助学生认识抽象、复杂的数学现象,提高学生形象思维和逻辑思维能力,发展学生探索能力。[①]

第四节　说课与说题

说课是指教师在备课之后,向同行系统介绍自己关于某节课的教学设想(意图)及其理论依据,而后听者评议、交流切磋的一种教研形式。实践证明,说课活动是提高教师教学水平的有效方式。说题是站在理论的高度对所解的题目做出科学的分析和理解,解题是说题的前提。说题不仅是为了提高数学教师的解题能力,同时也是为了加强数学教师间的业务交流,其根本宗旨是提高数学教师的基本技能。教师说课与说题都是教师教学智慧生成与表达的重要方式,是教师成为教学研究者的有效途径。

一、关于"说课"

(一)说课的含义和特点

所谓"说课",是指教师面向同行阐述某一堂课打算怎样上,以及为什么这样上,即是对教学的设计和分析。[②]　说课的内容涉及对教材内容的分析、教学目标的确定、教学过程的设计、教学方法的选择、教学效果的评价,是教学理论与实践的结合。说课是一种课前行为,属于课前准备的一部分,这与课后的反思总结有所不同。

说课具有 3 个明显的特点:一是重在交流学习。说课的对象是同行或专家,大家共同探讨教学设计的智慧,分享经验。二是重在分析。说课不仅要"说"过程,更要"说"道理。对教学设计做出分析,首先要分析教材内容,明确所讲内容的地位和作用及其来龙去脉,然后对课堂教学的各个环节做出能说清道理的设计。三是理论与实践相结合。说课重在说清楚"怎样教""为什么这样教"以及"这样教的理论依据是什么",以实现教学理论与实践的有机融合。

(二)说课的功能

具体包括以下几种。

第一,促进教研活动的开展。说课重在交流与分析,集备、学、研、评为一体,因此可以短时高效地促进教研活动的开展。

第二,促进教师队伍的建设。教师通过说课相互交流与借鉴教学设计,在思维的碰撞中更加透彻地理解教学理论在实践中的应用。说课促使教师进一步学习教育理论,关注教育改革和发展,从而成为具有创新精神的研究型教师。

①　石磊.基于"Z+Z"智能教育平台的数学探究性学习教学模式研究[D].广州:广州大学,2007.
②　鲁献蓉.新课程改革理念下的说课[J].课程·教材·教法,2003(7):25-30.

第三,促进教学质量的提高。教师通过相互交流,对教学内容的了解更加透彻,对教学理论的应用更加切合,对教学理论与实践的结合更加娴熟,从而让每一个教学环节的设计都有教学依据的支撑。教师可以更加有理、有力、有序地完成课堂教学。

(三)说课的类型

具体分为以下几种。

1. 研究性说课

研究性说课一般以教研组或年级组为单位,常常以集体备课的形式来组织,先由一位教师事先准备并写好讲稿,说课后由大家评议修改。教研组或年级组里的教师可以轮流说课,最大化发挥教研中的集体智慧,从而大面积提高教师的业务素质和研究能力。

2. 示范性说课

示范性说课一般选择素质良好的教师先进行说课,再进行课堂教学,然后组织教师或教研人员评析教师的说课及相应的课堂教学过程。示范性说课可以是校级或乡(镇)级的,也可以是区级或县(市)级的,一般一学期可以举行一次。示范性说课是培养教学能手的重要途径。

3. 评比性说课

评比性说课要求参赛教师先根据指定的教材内容即时撰写说课稿,然后进行说课,最后由评委评比。评比性说课有时除了说课外,还要求将说课内容付诸课堂实践,或者将说课与交流有关说课的理论和经验结合起来,将说课比赛活动推向更高的层次。这是培养学科带头人和教学行家的有效途径。

4. 检查性说课

检查性说课一般是校领导为了检查学校教师的备课、上课情况而采取的说课方式,这类说课形式比较灵活,不受场地与时间的限制,目的是让教师更好地完成备课,用更好的态度对待备课与课堂教学。这是提高教师上课素质与端正教师态度的有效途径。

(四)说课的基本原则

具体包括以下几方面。

第一,把握要求,控制容量。把握好说课内容的程度与分量,是说好一堂课的标准。教师的素养体现在对课堂教学内容程度、分量的"度"的准确把握上,需要处理好提高教学效率与完成课堂教学要求的关系。教师要能准确定位说课内容的教学要求,包括内容的广度与深度。

第二,立足于"课",寓技于"课"。说课的重点在于教学的设计和分析。教师需要立足于"课"本身,针对教学环节,讲明为什么要设计此环节,设计此环节的依据是什么、意图是什么。

第三,掌握详略,突出重点。说课应在整体介绍教学设计的基础上,紧紧抓住教师较为关心、渴望了解的重点问题,展示解决和处理问题的办法,并阐述其背后的依据,以充分发挥说课的交流作用。

第四,避免空乏,力求实在。说课既要有明确的教学要求,又要有具体的落实措施;既要有理论高度,又要有实践抓手:这样才能发挥好说课的交流作用。

(五)说课的主要程序

具体包括以下几个。

1.说教材

第一,剖析教材。简要阐述所选内容在本课题、单元、教材、年级乃至学段中的地位、作用和意义,说出所选内容的学习重点和难点,以及确定重点、难点的依据。

第二,课时安排。对所选内容或课题提出合理的课时安排,并阐述依据。

2.说教法

说本课所选择的教学方法、教学手段,背后的教育理论依据,以及选用的原因。说课要抓住重难点,突出教法的特点,说出与众不同的教学新意。

3.说学法

说本课拟让学生经历怎样的学习方法来习得知识技能,以及相应的依据。

4.说教学程序

说教学程序主要包括教学具的准备,设计思路与教学流程,以及设计的意图。

5.说板书设计

说板书设计,要体现出程序性、概括性、指导性、艺术性。

6.说目标

说教学目标:一是要科学制定教学目标,使目标体现数学课程标准的要求,反映教材的特点,符合学生的学情;二是阐述目标的制定依据,体现育人为本。教学目标包括知识与技能,过程与方法,情感、态度与价值观 3 个方面。例如,"直线、射线和线段"内容说课的目标如下。

【知识与技能】通过实例观察,认识直线、射线和线段以及了解它们的表示方法;能正确区分直线、射线和线段,掌握它们的联系和区别。

【过程与方法】在观察和实践活动中初步培养观察、比较和概括的能力;通过观察、操作学习等活动,经历直线和射线的表象的形成过程,培养直线、射线和线段的空间概念。

【情感、态度与价值观】在探究中培养交流能力,培养用数学的眼光观察周围的事物及学习数学的兴趣。

教师说课要坚持从实际出发,因材、因时、因地、因人(学生、教师)的不同采取不同的方式,提高说课的科学性和可行性。说课不仅要回答"怎样教"的问题而且要以现代教育理论为依据阐明"为什么这样教"。

二、关于"说题"

(一)说题的含义

说题可分为教师说题、教师和学生互动说题、学生说题。① 这里针对的是教师说题。教

---

① 曹清.高中化学习题课"说题"教学策略实践研究[D].武汉:华中师范大学,2012.

师说题是教师在备题的基础上,以语言为主要表述工具,以数学课程标准和现代教育理论为指导,面向同行和专家系统而概括地解说对一道数学题的教学理解,通过分析学生学题时的已有基础、学习障碍和典型问题,阐述具体传授某道题的教育设想、方法策略和组织教学的理论依据。说题集命题、学题、教题和反思于一体,是一种把握数学本质、促进教师专业成长的教研活动。[①]

说题的基本思路是应用说课的理念对题目进行解说。从建构主义角度看,说题就是教师研究数学题目,将解题思路、解题方法、过程以及解题后的反思等活动深入浅出地表述出来;从系统思想角度看,说题主要是揭示题目系统和教材系统的内在联系;从解题角度看,说题主要指解说解题思路、方法及其规律。

说题要求教师不仅会解题,还能精准把握题目所考查的数学本质,多角度地研析题目结构,高视角地俯瞰题目本原,深层次地阐述题目功能,并能适时准确地指出题目的不足。教师说题必须关注两个主体,即说题的对象分别是教师和学生。一方面,教师在讲解解题思路与过程时必须符合学生认知结构,以让学生听懂为基本原则;另一方面,教师说题是一个教研活动,必须高屋建瓴,站在教师角度研究数学题目,揭示题目系统和教材系统的内在联系,深入解说解题的思路、方法及其规律。

(二)说题的功能

具体包括以下两个方面。

第一,促进教学交流,提高教师教学技能水平。问题解决是数学课堂教学的核心任务,开展好的问题解决教学,要求教师具备一定的问题分析与解决能力。说题作为一种新型教研活动,不但能客观、真实地反映出教师的数学素养、教学素质,也有助于提高教师的问题解决能力,提高教师的教学技能。教师在说题过程中对问题及其教学进行深层次思考,能不断提升自身专业素质。

第二,作用于教学实践,提高教学质量。说题作为教学研究的一种新形式,为教师提供了一个反思问题解决教学、交流经验的平台。"说"以致用,是说题的最终目的,将说题所思延伸至日常教学,能切实提高数学课堂教学质量。

(三)说题的基本原则

具体包括以下几方面。

第一,选题难易适度原则。说题的主要目的是教师研究数学题目,并通过说题的方式对题目进行研讨,从而提高教师技能,因此,所选题目不宜太难或太易,否则都会影响说题的效果。尤其是在说题竞赛活动中,选题应以中等难度为主,尽量处于大多数学生的最近发展区内。

第二,说理精辟,突出理论性。说题与解题不同,不是宣讲解题过程,不是浓缩课堂教学过程。说题的核心在于"说理",即说清解题的思路以及"为什么这样解"。说题者必须主动学习教育教学理论,汲取教育教学改革的新信息、新成果,并将之应用于说题之中。

第三,科学客观,具有可操作性。说题的内容必须客观、真实、科学合理,要真实地反映

---

① 洪梦,吴立宝,王富英.数学说题的内涵与结构[J].数学通报,2020,59(11):58-63.

自己对题目的分析与探讨过程,及其背后的理论依据,进而引起听者的思考。说题是为课堂教学实践服务,说题中的一招一式、每一环节都应具有可操作性,避免流于形式。

(四)说题的基本环节

一般来说,教师说题从数学思想与数学方法,解题的自然思路,小结、归纳与应用,一题多解、发散思维,常规的命题变式,多种变式、融会贯通,从特殊到一般寻找规律等 7 个方面展开。其过程包含以下基本环节。

第一,说背景。具体包括题材背景、知识背景、方法背景、思想背景。

第二,说"题目"。运用数学语言说清题目信息:属于哪一种题型,有哪些条件(明显条件和隐藏条件),得到哪些结论,我们的目的是要做什么等。

第三,说解法。需就题论题进行思路分析、解题操作、一题多解。

第四,说引申。从条件或结论出发,从类比思想等角度进行拓展。

第五,说反思。反思是解题中的重要环节,反思主要从以下几个方面进行。

一是反思解题本身是否正确。在解完一道题后有必要审查解题过程是否混淆概念,是否忽略隐含条件,是否以特殊代替一般,是否忽视特例,逻辑上是否有问题,运算是否正确,题目本身是否有误等。这样做是为了确保解题无误,也是解题后最基本的要求。

二是反思有无其他解题方法。对于同一道题,从不同的角度去分析研究,可能会得到不同的启发,从而引出多种不同的解法,以不同的观察角度,发散学生的数学思维。

三是反思结论或知识在解题中的作用。有些题目本身可能很简单,但是其结论或解决这道题目本身涉及的知识却有着广泛的应用,如果让学生仅仅满足于解答题目本身,而忽视对结论或性质应用的思考、探索,那就可能会"捡到一粒芝麻,丢掉一个西瓜"。

四是反思解决问题的思维方法能否迁移。解题不单单是为了解决一道题目,而是为了掌握一类问题的解决方法。深思解题程序,可能会发现这种解决问题的思维模式体现了重要的数学思想方法,对于解决一类问题大有帮助。

第六,说教法。简明扼要地说明如何进行解题的教学方法。

(五)说题的评价标准

如何构建评价教师说题的标准是当前值得关注的话题之一。我们认为,说题评价的标准可以从以下几方面构建:

第一,题目背景分析是否正确;

第二,解题思路分析是否正确;

第三,解题过程分析是否符合学生的认知结构;

第四,是否有多解;

第五,解题反思是否到位;

第六,教师口头表达是否清晰、流畅,是否符合语言逻辑;

第七,数学语言是否简洁、易懂,运用是否恰当、准确;

第八,着力点是否准确,即是否抓住问题的本质和关键;

第九,题目引申是否有新意(有创新之处)。

(六)教师说题举例

二次函数 $f(x)=ax^2+bx+c, a\in \mathbf{N}^*, c\geqslant 1, a+b+c\geqslant 1$，方程 $ax^2+bx+c=0$ 在区间 $(0,1)$ 上有两个不等的实根，求 a 的最小值。（选自 2010 年浙江省高中数学教师说题比赛）

1.说背景

本题考查函数零点与方程之间的关系，因此往往借助于图象。从所求结论看，这又是一个最值问题，如何利用化归思想实现等式与不等式之间的转化是问题的关键。

2.说"题目"

已知条件：$f(x)=ax^2+bx+c, a\in \mathbf{N}^*, f(x)=0$ 在 $(0,1)$ 上有两个不等的根，且有 $f(0)=c\geqslant 1, f(1)=a+b+c\geqslant 1$。

待求结论：a 的取值范围。

3.说解法

多角度思考，将会发现这道题有多种解法。

解法一：将各个条件转化为不等式，进而求解。

由于 $f(x)=0$ 在 $(0,1)$ 上有两个不等的根，所以有

$$\begin{cases} f(0)=c\geqslant 1, & (1) \\ f(1)=a+b+c\geqslant 1, & (2) \\ 0<-\dfrac{b}{2a}<1, & (3) \\ b^2-4ac>0, & (4) \end{cases}$$

由 $a\in \mathbf{N}^*$ 及(3)得 $b<0$，

再由(2)得 $a+c>1-b>1+2\sqrt{ac}$，从而 $|\sqrt{a}-\sqrt{c}|>1$，　　(5)

由(3)(4)得 $b^2>4ac>4\left(-\dfrac{1}{2}b\right)c$，从而 $a>-\dfrac{1}{2}b>c\geqslant 1$，

由(5)得 $\sqrt{a}>1+\sqrt{c}\geqslant 2$，

所以 $a>4$，可验证 a 可等于 5。所以 $a_{\min}=5$。

解法二：设 $f(x)=0$ 的两根为 $x_1、x_2$，且 $x_1, x_2\in(0,1)$，

于是可构造函数 $f(x)=a(x-x_1)(x-x_2), a\in \mathbf{N}^*$。

由已知得 $f(0)=c\geqslant 1, f(1)=a+b+c\geqslant 1$，所以，

$$1\leqslant f(0)\cdot f(1)=a^2 x_1(1-x_1)x_2(1-x_2)\leqslant a^2\left[\frac{x_1+(1-x_1)}{2}\right]^2\left[\frac{x_2+(1-x_2)}{2}\right]^2=\frac{1}{16}a^2,$$

由于 $x_1\neq x_2$，故这里等号不成立，从而 $a>4$，可验证 a 可等于 5，所以 $a_{\min}=5$。

4.说引申

可以将条件引申，改变题目，起到举一反三的作用。如：

①去掉 $a\in \mathbf{N}^*$，求 a 的取值范围；

②改条件为 $c\geqslant 1, 4a+2b+c\geqslant 1$，方程有两个小于 2 的不等正根，求 a 的最小值；

③改条件为 $c\geqslant 1, m^2a+mb+c\geqslant 1$ 在 $(0,m)$ 上有两个不等正根，求 a 的最小值。

5.说反思

解法一：主要是将已知条件向待求结论转换。在已知条件中，c 的取值范围已经确定，可

试图通过寻找 a 与 c 的关系确定 a 的范围，又由于 b 是其关系转换的中介，在(2)(3)(4)式中都有 b，因此可从这三个不等式入手进行转换。但是，这样的转换转折点较多，不利于学生解题能力的培养。教师可适当改变题目条件，降低题目的难度，使其成为学生易于接受的中档题，再循序渐进地提升题目难度，从而使该题处在更多学生的最近发展区内，这将有助于学生对转换思想的理解、应用，同时提高其问题解决能力。

解法二：由于已知方程 $f(x)=0$ 在 $(0,1)$ 上有两个根，所以可将函数 $f(x)$ 写成两根式 $f(x)=a(x-x_1)(x-x_2)$。并在运用已知条件的基础上，使用基本不等式得到 a 的取值范围。学生对于两根式的应用相对较陌生，也不易想到代入端点值后再使用基本不等式求最值的方法，不过，此法虽不是常规解题方法，却有助于拓宽学生的解题思路。教师在引导时，应注意强调各种函数表达形式的常用题境。

问题解决是数学教学的主要任务[①]，在解决问题后，教师组织学生进行合作讨论，通过改变已知条件、待求结论，对问题进行挖掘、变通、引申，这将有助于培养学生的应变、求异、探索能力，提高学生解决问题的能力。同时，通过训练学生举一反三，更能达到事半功倍的教学效果。

6. 说教法

问题解决教学是教师帮助学生寻找解决方法的过程，这个尝试解决的工作分为 4 个阶段[②]：理解题目→拟订方案→执行方案→检验、反思、引申。

波利亚认为对不理解的问题做出答复是愚蠢的，因此要解决问题，学生首先得理解题目的信息，教师适时地提示学生"待求结论是什么？""已知条件是什么？""待求结论要求的条件能满足吗？"等等，这将有助于学生从各个方面考虑问题。本题中的待求结论是 a 的最值，若能求出 a 的取值范围即可，可引导学生考虑从已知的 4 个不等式进行化归。

当学生大体理解题目后，构思解题方案是一个曲折的过程，教师能为学生所做的最好的事情是通过不显眼的帮助，引导学生自己获得一个好的思路。好的思路源于过去的经验和以前获得的知识，教师可提示学生："你遇到过类似求最值的问题吗？""当初是怎么解决的？"若学生无法回忆起相关经验，教师需适当修改题目，降低问题难度；若学生能回忆起，则以此为阶梯，引导学生利用已有的方法解决现在的问题。最后，为了避免学生的解决方案偏离原题，还可通过提示"你用到所有的条件了吗？"，把学生带回到最初的题目。

在执行方案环节，教师须提示让学生检查执行的每一步是否正确。

虽然学生执行了方案，但是仍有可能存在错误，对执行的方案进行检查、反思，有助于学生巩固所学知识，提高其解题能力。同时，通过鼓励学生对问题进行推广、引申，让学生体验数学知识之间的相互联系。

第五节　备课与评课

工欲善其事，必先利其器，备好课是教学成功的前提。所谓备课，就是上课前的一切准

---

① 张奠宙. 数学教育学[M]. 南昌：江西教育出版社，1991：223-225.

② 波利亚. 怎样解题：数学思维的新方法[M]. 徐泓，冯承天，译. 上海：上海科技教育出版社，2011：11.

备工作。它是由钻研教材、了解学生、设计教学计划、确定课时教学目标、编制教案、教后反思等多个环节组成的系统过程。备课是教学全过程的基础,它对课堂教学的质量起着决定性的作用。[①]

评课是以一节(或几节)数学课为研究对象,根据评价标准,运用科学的测评手段对教和学的效果进行价值判断。建立科学的评价标准并形成相应的指标体系是评课活动至关重要的环节,不仅关系到各项评价原则的落实和评价功能的发挥,而且直接关系到教学质量的提高。

一、备课的基本环节

备课包括学习国家课程标准,钻研教学内容,阅读参考资料,研究有关教学经验以及深入了解学生情况,选择具体恰当的教学方法,编写每一节课时的教学方案等,其基本环节如下。

(一)备教材

1.熟悉教材

从教材的系统性入手,了解知识内容的来龙去脉,及其在整个教材中的地位和作用,确定教材的深广度。

2.分析、钻研教材

在"精读"教材的基础上,对教材内容进行全面深刻的剖析,研究教材的思想性,研究运动、发展、转化,由量变到质变,对立统一等观点在教材有关章节中的具体体现[②],挖掘教材内容的育人价值。另外,在备课中要根据一般和特殊的辩证关系,掌握知识间的纵横联系,寻找教材间的"规律"。人们的认知规律总是由特殊到一般,再由一般到特殊,数学知识之间的纵横联系也必然反映出人们的这一认知规律。教师要从数学知识发生发展的过程与学生认知心理的发展过程入手,系统分析教材内容的编写规律。

3.处理教材

第一,紧扣教学目的,克服教学的盲目性。学习是一种有目的的活动,学习的目的性越明确,学生的学习积极性就越高。而学习上的自觉性是指学生对学习目的和它的社会意义有清晰的认识,从而转化为自身需要的学习积极性。为使学生明确自己的学习目的,对教学目的和要求的思考应考虑两点:一是学科德育体现在哪些方面;二是对基础知识和基本技能、技巧的学习应达到何种程度,提出何种水平的要求。教学目的的提出要具体明确,且恰如其分,太宽则过于笼统而针对性不强,太窄则易流于枝节而忽略重点。

第二,突出教学重点,克服学习的复杂性。根据教学目的,联系学生实际,组织教材内容,确定该详讲、略讲或不讲的地方,即确定教材的重点。教材的重点是指在整个教材中处于重要地位和作用的内容。教师在确定内容的重要程度时可以考虑两点:一是对于教材的

①　申素平,李琳.教师教育教学权学校保障机制研究:基于西部某农村公立高中的调查分析[J].中国人民大学教育学刊,2012(4):15-28.

②　安富海.促进深度学习的课堂教学策略研究[J].课程·教材·教法,2014,34(11):57-62.

有关部分,它是不是核心;二是它是不是今后学习其他内容的基础,或者是否有广泛的应用。教师在备课中要突出重点,避免孤立地讲授知识,以利于形成知识系统,同时还要避免过于关注知识的系统性而面面俱到。突出重点就是要抓住知识的"纲",做到"纲举目张"。

第三,突破教学难点,引领学生深度学习。教学中的难点常表现在知识抽象,知识的内在结构错综复杂,知识的本质属性比较隐蔽,知识要求用新的观点和方法研究,以及各种运算的逆运算等方面。一般采取抓住关键、突破难点,或者分散难点、逐步解决的办法。这要求备课时周密考虑知识内容的关键所在,在教学中充分运用直观、具体模型,逐步抽象,由浅入深,或充分利用已有知识经验、温故知新等方法扫除障碍。教材中的难点,不一定都是内容的重点。既是难点又是重点的内容则应特别重视,认真解决。

综上所述,教材是学校教学的主要依据。在备课时,要掌握本节课的知识结构体系,与前后知识之间的联系,在教学中的作用与地位,重点与难点,从而确定本节课的教学目标、课堂类型和所要使用的教学方法。此外,为了更好地把握教材,教师还需要阅读相关教学参考资料。教学参考资料详细说明了知识之间的联系、作用、地位,也提供了教学意见和一些注意事项,可以使我们加深对教材内容的理解。

在新课程背景下,随着教师角色的转变和学生学习方式的改变,备课不再是教材内容的简单诠释、教学过程的简单安排、教学方法的简单展示。它要求教师从新课程理念出发,在落实学生主体学习地位上下功夫,充分调动每一个学生的学习积极性,防止学生的学习活动流于形式,切实提高课堂效率。

(二)备学生

教学活动是在教师的主导作用和学生的主体作用相互协调配合下完成的,教师不了解学生,就不能在教学活动中做到有的放矢。在日常教学实践中,教师可以多方面了解学生。例如:回顾教学任务的完成情况;学生在课堂上的学习表现;通过分析学生的作业情况,了解学生对知识的理解程度。一般而言,备学生需要做到以下两点。

1. 备课准确定位学生学习目标

传统备课中的目标确定仅是对学生知识技能掌握的一种预设,而在新课程改革背景下需要关注学生在知识与技能,过程与方法,情感、态度与价值观三维目标上的全方位式的发展,强调知识、能力和态度的协同并进,最终指向学生核心素养的获得。传统的知识与技能的习得仍是教师在备课中必须重视的,但同时还需考虑另外两点:一是过程与方法的考量,重视设计学生探究知识的平台,促使学生学会用数学的方式思考并解决问题;二是情感、态度与价值观的要求,主要表现为培养学生热爱科学、勤于思考、善于探索、长于合作、追求真理的学习心理和学习品质。教师不仅需要设计适当的学习目标,还需要确认和协调达到目标的最佳途径。

2. 备课应考虑学生的个体差异

了解教学对象的差异是做好教学的前提工作。只有在掌握学生的个性差异和个体需求的前提下,教师才能为每一个学生的发展创造条件,使学生全身心地投入学习活动,真正做到因材施教。教师应认真分析学生的知识结构的差异,从而找准新知识学习的切入点;认真分析学生的学习方式的差异,根据学生的兴趣爱好与学习习惯,设计课堂教学活动,把握学习的鼓动点;认真分析学生的学习需求差异,分层施教,搭建学习桥梁,满足不同层次学生的学习需求。

(三)备例题与习题

例题与习题作为教材的重要组成部分,对于学生及时巩固和掌握数学知识内容、发展数学能力、培养数学思维等具有举足轻重的作用和意义。缺乏必要的、恰当的例题讲解和练习,学生就不可能巩固所学知识,掌握有关的基本技能和进一步培养能力。因此,教师必须精心选择、设计例题与习题,细心安排处理才能取得好的教学效果。

1.例题的选择和挖掘

例题的选择应有利于加深学生对概念和基础理论的理解、掌握,让学生通过例题,明确概念,掌握方法,启发思维,培养能力。因此选讲的例题应具有典型性与思维性,特别注意例题的一题多解与一题多变。中学数学教材在每一节内容的概念、定理、公式之后,都配备了一定数量的例题,教师应认真钻研、深刻理解每个例题的教学意图,并在教学过程中紧扣和实现教学目的。此外,若在教学中需要增设例题,则应注意以下几点。

第一,具有目的性。选择的例题要目的明确,可从如何帮助学生巩固知识和获取技能等方面进行考虑,并分层设计。一般可采用题组形式,围绕目的,层层展开。

例 1 在教学"指定区间上二次函数的极值与最值"时,设计例题:已知函数 $y=f(x)=x^2-2x+2$,试求函数在下列区间上的极值与最值:①$(-\infty,+\infty)$;②$[0,3]$;③$[-1,0]$;④$[2,3]$。这里既需要做一般的考虑,又要在有限区间的情况下,特别考虑区间的端点。

第二,具有启发性。例题的设计要促使学生通过理解一类问题的条件与解题方法,不仅思考问题的本身,而且还可以思考更广泛、更深远的一般性问题。

例 2 求证 lg3 · lg33<1。

问题本身启发:ⅰ)$3\times33=99$;ⅱ)$lg3+lg33=lg99<lg100=2$;ⅲ)要证不等式左边为和式,可考虑用"$a>0,b>0,则\frac{a+b}{2}>\sqrt{ab}$"来证明。

第三,具有延伸性。通过对例题的挖掘和深化,能够使问题在横向和纵向上延伸展开,帮助学生在推广、归纳、分类中加强探索能力。其中:横向延伸是指对例题的一题多解;纵向延伸是指改变例题的条件和结论,采取有层次的"题组式"教学。

例 3 在"不等式证明"一节中,设计如下例题:

ⅰ)a,b,c 均为正数,$(a+b)\left(\frac{1}{a}+\frac{1}{b}\right)\geqslant4\Rightarrow(a+b+c)\left(\frac{1}{a}+\frac{1}{b}+\frac{1}{c}\right)\geqslant9$

$\Rightarrow$若 $a+b+c=1$,则 $\frac{1}{a}+\frac{1}{b}+\frac{1}{c}\geqslant9\Rightarrow\frac{2}{a+b}+\frac{2}{b+c}+\frac{2}{a+c}\geqslant\frac{9}{a+b+c}$;

ⅱ)a,b,c 均为正数,$a^2+b^2\geqslant2ab\Rightarrow a^2+b^2+c^2\geqslant ab+bc+ca$

$\Rightarrow a+b+c\geqslant\sqrt{ab}+\sqrt{bc}+\sqrt{ac}\Rightarrow\frac{1}{a}+\frac{1}{b}+\frac{1}{c}\geqslant\frac{1}{\sqrt{ab}}+\frac{1}{\sqrt{bc}}+\frac{1}{\sqrt{ac}}$。

第四，具有典型性。例题的选择要具有典型性，即代表性，可以通过"以点带面"，促使学生举一反三、触类旁通。

例 4 在教学"用代入法求动点轨迹问题"时，可设计例题：如图 7-1 所示，设点 A 的坐标为 $(2,0)$，点 Q 为圆 $x^2+y^2=1$ 上任一点，OP 是 $\triangle AOQ$ 中 $\angle AOQ$ 的角平分线，求点 P 的轨迹。

从这类问题的解法中可以抽象出利用"代入法"求动点轨迹的一般方法。

2. 课内练习题的选择与设计

练习是数学教学的有机组成部分，是学生学好数学的必要条件。课堂练习的目的在

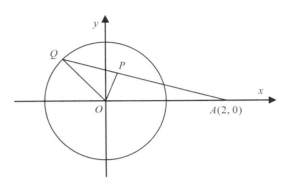

图 7-1 用代入法求动点轨迹问题示意

于帮助学生及时巩固基础知识，进一步理解和掌握数学基础知识，训练和发展学生的基本技能和能力，能够发现和弥补教与学中的遗漏或不足，培养学生良好的学习习惯和品质。对于课内练习题的设计，教师需要事先明确各题的要求，对于解题关键、解题技巧与解题格式做到心中有数，区别哪些习题是主要的，哪些是巩固性的、创造性的、综合性的。为了使练习能起到应有的作用，教师在备课中安排练习时应注意：第一，紧扣重点，题量适度，难度适中，有利于基础知识的巩固和规律的掌握；第二，循序渐进，注重梯度设计，练习应由浅入深，逐步提高对学生的要求；第三，强调题型多样，重视变式训练和探索性训练，不断强化学生数学能力的训练，满足不同层次学生的学习需求。

3. 课外作业题的布置与配备

教师布置作业题时应避免大量的机械模仿性的题目，应强化对核心概念等知识内容的考查，培养学生用数学的方式思考与解决问题的能力。除了必做题，教师可以布置适量的选做题，使不同程度的学生得到不同的发展。

对于作业题的编制，教师需要突破常规，认真学习研究，掌握独立地创造新题的方法和技巧。制题是比解题更困难和更复杂的数学思维过程，正如数学大师华罗庚所言，出题比做题更难，题目要出得妙、出得好，要测得出水平。制题是在设定条件的同时，也设定要证明的结论。一个好的题目应满足：文字叙述简洁明了，条件恰到好处，解题所需知识不超出解题者的知识范围。编制数学题的来源包括现实原型的数学化以及对数学原型的逻辑组合（即从特定的原型出发，进行变式改变，例如逆命题、一般化、特殊化等）。常见的编题方法有以下几种。

第一，陈题改编。对数学题进行加工、改造、深化是编造作业题的重要方法，例如从变换原题条件入手，编制新题。

例 5 【原题】已知点 $M(-5,0)$，点 $A\left(-\dfrac{9}{5},\dfrac{12}{5}\right)$，点 $B\left(-\dfrac{9}{5},-\dfrac{12}{5}\right)$，动点 P 到 AB、MA、MB 的距离分别为 $|PC|$、$|PD|$、$|PE|$，且 $|AC|^2=|PD|\cdot|PE|$，求动点 P 的轨迹方程。

【改编题】(ⅰ)设等腰 $\triangle OAB$ 的顶角为 2α,高为 h,在 $\triangle OAB$ 内部有一动点 P,到三边 OA,OB,AB 的距离分别为 $|PD|,|PF|,|PE|$,满足 $|PE|=|PD|+|PF|$,求 P 点的轨迹。(ⅱ)若(ⅰ)中的点 P 在 $\triangle OAB$ 外,满足 $|PE|=|PD|-|PF|$,求 P 点的轨迹。

除此以外,还可对定理、公式、习题继续推演,得到新的结论,或将几个题目整合,利用它们之间的关系,编造新习题。当然,编出的习题是否正确,还要通过实际推证或演算来进行检验。

第二,高等数学成果初等化。在高等数学研究成果中,常常包含着一些初等的结论,例如恒等式、不等式等,将高等数学中的一些问题经过简单化、特殊化、具体化之后,常可用初等方法来解决,这些题无范本可循,往往是公认的好题。以高观点研制数学题目,可以编制出有新意的题目。例如,高等数学的基本思想、基本方法、基本问题为高考命题设计提供了新的背景和思路。

例 6 以李普希茨条件为背景设计函数知识的应用题如下:

对于函数 $y=f(x)$,若存在一个正的常数 a,使得定义域 D 内任意两个不等的值 x_1,x_2 都有 $|f(x_1)-f(x_2)|\leqslant a|x_1-x_2|$ 成立,则称函数为 D 上的李普希茨函数。已知集合 M_B 是满足下列性质的函数 $f(x)$ 的全体:对于定义域 B 中的任何两个自变量 $x_1,x_2(x_1\neq x_2)$,有 $|f(x_1)-f(x_2)|<|x_1-x_2|$。

(ⅰ)当 $B=\mathrm{R}$ 时,$f(x)=\sqrt{x^2+1}$ 是否属于 M_B?为什么?

(ⅱ)当 $B=(0,+\infty)$ 时,求证 $f(x)=\dfrac{1}{x}$ 是否属于 M_B。若不属于,举例说明存在一个 $D\subsetneqq(0,+\infty)$,使 $f(x)=\dfrac{1}{x}$ 不属于 M_B。

第三,倒果为因法。预先约定条件 A,经过逻辑推理后得出结论 B,若这些推理可逆,则可以得出以 B 为条件,A 为结论的数学题,或与推演过程有联系的数学题。

例 7 先约定 a,b,c 成等差数列,作以下演绎:
$$a-b=b-c\Rightarrow(a-b)-(b-c)=0\Rightarrow[(a-b)-(b-c)]^2=0.$$
考虑恒等式:
$$(a-b)+(b-c)=a-c,$$
$$[(a-b)+(b-c)]^2-[(a-b)-(b-c)]^2=4(a-b)(b-c),$$
可得 $(c-a)^2-4(a-b)(b-c)=0$。
由于以上过程可逆,故可编制一道题目如下:
已知 $(c-a)^2-4(a-b)(b-c)=0$,求证 a,b,c 成等差数列。
类似地,再考虑恒等式:
$$[(a-b)+(b-c)]^3+[(a-b)-(b-c)]^3=2(a-b)^3+6(a-b)(b-c)^2,$$
又可得题目:
已知 $2(a-b)^3+6(a-b)(b-c)^2+(c-a)^3=0$,求证 a,b,c 成等差数列。

有兴趣的读者,可以推演一下本例中的题目,你一定会有新的发现。

需要说明的是,采用"倒果为因法"编制数学题的条件是每一步的推演必须都是可逆的。另外,推演的步骤不宜太多,否则将失去考查学生的意义。

第四,类推仿造法。根据原有题目的特点,类推、仿造新的数学题。

例 8 【原题】若 $a>0$,则 $a+a^{-1}\geqslant2$;若 $a<0$,则 $a+a^{-1}\leqslant-2$。

【仿造题】(i)设 $2k\pi<a<(2k+1)\pi(k$ 是整数),求证:$\sin\alpha+\dfrac{1}{\sin\alpha}\geqslant2$。

(ii)设 $2k\pi-\dfrac{\pi}{2}<a<2k\pi(k$ 是整数),求证:$\tan\alpha+\dfrac{1}{\tan\alpha}\leqslant-2$。

(iii)设 a 是任意实数,求证 $\dfrac{a^2+4}{\sqrt{a^2+3}}\geqslant2$。

(四)备导入

课堂导入好,能吸引学生的注意力,激发学生的求知欲望,提高学生的学习兴趣。一般而言,构思课堂导入需要达到如下要求:创设良好的教学情景,引发学生积极思考;揭示本节课的教学目标;引起学生注意,沟通学习情感。

(五)备设问

教学中教师主导作用的发挥,主要体现在一个"引"字;而学生主体作用的发挥,则体现在一个"放"字。无论是"引"还是"放",离不开教师的精心设问。教师通过问题(串)设计,旨在实现思路让学生讲,疑难让学生议,规律让学生找,结论让学生得,错误让学生析,从而启发学生的思维。

(六)备小结

课堂小结旨在帮助学生回顾与总结本节课的学习内容,教师在设计小结时需要注意以下几点:一是尽量引导学生总结,尝试用数学语言表达。二是将本节课的知识纳入系统结构,促使学生整体把握与理解知识。三是小结形式并非固定不变。既可以是承上启下的引子,例如提出某一未解决的问题,引出下节课;也可以是激发学生兴趣的火花,例如故设悬念,让学生课后思考;还可以是布置新的研究课题,例如就课堂上出现的某一基本图形,要求学生翻阅资料,查找与这一基本图形有关的几何题等。

(七)备教学语言

语言是人们交流思想的主要工具,教学主要通过语言表达来进行,数学教师应严格要求自己在教学活动中正确运用语言,讲究科学性,注意用词准确、叙述精练、前后连贯、逻辑性强。教师在备课时需要加强对课堂教学语言使用的关注,做到:认真推敲衔接语言,使表达自然过渡;语言有感染力和吸引力,注意语言的抑扬顿挫;有意识地克服口头禅,使用准确、科学的数学语言进行表达;注意启发式语言、鼓励性语言的使用,调动学生的学习积极性,引领学生思考。

(八)备板书

板书作为课堂教学的重要组成部分,直接影响着课堂教学效果。板书的设计应与教学内容紧密结合,反映定义、定理、公式、法则及主要推导过程,呈现例题及相应的解答过程,包含总结性的内容提要及规律要点。同时,板书在内容呈现上应详略得当、重点突出、层次分明。教师在设计板书时,需要做到:一是包含明确的课题、简明扼要的讲解提纲、脉络清楚的教学内容,重点突出;二是书写时字迹工整、表达规范,对学生应掌握的解题格式、证题格式体现示范性;三是作图正确,线条清晰,大小适中,尤其是对低年级的尺规作图,切忌徒手画图。

(九)备教具

教师可以自制一些简单实用的教具,并充分利用现代教育技术辅助教学,以不断提高数学教学质量。

二、评课的基本要求

关于数学课堂评价的基本要求,包含以下 6 个方面。

(一)明确的教学目标

课堂教学目标通常指一节课所要达到的教学要求,即教师对学生在认知、技能、能力、态度和情感(价值观)方面发生变化的期望。[①] 是否实现教学目标,往往是衡量一堂课成败的重要标志。数学教学目标由教学目的、各章教学要求、教材内容以及学生实际情况决定。所谓明确的教学目标,其含义包括教学任务与教学要求两个方面。

1. 教学任务明确、具体

我国中学数学教育的总体目标包括数学基础知识与基本技能的学习、数学能力的培养以及情感、态度、价值观的获得和良好个性品质的发展等方面。这个总的教学目标显然不可能在一堂课中全部达成,需要借助每堂课的教学任务来逐步落实。对于教学目标,教师需要安排相应的教学任务,保证学生在参与数学学习活动的过程中实现知识、能力、态度等方面全景式的发展。

2. 教学要求准确、恰当

教学任务只是在横向上明确了教学的范围,还需在纵向上把握教学要求。对于课堂教学来说,教学要求的确定必须符合教材的要求和学生的实际情况,在学生的最近发展区内落实教学目标。例如:基础知识技能的深广度要准确,既不能完全局限于教材,又不能过度延伸;能力的要求必须适当,不能操之过急;思想教育和个性培养的目标也要恰如其分;等等。当前,在中学数学教学中将教学要求定得过高的现象较为普遍,甚至提出"一次性达到高考标准"的要求,如此只会严重挫伤学生的学习积极性,造成教学的低效率。

---

① 肖峰.六种课堂教学目标编写模式评析[J].杭州教育学院学报(社会科学版),1997(1):55-61.

（二）恰当的教材处理

教材处理是指教师将教材内容加工转化成教学实践行为的创造性活动，既包括教师对教材内容的组织和教学秩序的设计，也包括对知识教学与能力培养关系的处理。恰当的教材处理一般具备以下几点特征。

1.认知准备充分

学习活动始于认知，包括知识准备和认知发展准备等。前者指学习新知识前学生的认知结构中应当具有的起固定作用的观念，例如有关的数学概念、原理和法则等；后者指学生从事新的学习前应当具有的认知功能的适当发展水平，例如观察力、想象力、思维能力以及情感意志等个性特征。认知学习心理学认为，只有具备充分的认知准备，才能实现有效的学习。教师需要充分考虑学生的认知心理特征，在明晰学情的基础上实现教材内容的"再创造"。

2.重点与难点处理得当

每堂课总有教学重点与难点，教师在备课中必须根据教学目标、教材和学生的实际情况，准确无误地确定教学的重点与难点，从而在实际课堂教学中组织相应的教学活动，抓住解决问题的关键，以突出重点，帮助学生突破难点。

3.知识传授与能力培养有机结合

现代教学论认为，知识与能力的关系十分密切。虽说没有足够的知识作为基础，学生不可能形成数学能力，但更重要的是，学生不具备一定的数学能力，就不可能真正掌握好数学知识，更不能运用于分析和解决实际问题。所以，现代教学思想的一个基本点，就是立足于传授知识，着眼于培养学生的能力，并且将二者有机地结合起来。教师在对教材内容进行处理时，不仅要关注到所要传授给学生的知识与技能，更要挖掘知识背后蕴含的有助于学生能力、态度、思维等方面培养的内容，真正实现学生在数学学习中的全方位发展。

4.展现数学思维过程，挖掘数学思想方法

一般而言，教材中对数学内容的组织与呈现存在着两条主线：一条是数学的知识系统，反映知识间的纵向联系；另一条是数学的思想和方法系统，反映知识间的横向联系。现代数学教学论认为，数学思想方法的习得是学生形成数学能力的重要因素，淡化数学思想方法的教学不利于学生从纵、横两个维度整体把握学科的基本结构，以致严重影响数学能力的发展。教师在进行教材内容的处理时需要超越具体的知识点，挖掘知识背后蕴含的数学思想方法，展现数学思维的发生发展过程，做到：在客观事实或数学知识的基础上，通过归纳、类比、抽象、概括形成概念，剖析概念的发生过程；借助合理的猜测和推理论证的导出过程，揭示命题的形成过程；重视对问题的探索与分析，呈现数学思路的获得过程。

（三）灵活的教学方法

现代数学教育理论认为，教学方法是为了让师生达到教学目标而相互结合的双边活动方式，是为了实现教育教学目的而采取的有秩序的活动手段。教师在教学中必须采用灵活有效的教学方法。

1.全面评估教学内容和学情，选择有效的教学方法

教学方法受到教学目标、教材内容、学生基础、学习习惯和教师本身的素质等多种因素

的制约,因而具有多样性、发展性和可补偿性等特征。对于一种教学方法,既不能简单肯定,也不能轻易否定。实际上,任何教学方法都不是完美无缺的,更不是万能的,需要因课制宜、因人制宜。对于一堂数学课来说,一般要根据新授课、复习课、练习课、概念课或命题课等不同课型,根据教材的深度及教学要求的高低,根据学生的知识基础、学习兴趣、学习习惯以及教师本人的素质等因素灵活地选用一种或几种教学方法,并形成最优的教学模式组合。教学方法是否有效,既要考察是否有利于培养学生的能力、发展智力,又要看是否有利于培养学生良好的个性品质,激励创造精神,等等。

2. 贯彻启发式教育思想

现代教学论中的启发式教学是在辩证唯物主义认识论的指导下,批判地继承传统教学理论的遗产而发展和完善的,其核心是启动学生积极思维,引导他们主动获取知识,培养分析问题和解决问题的能力。由于数学具有高度的抽象性和严谨的逻辑性等特征,贯彻启发式教学思想已成为数学教学方法的一条重要原则。在中学数学教学中贯彻启发式教育原则,要特别注重创设问题情境。教学一般要从提出问题开始,通过质疑启发、直观演示启发等,一方面激发学生的学习兴趣,调动思维的主动性,另一方面引导学生明确思维的目标和方向,帮助他们学会思考并善于思考。贯彻启发式教育原则,就是将学生真正当作数学学习的主体,相信学生、热爱学生、尊重学生,使他们在教师的指导下顺利地掌握知识、发现原理和规律。

3. 面向全体学生

课堂教学必须面向全体学生,注意课堂信息的反馈与纠正,在随时了解学生接受情况的基础上及时调整教学。在教学中,教师需要加强分类指导,保证每个学生都能获得良好的数学学习机会,不同程度的学生在数学上得到不同的发展。

(四)扎实的教学基本功

课堂教学基本功是指教师完成课堂教学所必需的外显的基本教学能力,包括教学态度、教师基本技能、语言表达和板书绘图等。

1. 教学态度严谨

教学态度一般指教师在课堂上的非言谈行为,包括教师的姿态、视线和情绪等。心理学家通过实验曾得出一个公式:课堂上信息的总效果＝7％的文字＋38％的音调＋55％的表情。这个公式说明了非言语行为在信息传递中的重要作用。在课堂教学中,良好的教态可以补充言语行为,通过视觉的补偿作用促进教师的信息输出向学生信息输入的主动转化,推动学生进行积极思维。在课堂教学中,教师的姿态应当端庄稳重、自然大方,视线环视全班,情绪应饱满乐观、和蔼可亲,达到以情感人。

2. 语言表达准确

数学教师的课堂语言必须是准确、精炼的数学语言,不仅要具有科学性、启发性和思想性,还要求逻辑严谨、层次分明,语言节奏适中。

3. 板书绘图规范

板书绘图是数学教学的重要手段,对于课堂教学效果有着重要的影响。一般来说,书写要求工整,绘图必须规范,以体现数学学科的特点。对主板书与次板书要有整体规划,做到层次清楚、布局合理、详略得当,富于启发性和示范性。

(五)良好的教学效果

所谓教学效果,是指学生个体或群体经历教学发生的变化,既包括双基的掌握程度,也包括学生能力的发展和个性品质形成的状况。教学效果有长期和短期之分,课堂教学效果主要指短期效果,表现为课堂教学中学生群体的参与程度与教学目标的达成度等。

1.学生群体参与度好

学生群体参与度好即指教学中学生认真投入学习活动过程,注意力集中,深度参与问题的解决,思维始终处于积极状态,课堂气氛活跃和谐。而且师生情感交融、配合默契,课堂纪律良好,课堂秩序活而不乱。

2.教学目标达成度高

教学目标达成度高即指学生回答和练习正确率高,双基的掌握情况良好,教学体现出对数学能力等的培养;部分学习有困难的学生的问题得到当堂解决,基本达到预期教学目标。

教学是高层次的艺术创作,要创作优质的数学课堂教学,教师不仅需要具有广博的知识、深厚的功底、优秀的教师专业技能、精练的语言表达,还需要有精湛的教材处理、娴熟的教学技巧以及各种优秀心理素质的良好组合,并能在实践中持之以恒地进行探索,逐步形成自己的教学风格。

(六)数学课堂的评价标准

1.教学目的(体现目标意识)

第一,教学目标全面、具体、明确,符合课程标准、教材和学生实际。

第二,重点和难点处理得当,抓住关键,能以简驭繁,所教知识准确。

第三,教学目标达成意识强,贯穿教学过程始终。

2.教学程序(体现主体意识)

第一,教学思路清晰,课堂结构严谨,教学密度合理。

第二,面向全体,体现差异,因材施教,全面提高学生素质。

第三,传授知识的量和训练能力的度适中,突出重点,抓住关键。

第四,给学生创造机会,让他们主动参与、主动发展。

第五,体现知识形成过程,结论由学生自悟与发现。

3.教学方法(体现训练意识)

第一,精讲精练,以体现思维训练为重点,落实"四基"。

第二,教学方法灵活多样,符合教材、学生和教师实际。

第三,教学信息多向交流,反馈及时,矫正奏效。

第四,从实际出发,运用现代教学手段。

4.情感教育(体现情感意识)

第一,教学民主,师生平等,课堂气氛融洽和谐,培养创造能力。

第二,重学生动机、兴趣、习惯、信心等非智力因素的培养。

5.教学基本功(体现技能意识)

第一,用普通话教学,语言规范简洁,生动形象。

第二,教态亲切、自然、端庄、大方。

第三,板书工整、美观,言简意赅,层次清楚。

第四,能熟练运用现代化教学手段。

第五,应变和调控课堂能力强。

6.教学效果(体现效率意识)

第一,教学目标达成,教学效果好。

第二,学生会学,学习生动,课堂气氛活跃。

第三,信息量适度,学生负担合理,短时高效。

7.教学特色(体现特色意识)

第一,教学有个性特点。

第二,教师形成教学风格。

❀ 练习题

(1)什么是数学教学方法? 它有哪些特征?

(2)试举例说明国内外主要有哪些数学教学方法。

(3)结合实际谈谈选择数学教学方法的原则及策略有哪些。

(4)结合具体教学内容谈谈如何选择合适的数学教学方法。

(5)什么是说课? 尝试自选一个课题进行说课。

(6)什么是说题? 尝试自选一个题目进行说题。

(7)什么是备课? 尝试自选一个课题进行备课。

(8)什么是评课? 它的基本要求是什么?

(9)数学课堂的评价标准是什么?

❀ 拓展阅读

[1]傅岩,吴义昌.教育学基础[M].2版.南京:南京大学出版社,2019.

[2]张奠宙.数学教育学[M].南昌:江西教育出版社,1991.

[3]波利亚著.怎样解题:数学思维的新方法[M].徐泓,冯承天,译.上海:上海科技教育出版社,2011.

第八章　数学课程与教学评价

❈ **学习目标**

(1)了解教学评一致性的研究背景及意义,通过了解教学评一致性分析的发展历程,体会国家课程标准对于课程发展的重要意义,感悟数学课程建设、发展过程中不断探索、勇于革新的精神。

(2)掌握 Webb、SEC、Achieve 等常见的一致性分析模型的特点,并能结合实际情况进行应用。

(3)理解教学评一致性的分析维度,能结合具体实例从学—教、教—评、学—评的维度进行分析,并能结合分析结果提出相应的教学策略。

(4)理解数学课堂评价的原则,能结合实例选择合适的课堂评价方法。

(5)掌握学生学业成就评价的方法,能结合实际选择合适的学生学业成就评价方法。

❈ **导　语**

教学评一致性为教师的教育教学提供实践导向,教师需依据课程标准制定教学目标、组织教学活动,而教学评价贯穿于整个教学过程且始终指向教学目标的实现,据此教师可以及时掌握并反馈教学效果,调整教学行为,从而促进教学目标的有效达成。

掌握数学教学的有效评价方法,包括数学课堂评价方法以及学生学业成就评价方法,有利于营造良好的育人环境,有利于数学教与学活动过程的调控,有利于学生和教师的共同成长。

本章将介绍如何基于课程标准进行教学评的一致性分析,明晰基于课程标准的教学评一致性的重要性,同时结合具体实例分析教学评一致性的影响因素,提出合理建议,并阐述如何对教师的课堂教学与学生学业成就进行评价。

第一节 基于课程标准的教学评一致性分析

一、基于课程标准的教学评一致性概述

(一)研究背景

教学评一致性的思想萌芽于课程理论与评价理论。1949 年,泰勒在其著作《课程与教学基本原理》中提出课程的 4 个基本问题:"学校应达成哪些教育目标""实现这些目标需要提供哪些教育经验""如何组织教育经验""如何判断哪些目标得以落实"①,这 4 个基本问题从本质上反映了目标、教学与评价一致性的理念。1956 年,布卢姆提出的教育目标分类学使得教学评一致性的思想逐步走向实践,其于 1976 年提出的"掌握学习"教学模式,更是尝试解决教学与评价一致性问题的进一步探索,以课程目标为导向,通过评价提供反馈和矫正,使学生达到课程目标所规定的标准。② 但此时课程目标如何确定仍是一个亟待解决的问题。

20 世纪 80 年代,美国掀起"基于标准的教育改革运动"的浪潮,强调以课程标准编制为起点,建立基于标准的基础教育体系,关注课程要素的一致性。而后,英国提出"为了学习的评价"理念,强调教师的教要促进学生的学,这种指向改进教学的评价理念使得传统评价开始走向教育评价范式,评价镶嵌于教学各环节中,而游离于教学之外。2001 年,我国《基础教育课程改革纲要(试行)》颁布并启动了国家课程标准的研制工作,其中明确指出,国家课程标准是教材编写、教学、评估和考试命题的依据,是国家管理和评价课程的基础。③ "基于标准的教育改革运动"的兴起引发了教学评一致性研究的热潮,"表现性评价""真实性评价""档案袋评价"等新型评价方式的蓬勃发展进一步催化了教学评一致性的相关研究。

(二)教学评一致性的内涵

韦伯将一致性界定为"两种或更多事物之间的吻合程度,即事物各个部分或要素融合成一个和谐的整体,并指向对同一概念的理解"④,这一定义得到了国内外许多专家的认可,成为学术界界定一致性的基础。国内学者崔允漷结合韦伯等人对一致性的诠释,提出"教—学—评"一致性的两种解释:一种是针对教师而言,在特定的课堂教学活动中,教师的教、学

---

① 泰勒. 课程与教学的基本原理[M]. 施方良,译. 北京:人民教育出版社,1994.

② 布卢姆,等. 布卢姆掌握学习论文集 [M]. 王纲,等,译. 福州:福建教育出版社,1986.

③ 中华人民共和国教育部. 教育部关于印发《基础教育课程改革纲要(试行)》的通知:教基〔2001〕17号 [A/OL]. (2001-06-08)[2023-10-08]. http://www. moe. gov. cn/srcsite/A26/jcj _ kcjcgh/200106/t20010608_167343. html.

④ WEBB N L. Alignment of Science and Mathematics Standards and Assessments in Four States (Research Monograph No. 18) [R]. Madison: University of Wisconsin-Madison • National Center for Improving Science Education, National Institute for Science Education, 1999.

生的学以及对学习的评价具有目标的一致性;另一种是针对教师和命题专家而言,教师的教、学生的学和命题专家的命题应保持目标的一致性。[①] 无论何种解释,教学评一致性均强调目标的重要性。《普通高中数学课程标准(2017版2020年修订)》以及《义务教育数学课程标准(2022年)》的先后颁布,明确了新的数学课程目标,关注学生数学学科核心素养的形成和发展。由此,在"立德树人"的大背景下,教学评一致性将指向学生数学核心素养的培养。综上,我们将基于课程标准的教学评一致性界定为:依据课程标准精准定位目标,教师的教、学生的学以及教学的评价围绕目标而展开,三者保持协调统一,以全面落实课程目标,促进学生学科核心素养的形成与发展。

二、教学评一致性的意义

(一)提升教师教育素养,推动有效教学

教学评一致性在为教师教学提供导向的同时,也对教师自身专业素质提出了更高的要求。教师需依据课程标准制定教学目标,组织教学活动,而教学评价贯穿于整个教学环节且始终指向教学目标的实现。教学评一致性的教学,以教学目标为出发点,始终围绕教学目标,并最终以教学目标的实现为目的。教学目标不是橱窗里的展示品,也不是教学中锦上添花的存在,而是教学的必需品。教师不仅需要思考"教什么"或"怎样教"的问题,还需要思考"为什么教""教到什么程度"的问题,突破传统的教学思维,实现从"教书匠"到"大先生"的转变,关注学生品行、素养的培养。在教学评一致性的课堂实践中,教师历经清晰的教学反思路径,以教学目标为中心,思考教学设计,组织教学内容,设计教学评价,提升教学应变能力,在不断的研习中提升教育素养,推动有效教学。

(二)保障课程体系运行,深化课程改革

安德鲁·波特(Andrew Porter)和约翰·史密森(John Smithson)提出了课程框架包含预期课程(intended curriculum)、评价课程(assessed curriculum)、实施课程(enacted curriculum)和达成课程(learned curriculum)4个水平[②],不同水平的课程相互间的一致性是构建课程良性运行机制的有效保障。课程标准即预期课程,而"教、学、评"分别指向实施课程、达成课程和评价课程,基于课程标准的教学评一致性实质上关乎课程体系的有效运行,在课程视域下教、学、评应该保持一致。但受到课程体系的复杂变化的影响,课程体系可能并不具备实然一致性;通过教学评一致性的检测得到实证数据,可以反过来不断调试课程运行,进一步深化课程改革,从而趋向应然的一致性。

(三)顺应评价范式转化,助推教育革新

基于选拔功能的教育评价更侧重结果,它通过标准化的测验来衡量学生的能力并选拔

---

① 崔允漷,夏雪梅."教—学—评一致性":意义与含义[J].中小学管理,2013(1):4-6.

② 李秋实,刘学智.美国"课程实施调查"项目新进展:教科书与课程标准一致性分析模式研究[J].外国教育研究,2019,46(7):15-28.

人才,使得学校教育扮演"社会分流器"的角色。当前随着教育理念转变,学校教育旨在促进每一个学生全面的、个性的发展,评价范式开始由心理测量转向教育评价。[①] 教学评一致性顺应评价范式的革新与转化,评价不再独立于教学环节,而是融于教学之中,通过评价为教学提供建议,通过评价促进学生学习,体现出学生学习的动态性与发展性。教学评一体化的实践,为表现性评价、档案袋评价等新型评价范式提供了沃土,推动了新时代教育评价体系的改革与发展;同时教育评价体系的发展也为教学评一致性的有效落实提供了支持,实现教学与评价的有机整合。

三、一致性分析模型

由美国发起的"基于标准的教育改革运动"驱动了一致性分析范式的相关研究,研究者开发了多种一致性分析的模型。目前广泛应用的一致性分析模型主要有 Webb、SEC(survey of enacted curriculum)、Achieve 这 3 种,下面逐一介绍 3 种一致性分析模型的特点及分析框架。

(一)Webb 一致性分析模型

韦伯(N. Webb)在检视一致性概念的基础上,从知识种类、知识深度、知识广度、知识分布平衡性 4 个维度展开知识内容领域的一致性研究,提出最早的一致性分析模型——Webb 模型,并明确每一个维度的可接受水平。其中:知识种类主要衡量研究对象与课程标准所考查的知识内容范围是否一致,每个内容领域至少有 6 道题考查课程标准的学习目标,则知识种类一致性良好;知识深度用于判断研究对象所涉及的认知水平、知识技能是否与课程标准保持一致,当研究对象有 50% 以上的内容符合要求则认为一致性良好;知识广度主要指研究对象所包含的知识内容范围覆盖,当其知识内容的覆盖点达到课程标准所要求的 50% 以上时,认为具有良好的知识广度一致性;知识分布平衡性是判断内容分布合理性的指标,当平衡性指数大于 0.7 时认为具有良好的分布平衡性。[②]

Webb 模型能从多维度进行一致性分析,提供详细的研究数据,并能定量判断一致性接受程度,但当课程标准与研究对象的一一对应关系不清晰时,则无法分析两者的吻合程度,因此该模型的使用范围较窄,较常适用于试题与课程标准之间的一致性分析。

(二)SEC 一致性分析模型

SEC 一致性分析模型由安德鲁·波特和约翰·史密森两位学者基于韦伯一致性分析工具而建立,用于课程体系整体的一致性分析。SEC 模型建立研究对象的"内容主题×认知水

---

① 崔允漷. 促进学习:学业评价的新范式[J]. 教育科学研究,2010(3):11-15.

② WEBB N L. Alignment of Science and Mathematics Standards and Assessments in Four States (Research Monograph No. 18)[R]. Madison:University of Wisconsin-Madison·National Center for Improving Science Education,National Institute for Science Education,1999.

平"的二维矩阵,根据公式计算波特一致性系数。波特一致性系数的计算公式[1]为:

$$P = 1 - \frac{\sum\limits_{k=1}^{K} \sum\limits_{j=1}^{J} |a_{kj} - b_{kj}|}{2}$$

其中,K、J 分别表示二维矩阵的行数和列数;a_{kj} 为一个矩阵中的第 k 行、第 j 列单元格所对应的数量比率值;b_{kj} 为另一个矩阵中第 k 行、第 j 列单元格所对应的数量比率值。一致性系数 P 值($P \in [0,1]$)表示两个矩阵对应的单元格数据的符合程度。

SEC 模型使用的第一步需要通过内容主题和认知水平的同一"描述符"分别建立起研究对象和课程标准的"内容主题×认知水平"的二维矩阵;然后依据编码框架进行资料统计得到各研究对象所涉及知识点的二维矩阵,并进行标准化处理;最后通过一致性系数的计算得到用于描述一致性程度的量化结果。美国学者加文·富尔默(G. W. Fulmer)为得到一致性系数评价的客观标准,建议通过仿真模拟形成一致性系数分布系数,从而得到 $\alpha = 0.05$ 水平下的一致性系数的临界值。通过比较临界值与一致性系数的大小,判断一致性系数在统计意义上的一致性情况:当一致性系数大于临界值时,说明两者在统计学意义上一致性显著;当一致性系数小于临界值时,说明两者的一致性不显著。[2]

SEC 模型的应用具有很强的灵活性,它可以根据研究对象的特征构建二维矩阵,并且能呈现基于数据量化的研究结果,但 SEC 模型主要用于整体一致性研究,对一致性的细节信息刻画不足。

(三)Achieve 一致性分析模型

美国非营利教育研究机构 Achieve 组织的负责人罗伯特等人从向心性、挑战性、均衡性 3 个维度构建了综合性强的 Achieve 一致性分析模型,并将每一个维度进一步细分为关联指标。其中:向心性维度包括内容向心性和表现向心性,挑战性维度细分为挑战的来源和挑战的层次两个指标,均衡性维度包括平衡和范围两个指标。[3] Achieve 一致性分析模型的应用主要分为三阶段:首先,展开内容整体分析,检测研究对象与课程标准的匹配程度;其次,判断研究对象的难度,即挑战性分析;最后,检测知识内容分布平衡性及内容广度。

Achieve 模型主要采用质性分析方法,通过多尺度的衡量,其研究结果更具综合性,但定性分析无法提供明确的一致性比较标尺,因此难以开展横向和纵向的比较。

四、教学评一致性分析维度

基于课程标准的教学评一致性以课程标准为核心,形成教学、学习、评价相互联系的三位一体关系,由此构建目标导向的"学—教"一致性、"教—评"一致性和"评—学"一致性两两

---

[1]　PORTER A C. Measuring the Content of Instruction: Uses in Research and Practice[J]. Educational Researcher, 2002, 31(7): 3-14.

[2]　FULMER G W. Estimating Critical Values for Strength of Alignment Among Curriculum, Assessments, and Instruction [J]. Journal of Educational and Behavioral Statistics, 2011, 36(3): 381-402.

[3]　RESNICK L B, ROTHMAN R, SLATTERY J B, et al. Benchmarking and Alignment of Atandards and Testing[J]. Educational Assessment, 2004, 9(1-2): 1-27.

关联的一致性分析模型①,如图 8-1 所示。

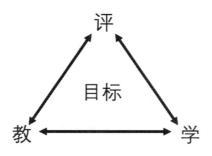

图 8-1　教学评一致性分析模型

(一)"学—教"一致性分析

"学—教"一致性指向课堂学习目标的达成,"教"指教师为促进学生学习而开展的制定教学目标、选择教学内容和方法、组织教学活动的过程,"学"指学生为了实现目标所进行的种种努力,表现为自身学习情况、课堂参与情况等。教师的元数学观念与学生认知水平之间存在差异,所以教师需要不断引导从而消弭教师和学生间的差异,寻求学生的最近发展区,实现学生理解与教学内容之间的一致、学生对教学内容的掌握与教学目标的一致等。从以下 3 个维度进行"学—教"一致性的分析。

1. 教学目标的合理性

目标既是教学的出发点,也是教学的归宿,其对选择教学内容、组织教学活动、设计教学评价等有统领作用。教师在制定教学目标时需要仔细研读课程标准,在明确课程目标整体要求的基础上,将其解构为单元教学目标,最后依据课时细化形成可操作、可测量的学习目标,必要时可以通过前测准确把握学情,进一步修正学习目标。合理的教学目标应符合以下几点:第一,教学目标与课程标准的要求一致,使用"了解、理解、掌握、运用""经历、体验、探索"等行为动词准确描述认知水平要求;第二,教学目标以学生为中心,明确行为主体和行为条件;第三,教学目标层次分明,具有强操作性,可观察,可测量;第四,师生对教学目标认知清晰,并且共同为实现目标而努力。

2. 教学内容与学情的适配性

教学内容是教学目标的具体化,是教学目标实现的载体。教学内容的选择以教材为参考,以学生经验为基础,通过整合优化以最终实现教学目标。教学评一致性理念下的教学内容应具备以下特征:第一,适切性。依据教学目标选择教学内容,既要满足学生基本知识、基本技能的训练,也要关注学科能力、素养的培养。第二,适量性。教学内容应关注学生的学习兴趣和经验,不以应试教育为导向增加"繁、难、偏、旧"的教学内容,从而加重学业负担。第三,情境性。情境是知识产生的背景,教学内容的呈现应以情境为载体,通过创设真实的情境,引发学生思考,促进知识"结构化"。第四,多样性。学生的认知特点与个体多样性决定了每个人对同一内容的解读不同,教学应充分考虑学生的认知特点,呈现多样化的教学内容,提供不同途径以达成教学目标。

---

① 崔允漷,夏雪梅."教—学—评一致性":意义与含义[J].中小学管理,2013(1):4-6.

3.教学活动的特征

教学活动是教师依据教学原则,借助一定的教学手段,组织恰当的教学内容以完成预期的教学任务的过程。教学活动是教师和学生之间的双向互动,并受到教学目标、教学内容等因素的影响。教学评一致性理念下的恰当的教学活动应具备以下特征:第一,教学活动以教学目标为中心层层展开,不同教学目标的达成方式应多元化。例如,简单的知识技能目标通过教师的讲授,学生可以快速、高效掌握,过程性目标需要学生经历体验、探索等过程,积累数学活动经验。第二,教学活动应体现主体性特征。新课程改革关注学生数学核心素养的培养,而素养的培养需要以基本知识、基本技能为基底,以数学活动为沃土来发展数学思维,因此教学活动应提供学生主动思考、自主探索的机会,在思考、解决问题的过程中发展学科核心素养。

(二)"教—评"一致性分析

拉维·邓肯(R. G. Duncan)等人的研究表明,教学与评价的一致性是揭示学生学习过程的重要环节。[①] 评价是教学的导航系统,以教学目标的实现为终点,通过评价链接每个教学环节,为教师的教和学生的学提供经常性的即时反馈。评价包括终结性评价和形成性评价。终结性评价主要指单元测验、期末测验和学业评价等阶段性的成果评价;形成性评价主要指教师在教学过程中为了解学生的学习情况,发现教学中存在的问题及时修正教学计划而进行的评价。评价体系的日益完善展现了教学的现状和发展进程,为教学改进和优化提供数据驱动。

1.评价与教学目标的一致性

评价的目的是改进教学,促进教学目标的达成,如果评价不以教学目标为准则,那么评价的结果就失去意义。中考、高考等大规模的学业评价测验对教师教学的影响根深蒂固,但课程标准并没有很好地发挥其对教学应有的导向作用。事实上,在升学率的重压之下,教师对于统考、联考的依赖程度仍然很高,自然在教学中更多关注大规模联考、统考中的重难点,从而影响形成性评价的效果。终结性评价与课程标准的一致性向教师传递了明确的教学信息,只有给予教师基于标准教学的信念,才能将形成性评价落到实处,否则形成性评价只能处于为了评价而评价的尴尬处境。因此,判断评价与教学目标的一致性首先可以通过一致性研究模型进行试题与课程标准的一致性比较,然后通过课堂观察、访谈等形式进一步分析课堂中形成性评价的现状。

2.评价方式与教学内容的匹配度

学生知识技能的掌握情况是基于结果的评价,可以通过课堂的提问、作业反馈、纸笔测验等形式进行评价。核心素养背景下的一致性更关注教学目标达成的发展路径,呼吁评价方式的多样化与评价维度的多元化。例如,学生问题解决过程中的知识技能掌握情况、情感态度、合作交流意识、数学思维的发展、数学模型构建过程等。因此,教师应根据教学目标精心设计评价任务,依据教学内容选择恰当的评价方式,多维度评估学生发展。合理运用提问、点评等互动方式及时反馈评价信息,合理安排纸笔测验把握学生认知掌握情况,善于在数学活动中应用表现性评价,增加学习汇报等形式呈现课题研究成果,从而增强学生的成就

---

① 　DUNCAN R G, HMELO-SILVER C E. Learning Progressions: Aligning Curriculum, Instruction, and Assessment[J]. Journal of Research in Science Teaching, 2009, 46(6): 606-609.

感,提升语言表达能力。

3.评价与教学活动相融合

教学评一致性理念下的评价镶嵌于教学之中,为教学提供即时反馈,因此评价与教学活动应当相互融合。教学必然伴随着评价,评价也必须以教学为载体,评价与教学活动的融合应具备以下特征:第一,准确性。不同教学活动具有不同的特征,指向不同的教学目标,评价必须与教学活动相匹配,精准传递信息。教师需要思考教学活动指向的教学目标是什么,如何设计评价任务以准确识别教学目标的达成。第二,时效性。及时反馈有利于教师把握教学动态进展,收集信息为下一步教学决策服务,持续改善教学过程,推动有效教学。第三,全面性。教学活动的参与主体众多,行为特征丰富,行为层次多样,评价既要关注全体也要重视个体,结合教学活动全面评价学生的行为表现,形成知识技能、过程方法、情感态度的多维度评价体系。

(三)"评—学"一致性分析

教学评一致性理念关注促进学习的评价,"促进"一词强调对学生这一学习主体的关注,体现学习的过程性,发挥学生的主观能动性,评价的功能在于提供促进学生学习所需的信息、数据。

1.学生的学习效果与教学目标的一致性评价

教学内容只有经过学生的内部加工与主体建构才能成为学生的知识。因此学生所掌握的教学内容与教师期望学生达到的效果之间可能存在差异,这就需要通过评价提供翔实的数据。例如,可以通过课堂测试或课后访谈(访谈提纲如表 8-1 所示)的形式了解学生的学习情况,为促进学生学习提供决策信息。

表 8-1　课后了解学生学习情况的访谈提纲

访谈提纲	
教师: QT1:您备课时,会设计清晰、具体的教学目标吗? QT2:您是如何确定这堂课的教学目标的? QT3:您在数学课堂中教授教学内容和组织教学活动的依据是什么? QT4:您觉得这堂课学生学习的重难点在哪里? QT5:您觉得这堂课学生的掌握情况如何?还有哪里需要加强吗?	学生: QS1:你清楚地知道这节课要学什么吗? QS2:你能够很好地理解书本上的知识及教师所讲的内容吗? QS3:你对本节课的学习结果满意吗? QS4:你对这堂课有什么疑问吗?你在课堂上有机会提出自己的疑问吗? QS5:你回答之后,教师会追问或者给出评价吗? QS6:你能独立完成课堂和课后的练习吗?如不能,你觉得哪里比较难?

2.评价结果的呈现和利用方式

评价有可能会促进学生学习,也有可能会阻碍学生学习,关键在于如何呈现和利用评价结果。传统评价中的学生只是被评价的对象,其主体性地位缺失,常模化的评价方式造成学生之间功利性的竞争。因此,评价结果的呈现和利用应更多关注学生的进步,在了解学生已经掌握的内容与具备的能力的基础上,分析其存在的不足与发展的潜力。评价结果及其利用的核心是促进学生学习,通过结果的分析增强学生学习的自信心,激发学习兴趣,避免粗犷的终结式的评价标签扼杀学习兴趣和自信心。教学中可以采用鼓励式话语,通过梳理学生学习历程、师生对话交流、归因分析等方式,提供个性化的反馈,从而促进学生的全面发展,形成良好的师生合作关系。

五、教学评一致性的落实策略

落实教学评一致性的影响因素包括课程标准自身特征、学校教学环境、外部的评价与监督。[①] 下面从标准制定、实施、评价 3 个层面阐释落实教学评一致性的策略。

第一,标准制定层面。完善课程标准,明确核心素养指向下教学评一致性的内涵,并提供教学案例说明指导教师如何开展教学评一致性实践。构建一致性研究范式,组建教育研究人员、基层教师协同研究团队,从理论和实践层面双重解读课程标准,实现以理论指导实践、以实践促进理论发展的目标。

第二,实施层面。学校打破唯绩效目标论的教育理念,倡导基于标准的教学评一致性理念,完善教师的考评体系,从根本上转变教师的教学理念,从制度层面营造教学评一致性实施的教学环境。组建教学共同体,定期开展教学评一致性教研座谈,提升教师解读课程标准与基于标准教学的能力;组织课堂观摩,促进教师之间的互相交流与评价,提供教师专业发展的渠道。

第三,评价层面。评价是把控基于课程标准的教学评一致性的关键。教育研究工作者以学科核心素养为抓手,落实立德树人根本任务,促进学生全面而有个性的发展。学业评价考试和中高考的命题以课程标准为根本,在传统评分基础上开展学科核心素养的达成评价,为教师传递明确的教学信息。另外,教师本身应丰富评价理论知识,提升教育评价素养,在教学中贯彻评价的基本原则,重视学生核心素养的达成,强调评价的整体性和阶段性,开展主体多元、形式多样的评价,以促进学生的学习。

第二节　数学课堂教学评价

一、数学课堂教学评价的原则

具体包括以下几方面。

(一)整体性原则

整体性原则包含两方面的含义:一是数学课堂教学是由教师、学生、教学环境 3 个方面

① 李锋.我国课程标准与教学实施一致性的现状、反思及策略[J].课程·教材·教法,2012,32(8):9-14.

构成的,在评价时必须同时评价这 3 个方面及其之间的互动关系。二是数学知识逻辑性强,结构严谨,许多教学内容和思想方法环环相扣、循序渐进,在进行数学课堂教学评价时不仅要考虑本节课的教学内容与思想方法等,还应纳入整个数学教学体系,抓住问题的全貌和本质,综合考虑本节课的内容、方式、思想方法等在教学中的地位与作用。

(二)人本原则

数学教育要从以获取知识为首要目标转变为首先关注人的发展,创造有利于学生主动发展的教育环境,提供给学生充分发展的时间与空间。数学教学不应该只是传授数学知识与技能,还应该注重数学的育人价值。教师的工作是使学生发展成为具有完全人格的人,在教学中要使学生的知、情、意、行都得到相应的发展。因此,数学教学评价应坚持以人为本的原则,避免用严格划一的"一把尺"统一衡量。只要是教学中符合学生的实际状况,并对他们的认知、能力及情感有恰当发展的原则,都应该予以肯定。

(三)发展性原则

课堂教学评价的最终目标是调整和改进教学,促进师生双方的发展。《基础教育课程改革纲要(试行)》明确指出,改变课程评价过分强调甄别与选拔的功能,发挥评价促进学生发展、教师提高和改进教学实践的功能。因此,数学课堂教学评价应关注课堂教学过程的动态生成,多视角展开评价,使被评价者获得发展性体验,拥有更广阔的发展空间,有效促进数学课堂的可持续发展。

(四)指导性原则

数学课堂教学评价作为促进教学发展的有效手段,是以评价来反馈和指导具体的教学工作,从而提升数学教育效果。通过教学评价,并对评价结果进行科学分析,从不同角度探讨因果关系,指导数学教学工作,有效设计教学方案,将评价上升到理论高度,进而对课堂教学的实施指引方向。因此,数学课堂教学评价应形成指导—评价—再指导—再评价的良性循环结构,实现教学、反思、改进的持续发展。

二、数学课堂教学评价维度

数学课堂教学作为一个整体性的综合活动,其各个要素无法独立存在,每一个要素都以其他要素的存在为前提。数学课堂教学评价既要关注教师的教,又要注重学生的学。一个有效的数学课堂教学评价包含以下方面。

(一)教师的教

1.目标的明确度

教学目标是教学活动的出发点和归宿,对教师的教与学生的学具有统领与导向作用。一堂课不仅要让学生掌握相关的数学知识与技能,同时还要在教学过程中把握方法、形成能力、发展意识,从而习得素养,促进全面发展。评价一堂课的教学目标是否明确,就要看这堂课的教学目标是否依据学生的思维发展水平和当前的教学任务而制定,是否精准确定学生通过教学在基础知识、基本能力、数学能力以及理性精神等方面获得相应的发展。例如,"正余弦定理"的教学,不仅要让学生识记定理的具体内容,还要引导学生探究发现正余弦定理的结论,并尝试证明结论,进而学会运用定理去解决实际问题,在经历定理的探索发现过程中感悟探究的乐趣,培养严谨的论证态度。

2. 内容的适切度

随着数学课程改革的不断深化,教师不再是教材的被动执行者,而是课程资源开发的行动者与研究者,深度参与到课程内容的开发之中。数学课堂教学评价需要关注教师对教学内容的选择与安排是否合理:一是教学内容是否符合本节课目标所要求的内容和范围,二是教学内容的安排是否科学,三是教学内容是否有系统性、逻辑性,四是数学思想方法是否合理渗透。

3. 方法的有效度

教学方法作为教师与学生在课堂教学中相对固定的行为方式,其选择要依据不同的教学要求,灵活采取不同的教学手段,并重视各种方法的有机结合,讲求实际效果。有效的教学方法不仅能帮助教师有效地组织课堂学习活动,而且能促进学生学习方式的转变。数学课堂教学评价需要关注教学方法的有效度:一是教学方法能否促进学生主动参与学习,二是教学方法能否强化学生在数学学习过程中的体验,三是教学方法能否激发学生独立思考和自主交流。

4. 效果的达成度

数学课堂教学评价需要关注学生知识与技能,过程与方法,情感、态度和价值观 3 个方面全方位式的发展。既要关注学生学习的结果,又要关注学生学习的过程;既要关注学生知识与技能的掌握,更要关注学生在数学学习活动中表现出来的发现问题、解决问题的能力,对数学的情感态度与价值观等。

5. 行为的规范度

数学课堂教学评价需要关注教师的教学行为,即:教学语言是否通俗易懂、简练明快、富有感染力;教态是否自然大方、和蔼亲切、富有激情与活力;板书设计是否合理、条理清晰,书写规范工整。

6. 学生的参与度

数学课程改革倡导自主探索与合作学习,让学生成为学习的主人,促使学生的主体意识和创造性不断得到发展,创新精神与实践能力得到培养。因此,数学课堂教学评价要关注学生在课堂活动中的参与度,即注意教师是否从学生的生活经验和已有的知识背景出发,向他们提供从事数学活动和交流的机会,引导学生积极参与课堂活动,以促进学生数学素养的提升。

(二)学生的学

学生是学习的主体。对学生来说,课堂教学活动既是一种认知活动,也是一种情感活动,还是一种人际交流活动。学生在课堂中的行为表现主要包括学生在课堂的参与度以及学生的个性品质。

1.学生的参与度

学生在课堂教学活动中的参与度的高低,在某种意义上决定了一堂课教学的成功与否。数学课堂教学评价需要关注学生的参与度,可从两个方面进行评价:一是学生与教师的交流,二是学生与学生的交流。要注意学生是否从"行为"和"思维"上都真正参与了教学活动,而不是动口不动脑式的"大合唱"。

2.学生的个性品质

数学课堂教学评价需要关注学生在课堂教学过程中的思维品质表现,即:是否积极发展各种思考策略和学习策略,在解决问题中学习;是否在学习过程中有情感的投入;是否在学习过程中积极进行自我监控并不断修正。

表 8-2 呈现了某高中关于数学课堂教学评价的维度及相应的内容。

表 8-2 高中数学课堂教学评价表

时间: 年 月 日 第 节 班级:＿＿＿＿

教学内容:＿＿＿＿＿＿＿＿＿＿＿＿＿＿＿＿＿＿＿＿＿ 施教者:＿＿＿＿

一级维度	二级维度	三级维度	评价细则		分值	评分
教师教学维度 80分	形式 10分	一、教师的行为规范度	1.语言	普通话标准,语言有特色,富有启发性和感染力	2	
			2.板书	板书设计布局合理、条理清晰,书写规范工整;多媒体的使用确有必要;辅助教学恰到好处	2	6
			3.教态	教态自然,仪表端庄大方、和蔼亲切,富有激情与活力,教师情绪饱满、热情。	2	
		二、教学方法的有效度	根据教学内容选择适合的教学方法,有利于有效地组织课堂学习活动,有利于学生主动参与获取知识的实践活动,有利于在教学过程中暴露数学思维过程		4	
	内容 70分	一、目标明确	体现"知识与技能""过程与方法""情感、态度与价值观"3个维度的目标		10	
		二、内容适切度	1.知识讲授正确,突出重点、难点,抓住关键,课堂容量适中		6	13
			2.创造性地使用教材,例如适当地删减与充实等(如有必要)		3	
			3.注重渗透数学思想方法,培养数学应用意识,培育理性价值观		4	

时间： 年 月 日 第 节 班级：_____

教学内容：					施教者：	

一级维度	二级维度	三级维度	评价细则		分值	评分
教师教学维度80分	内容70分	三、教学过程	1.教学环节安排合理，知识衔接自然，结构完整		3	
			2.注重知识的发生过程，有合作、探究（如有必要），注重能力的培养		4	
			3.精心设计练习，有针对性，有梯度，有变式		4	
			4.面向全体学生，注意捕捉合适的时机激励、评价学生，尊重、信任学生，以热情和宽容的态度善待学生		5	22
			5.教学过程的控制能力	(1)时间控制较好，根据教学情况灵活调整教学策略，保证主要目标完成；恰当处理教学中的偶发事件，使教学程序不受影响	3	
				(2)教学节奏张弛有度，学生愉悦轻松，课堂气氛活跃	3	
		四、学生参与度	1.参与形式恰当	参与形式确有必要且恰当，例如师生谈话、合作交流、动手实践、自主学习、自主探究等	3	
			2.参与深度	师生、生生能进行深层次的思考和交流，整个过程是思维的参与，而不是形式化的参与	4	10
			3.参与效果	教师精心策划，注重启发引导，使得学生的行为参与和思维参与真正起到实质性的作用	3	
		五、效果达成度	1.双基	大多数学生全面掌握本节课的基础知识和基本技能	5	
			2.能力	学生各种能力的培养有所体现	5	
			3.理性精神	兴趣、信心、科学态度、钻研精神、数学的文化价值、数学美、辩证思维、良好的学习习惯等理性精神的培育能力有所体现	3	15
			4.对后续学习的促进	通过对学生思维的锻炼，教学思想方法的渗透，学习习惯的培养，以及学生对成功学习的愉悦体验，促进学生后续的学习	2	

续表

时间：年 月 日 第 节 班级：_____

教学内容：						施教者：	

一级维度	二级维度	三级维度	评价细则	分值		评分
学生学习维度 20分	个性品质	一、学习习惯	准备充分,学习用品齐全,有良好的预习、复习习惯,有选择性的记录等	3	11	
		二、意志品质	自信、兴趣、勤奋、刻苦、毅力等良好品质的表现	4		
		三、学习方法	具有独立思考、勇于探索、合作交流、虚心求教、动手实践、善于总结的有效的学习方法	4		
	参与情况	一、主动回答	大多数学生能够主动回答问题;回答问题时声音洪亮,表述清晰	2	9	
		二、主动动手	全体学生能主动参与活动,动手实践,动手记录	3		
		三、主动动脑、主动探究	全体学生能积极主动思考,主动参与教学过程,主动参与问题的探究,而非被动地跟着走,动口不动脑式的"大合唱"	4		
综合评价			优点及特点	问题及建议	总分	
	自评				等级	
	他评					

【案例1】 某教师在"直线的倾斜角与斜率"授课中的习题教学片段(题目由投影仪显示)

说明:教师在讲解完概念后,将大量的时间用于学生练习。

练习1 求图8-2中直线 l_1、l_2 的倾斜角是多少度,请说明理由。

学生:因为 l_1 与 x 轴的负方向的夹角是 $30°$,所以 l_1 的倾斜角是 $150°$,l_2 的倾斜角是 $60°$。

教师:正确。

练习2 (1)判断下列命题是否正确,为什么?

①所有的直线都有倾斜角,所有的直线都有斜率。( )

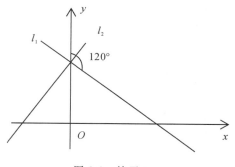

图 8-2 练习1

②平行于 x 轴的直线的倾斜角是 $0°$ 或 $180°$。（　　）

③直线的倾斜角越大，它的斜率也越大。（　　）

学生：①错，因为直线与 x 轴垂直时斜率不存在；②错，按照规定，一条直线只有一个倾斜角；③错，例如当倾斜角分别为 $30°$ 和 $120°$ 时，$120°>30°$，但是 $\tan 120°<\tan 30°$

教师：很好。

（2）如图 8-3 所示，直线 l_1、l_2、l_3 的斜率分别为 k_1、k_2、k_3，试比较它们的大小。

学生：直线 l_2 的倾斜角大，所以 $k_2>k_3$，而 $k_1<0$，故 $k_2>k_3>k_1$。

教师：应补上"直线 l_2 与 l_3 的倾斜角都是锐角，$k_2>k_3>0$，且直线 l_1 的倾斜角为钝角，$k_1<0$"。

（3）如图 8-4 所示，在菱形 $ABCD$ 中，$\angle BAD=60°$，求菱形 $ABCD$ 各边和对角线 AC 所在直线的倾斜角和斜率，填入表 8-3。

表 8-3　菱形各边和对角线所在直线的倾斜角和斜率

选项	直线 AB	直线 BC	直线 CD	直线 DO	直线 AC
倾斜角					
斜率					

学生：直线 AB 的倾斜角是 $0°$，斜率为 0；直线 BC 的倾斜角是 $60°$，斜率是 $\sqrt{3}$；直线 CD 的倾斜角是 $0°$，斜率是 0；直线 DO 的倾斜角是 $60°$，斜率是 $\sqrt{3}$；直线 AC 的倾斜角是 $30°$，斜率是 $\dfrac{\sqrt{3}}{3}$。

教师：很好。

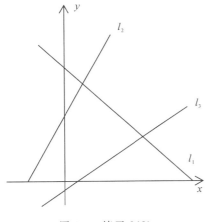

图 8-3　练习 2(2)

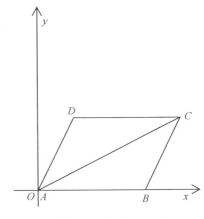

图 8-4　练习 2(3)

练习 3　求过点 $M(2,1)$，$N(m,2)(m\in\mathbf{R})$ 的直线 MN 的斜率。

学生：直线 MN 的斜率是 $\dfrac{1}{m-2}$。

教师：还有不同意见吗？

学生：应该分类讨论。当 $m=2$ 时，直线 MN 与 x 轴垂直，此时直线 MN 的斜率不存在；当 $m\neq2$ 时，直线 MN 的斜率是 $\dfrac{y_N-y_M}{x_N-x_M}=\dfrac{2-1}{m-2}=\dfrac{1}{m-2}$。

教师:很好! 这里带有参数,要特别注意。再看下面这题。

练习 4 (综合运用)如图 8-5 所示,已知直线 l 经过点 $P(1,1)$,且与线段 MN 相交,点 M、N 的坐标分别为 $(2,-3)$,$(-3,-2)$,求直线 l 的斜率 k 的取值范围。

学生:$\left[-4,\dfrac{3}{4}\right]$。

教师:还有不同意见吗?

学生沉默不语。

教师:听我分析,直线 l 与线段 MN 相交,可以看作是直线 l 绕着点 P 在直线 PM 与 PN 间旋转,l_1 是过 P 点且垂直于 x 轴的直线。当 l 由 PN 位置旋转到 l_1 位置时,倾斜角增大到 $90°$,而 $k_{PN}=\dfrac{3}{4}$,所以 $k\geqslant\dfrac{3}{4}$。又当 l 从直线 PM 旋转到 l_1 时,倾斜角减少到 $90°$,而 $k_{PM}=-4$,所以 $k\leqslant$ -4.综上所述,$k\in(-\infty,-4]\cup\left[\dfrac{3}{4},+\infty\right)$。听懂了吗?

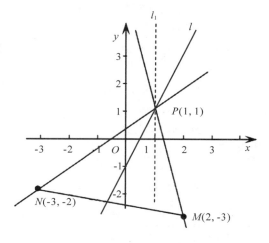

图 8-5　练习 4

【案例评价】“直线的倾斜角与斜率”是学生接触解析几何的第一课,从教材的安排来看,旨在让学生经历概念的形成过程,而这一过程对学生来说,是有一定困难的。从倾斜角到斜率概念的形成过程,较好地体现了解析几何的基本思想方法,应当让学生充分地思考交流。但是这位教师在匆匆讲解后,便将大量时间用于解题教学,且题目的选择值得进一步推敲,很明显地可以看出来是受到应试教育的影响。其实,学生的认知发展遵循一定的规律,当学生对基本概念尚未获得较好的理解,就以题目的求解与求解过程中的反馈让学生获得对概念的认识,这样的做法是本末倒置的,学生只是成为解题的机器,而无法获得对知识的概念性理解。

三、数学课堂教学评价的方法

(一)随堂听课

随堂听课是指评价者通过直接观察被评价教师的课堂教学,获取其有关教学行为、过程、特点以及所展现出来的教学能力等第一手信息,从而进行课堂教学评价,并提出建设性意见,以此提高教师课堂教学能力。随堂听课是获取课堂教学信息的重要途径,通常需要做好以下几点。

1.事先准备

事先准备包括评价者与被评价者之间就时间、地点、方式、观察重点等事项进行事先约定;评价者在听课之前了解教学内容、教学目标、教学设计等,确定听课的重点。事先的沟通也有助于消除被评价者的焦虑,让其能够尽量保持教学的自然状态,减少人为表演的成分。

2.课堂观察

课堂观察可分为全过程观察和有重点观察。前者是指评价者全方位地观察课堂教学的过程。在观察过程中,评价者不放过任何一个细节,对一些特殊行为保持高度的敏感,并及时地记录和分析这些行为。通常这一类观察的难度较大,要求观察者有熟练的观察技能和丰富的观察经验。后者是指评价者根据事先确定的观察重点,有针对性地进行观察和记录。评价者事先与教师拟定评价重点,例如重点学生、重点事件等,在随堂听课中有意识地围绕这些重点内容进行观察。观察者往往会借助一些事先准备的观察工具进行记录与分析。

3.课堂记录

课堂记录伴随着课堂观察进行,通常有两种方式:一是利用事先选择或研制的观察工具进行记录,例如弗兰德斯的相互作用分析系统;二是描述记录法,对课堂中的语言和非语言都进行记录,尽可能将看到的和听到的所有内容都完整地记录下来,即进行课堂教学实录,当然也可以有重点地进行记录。在记录过程中还需要注意对一些非预期事件的记录,这些事件及其处理往往能够更清楚地反映被评价者的行为动因。

4.课堂快速调查

常用的快速调查主要有两类:一是简单测试题,用于了解学生的学习接受情况;二是微型问卷调查,向学生询问一些简单的问题,例如"你今天上课举了几次手?""你愿意在课堂上进行小组学习吗?""老师讲的课都能听懂吗?""你对这堂课满意吗?"等,有针对性地了解课堂教学情况。

5.评价结果的反馈

对教师的评价结果的反馈往往以课后讨论的形式出现,其主要方法是评价面谈。一般来说,评价面谈包括下面步骤:第一,明确评价面谈的目的,有助于消除被评价者的顾虑,让其能够畅所欲言;第二,让被评价者阐述本节课的总体安排、设想及其实现的程度,并对照评价标准进行自我评价;第三,评价者根据听课记录指出这节课的优势和不足,依据评价标准进行初步的评价,提出改进的意见;第四,评价双方就评价的内容及建议展开相应的讨论;第五,评价双方达成共识后,提出改进今后课堂教学的要求。

(二)量表评价法

量表评价法是传统课堂教学评价中最常采用的方法,评价者依据事先确定的评价指标给出评价等级,编制评价量表,据此对照课堂教学的实际状况,逐项给出相应的等级评定。指标或指标体系是量表评价法的基础,应是具体的、行为化的、可测量的或可观察的评价内容,即根据可测量的或可观察的要求而确定的评价内容。

1.评价指标体系设计的程序和技术

指标体系设计的基本程序包括3个阶段:第一,发散阶段。这一阶段的主要任务是分解教育目标,初步提出详尽的拟观察指标。通常可以采用头脑风暴法和因素分解法。前者是指在专家会议中,各抒己见,即席发言,初拟评价指标。后者是指将评价指标按照评价对象本身的逻辑结构逐级进行分解,把分解出的主要因素作为评价指标,在分解的过程中需要使用统一的分解原则,且分解出来的指标在上、下层次之间应该相互照应,按照由高到低的层次逐级分解。第二,收敛阶段,即对初拟指标体系进行适当的归并和筛选。这个过程可以采用经验法、调查统计法和模糊聚类法,同时应该遵循一些基本原则,即指标应具有重要性、独立性,指标应反映被评价对象的本质属性。第三,实验修订,即选择适当的评价对象进行小范围的实验,并根据实验结果修订评价的指标体系及评定标准。

2.指标权重的确定

权重代表了评价指标的重要性程度,是指根据各指标在指标体系中的重要性和作用大小,分别赋予不同的数值。权重的确定可以采用关键特征调查法、两两比较法、专家评判平均法和倍数比较法。

关键特征调查法是请被调查者从所提供的备选指标中找出最关键、最有特征的指标,对指标进行筛选并求出其权重的方法。两两比较法是对指标进行逐对比较并加以评分,然后分别计算各指标得分的总和。专家评判平均法是分别请专家对已经确定的指标评判其重要性,然后以专家评判结果的平均数作为各指标的权重。倍数比较法是将每一级指标中重要性程度最低的指标计为1,然后将其他指标与之比较,做出重要性程度是其多少倍的判断,再经过归一化处理,获得该级指标的权重。

(三)课堂观察与调查

课堂观察是指研究者带着明确的目的,凭借自身感官及有关的辅助工具(观察表、录音录像设备),直接(或间接)从课堂上收集资料,并依据资料进行相应的研究。课堂观察是搜集资料、分析教学实施的有效性、了解教学与学习行为的基本途径。

课堂观察的内容包括:师生交往的方式,教师提问的次数和问题类型以及学生对问题的反应,教学过程的开放性和探索性,教室的空间布局、班级规模等因素对学生认知、情感、态度和行为的影响。课堂观察的技术方法和手段主要有:课堂教学录像与录音,以时间标识进行选择性的课堂实录,座位表法,提问技巧水平检核表,弗兰德斯语言互动分类表,学习动机问卷调查和访谈,学习效果的后测分析等。

调查也是一种非常重要的获取课堂教学评价信息的手段。调查是一类方法的总称,根据不同的标准有不同的调查方法,而不同的调查方法所适于收集的评价资料也不同,即不同的评价内容需要用不同的调查方法。

四、课堂教学评价方法的建议

课堂教学评价的方法虽然很多,但不管采用何种方法,都要遵循数学课堂教学评价的原则,符合数学课堂教学评价的标准。评价的目的不应只停留在对教学过程现实状态的认识,更需要通过课堂教学评价,发现教学过程存在的问题,总结教学过程中的经验,形成新的课堂教学过程结构的抽象,以促进教师的自我反思与提升。[①]

首先,课堂教学评价是一个应用性、实践性极强的领域,是为解决教学实践中的问题而服务的,强调的是在实际中的运用。开展课堂教学评价需要选择具体的、针对性强的问题作为出发点,围绕问题选择评价的维度指标,由此着力于对各种行为的观察,分析问题产生的原因,寻找解决问题的方式、途径,并最终以问题的解决实现教师教学行为的改善和教学质量的提升。

---

① 卢正芝,洪松舟.教师有效课堂提问:价值取向与标准建构[J].教育研究,2010,31(4):65-70.

其次,课堂教学评价基于课堂教学的实际状况提供一种反馈信息,这种反馈信息既需要包括对课堂教学实际状况整体的、质性的描述,也应该包括对课堂教学过程中师生各种行为细化的定量记录,以及通过对细节的量化分析深入揭示各种行为之间的潜在关系和规律。因此,围绕问题设置的评价指标必须细化,并且可量化,这样才能为课堂教学评价提供科学客观的、完整的解释基础,从而指导教学实践。

最后,对课堂教学评价有效性的检验必须基于课堂观察数据,同时在教学实践中不断地进行实验、修正,这样才能真正地提高课堂教学质量。在学校的课堂上进行教学观察和分析,要进行基于课堂观察数据的理论思考,而不能仅停留于思辨。只有进行实证研究,课堂教学评价研究才能解决实际问题。

第三节 学生数学学业成就评价

学生数学学业成就的评价是依据数学教育目标对学生的学业成就进行价值判断,并把判断结果反馈于教育实践以改进数学教学行为,促进教育的良性运行的活动。《国家中长期教育改革和发展规划纲要(2010—2020 年)》强调要改进教育教学评价,做好学生成长记录,完善综合素质评价,探索促进学生发展的多种评价方式。因此,学生数学学业成就的评价不同于学生数学学业成绩或者数学学习结果的评价,不能以单一的书面标准化试题为基础,还要通过学生在学习任务中的行为表现(或操作),借助观察、记录等多样化的方式对学生进行评价。

学生数学学业成就的评价有助于把握学生学习起点,精准确定教学目标,选择教学策略;有助于评定学生学习结果,选择恰当的教学策略;有助于教师了解教学的得失,改进教学方法;有助于了解学生的学习困难,帮助学生找出存在的问题;有助于激发学生的学习动机,促进学生的学习。因此,掌握对学生数学学业成就进行测评的过程与方法显得尤为重要。

一、学生学业成就评价的基本过程

对学生学业成就评价的核心工作是获取评价信息和根据信息做出判断,但在通常的教学过程中,典型的学生学业成就评价的过程还应包括评价前的准备和评价后的决定、措施。因此,可以用"四环节模式"来描述学生学业成就评价的整个过程。

第一,评价准备。在开始评价之前,首先要对评价的对象、评价的内容以及评价依据进行认真的考虑。评价者应该明确这些问题:为什么要评价?评价满足什么需要或解决什么问题?应该收集哪些人(整个班级的学生或是某些学生)的哪方面的信息和数据?采用什么形式的测量和观察手段?什么时间进行评价?需要学生做哪些准备和配合?

第二,信息获取。在设定的一段时间内,采取合适的测量工具和评价手段,例如测试、观察等,收集、记录一切相关的信息,并对这些信息加以分类、整理。

第三,做出判断。根据评价的标准(教学目标、行为规范等)对获取的评价信息进行对照和分析,形成对评价对象的价值判断和结论。

第四,后续措施。根据评价结果做出相应的决策,并采取相应措施。这些决策和措施包括:反馈评价信息、激励学生进步、考虑调整方案、采取补救措施以及制定下一阶段的目标等。同时对评价过程、结果及决策做简要的总结,归入教学档案备用。

上述 4 个环节构成了学生学业成就评价的完整过程,即一个评价周期。一次评价的结束也意味着下一次评价的开始,尤其是在教学过程中,评价总是伴随着整个教学过程。

二、学生数学学业成就评价的方法

传统的学生学业成就的评价,以衡量学生的学习结果为最终目的,忽视对学生学习过程中的评价,以致评价的激励、调控和导向作用得不到充分的发挥。随着数学课程改革的不断深化,学生的数学学业成就评价不仅要关注学生的学习结果,更要关注学生的学习过程,采取多种途径和方法技术,对学生学习的各方面情况进行评价,例如高中阶段可以实行学分互认与学科测试相结合的方法。以下是几种常用的评价学生数学学业成就的方法。

(一)测验

测验作为数学教育中应用最为广泛的评价方法,是通过编制试题对学生进行测试,反映学生的数学学习表现,然后按照一定的标准对测试结果加以衡量的一种评价方法。测验是一种量化取向的评价方法,其设计、施测环境与过程、评分的原则与方法以及分数转换与解释都必须科学、严密、标准化,以保证测验结果的客观性和可靠性。但是任何一个测验都无法穷尽所有的行为测量项目,它所包含的只能是全部可能项目的一个样本。因此,测验题目的取样必须具有代表性,才能全面地反映学生学习目标的达成情况。

测验可以通过纸笔、操作、口头、电脑等多种方式进行,其测试项目往往都可以被赋予一定的分数,并存在标准的答案,因而其评价信息的处理可以运用数学统计工具,其评价结果以一组数据的形式呈现。测验法的这种特点决定了其使用功能的有限性,主要适用于数学基础知识与基本技能的评价。换言之,它只适用于那些可以转化为分数的数学学习表现的评价,而无法简单以数字加以衡量的学习行为表现,例如学生的数学学习兴趣、数学学习特点、数学学习中的情感体验等,则难以用测验加以评价。

(二)表现性评价

表现性评价方法是指通过观察学生在完成实际任务中的表现来评价学生已经取得的发展成就,其重视过程性的学习评价。这种基于实际任务的评价,是通过向学生提供具有一定任务性的、具体的问题情境,在学生完成这一任务的过程中,评价者考查学生各方面的表现。对学生表现的考查可以是多方面的,包括相关的知识技能,对实际问题的理解水平,在完成任务时采取的策略,表现出来的态度与信心,以及广泛利用各种知识解决问题的能力等。表现性评价可以反映学生学习的不同水平,也可以分析学生解决问题的过程与策略,展示学生独特的方法和能力。表现性评价可以弥补传统学业结果评价的不足,能较好地评价学生在数学创新能力、数学实践能力、合作能力及情感、态度、价值观等方面的发展情况,从而促进学生的全面发展。

(三)课堂观察

观察法作为一种描述性的收集资料的方法,是评价主体通过感官或借助一定的科学设备,在自然或人为创设的条件下考察教育活动。课堂观察,由于既不加重学生的负担,也便于教师及时了解学生,因此成为一种很好的考评形式。在进行课堂观察时,教师不仅应关注学生知识、技能的掌握情况,还应关注学生在学习过程中表现出的态度、兴趣等方面。针对学生在课堂教学过程中的学习行为表现,可以设计如表 8-4 所示的课堂观察检核表。

表 8-4　课堂观察检核表

学生姓名:

项目	因素	1	2	3	说明
观察学生知识、技能的掌握情况	数与计算				1＝真正理解并掌握 2＝初步理解 3＝参与有关的活动
	空间与图形				
	统计与概率				
	解决问题				
观察学生是否认真	听讲				1＝认真 2＝一般 3＝不认真
	作业				
观察学生是否积极	举手发言				1＝积极 2＝一般 3＝不积极
	提出问题并询问				
	讨论与交流				
	阅读课外读物				
观察学生是否善于与人合作	提出和别人不一样的问题				1＝经常 2＝一般 3＝很少
	大胆尝试并表达自己的想法				
	听别人的意见				
	积极表达自己的意见				
观察学生思维的条理性	能有条理地表达自己的意见				1＝强 2＝一般 3＝不足
	解决问题的过程清楚				
	做事有计划				
观察学生思维的创造性	善于用不同的方法解决问题				1＝经常 2＝一般 3＝很少
	独立思考				
总评					

说明:根据学生课堂学习时的表现行为选择适当的数字。

当学生在回答、提问或练习时,教师通过课堂观察,便能及时了解学生的学习情况,从而及时做出反馈,正确的给予鼓励和强化,错误的给予纠正。我们称之为"即时性评价"。所谓的即时性评价是指在教育教学过程中,教师及时以语言或态度对学生的学习情况进行评价,它贯穿于教育教学的始终,是加强形成性评价的一个重要表现。这也正是课堂教学观察的意义所在,它的最终目的不在于记录学生日常的表现,更重要的是促使教师在教学中学会关注学生日常的学习行为表现,并且能及时地给予反馈。当然,能有计划地记录学生的数学学习状况则更可取,这些资料能使教师在期末综合性地评价学生的数学学习状况时更加有据可依,从而保证评价的科学性。教师在记录时可以根据实际需要,重点关注学生突出的 1 至 2 个行为表现,在相应的观察项前打个"√",并简要备注。

(四)访谈

访谈,也即面谈,是评价者通过与被评价者进行面对面的口头交谈的方式获取有效评价信息的方法。它能弥补课堂观察无法深入了解学生的学习行为表现之不足,针对学生的个体差异,通过对话交流帮助教师有针对性地了解学生出现如此学习行为的原因。访谈作为一种研究性交谈,与日常的谈话存在区别。对学生学业成就评价中的访谈应有着明确的目的,具有较强的灵活性。教师在访谈过程中需要注意三点:学会等待,学会延迟评价;注意变通;采用启发式的问话。

(五)数学日记

数学教育的目的之一是发展学生的数学交流能力,而数学日记提供了让学生用文字语言和符号语言表达数学知识、思想、方法和情感的机会。通过写数学日记的方式,学生可以对所学数学内容进行总结,评价自己的能力或反思自己问题解决的策略,展现自己在学习过程中的情感、态度以及存在的困难与疑惑。教师可以指导学生记录一节课中自己参与的问题解决活动及其过程,或提供给学生如表 8-5 所示的记录数学日记的模板,帮助学生学会如何写数学日记。学生也可以采用数学日记的形式总结自己一段时间(例如一星期、一学期、一学年)以来数学学习的心路历程,包括知识掌握的情况、对数学的理解等关于数学及其学习的所思所想与所感。

表 8-5　数学日记的写作模板

日期:
姓名:
今天的数学课的课题:
所涉及的重要的数学概念:
你理解得最好的地方:
你不明白或还需要进一步理解的地方:
所学的内容能否应用在日常生活中? 举例说明:

(六)问卷调查

教师可以通过设计关于数学学习情况评价的调查问卷,引导学生自行开展数学学业成就评价。如表 8-6 所示,这是一份关于高中生数学学习表现自我评价的问卷,学生通过填写问卷可以自我评价一学期以来自己在数学学习上的表现,教师也可以借此了解学生的学习情况,有针对性地改进今后的数学教学。

表 8-6　高中生数学学习表现自我评价问卷

姓名 _____　　学号 _____　　班级 _____

1. 能否集中注意力听本学期的数学课?(　　　)
A. 能集中注意力　　　　　　　　B. 比较能集中注意力
C. 比以前有进步　　　　　　　　D. 仍不够集中
2. 为上好数学课,是否有进行课前预习、课后复习的习惯?(　　　)
A. 经常进行课前预习、课后复习　　B. 偶尔进行课前预习、课后复习
C. 从来没有进行课前预习、课后复习
3. 本学期你的数学水平有提高吗?(　　　)
A. 有明显提高　　　　　　　　　B. 有一点提高
C. 没有提高　　　　　　　　　　D. 退步了
4. 本学期你数学成绩进步的个人原因是(　　　)(多项选择)
A. 因为有成功的经历,信心更充足　B. 学习方法在改变
C. 学习态度比以前端正了　　　　D. 没有什么特别的原因
5. 作业中的错误你会主动更正吗?(　　　)
A. 会关注作业中的错误并主动去更正　B. 有时会主动去更正
C. 教师要求就去更正　　　　　　D. 很少去更正
6. 请你对本学期自己在数学学习方面的表现做出评价,完成下表。

评价项目	A(5 分)	B(3 分)	C(2 分)	D(1 分)
学好数学的信心				
学习的主动性				
考试状态(心情)				
学习数学的潜力与发展趋势				
你对自己数学进步的满意程度				

(七)成长记录袋

成长记录袋,又称为记录袋评价、档案袋评价,是通过收集学生成长与发展过程中的各种作品,建立数学学习档案,全面地、动态地反映学生的数学学习状况,促使学生成为自己学习的主人。学生在教师的指导下,按照师生共同制定的标准去搜集、准备作品,并根据自己

的兴趣对作品进行个性化的设计。同时,学生需要附上对自己作品以及某一阶段学习的自我反省与评价。通过制作成长记录袋的过程,学生能够充分认识到自己是学习的主人,从而以更强的责任感投入数学学习过程。而且成长记录袋充分尊重学生的个体差异,能够最大化发挥学生个体独有的优势与创造性,帮助学生树立学习数学的信心,在见证自己成长的过程中,获得学习数学的成功体验。

为充分发挥成长记录袋的诊断性与形成性评价的功能,教师需要在建立成长记录袋时做到以下几点。

第一,向学生及家长阐释建立成长记录袋的重要性,保证学生能够全身心投入成长记录袋的建立工作之中,并能得到家长的支持;

第二,在建立的起步阶段,成长记录袋的设计应该小一点、简单一点(因为成长记录袋的建立是一项巨大的工作,尤其是班级学生过多时);

第三,让学生亲自参与成长记录袋的建立与维护过程,教师指导学生对作品进行分类和整理,并与同学分享交流,反思经验,使学习可见;

第四,提供成长记录袋的内容列表,反映教师的目的和期望,作为判断学生成长记录袋的标准,引导学生收录反映自己学习进步的重要资料。

另外,成长记录袋可以按照学期初、学期中和学期末 3 个阶段的划分,依次收录学生各阶段的学习资料,反映学生数学学习的进步历程。

三、学生数学学业成就评价的原则

学生学业成就评价旨在以评促学,帮助学生优化数学学习方式,学会主动地学习。因此在实施学生数学学业成就评价时,需要遵循以下原则。

(一)全面性和发展性原则

评价是为了促进学生的全面发展,包括数学知识与技能的习得、情感与态度的培养、数学价值观的形成等多方面的发展。学生数学学业成就评价不能仅仅关注学生数学知识的理解和掌握程度、数学技能的形成和水平,还应关注学生个体在"人"这一层面上健康地整体发展,即学生在数学能力、数学思维方法、数学情感、价值观等多方面的进步。

(二)过程性原则

评价是为了促进学生的学习,学生数学学业成就评价不仅要关注学生的学习效果,还应关注学生的学习过程,即学生在学习过程中的行为表现。例如,关注学生在学习过程中合作交流的意识,学习的积极性、主动性、自信心和兴趣等多方面表现。学生数学学业成就评价不仅是对学生学习结果的终结性评价,更是对学生习得数学知识、形成数学技能过程的表现性评价。这种评价不具有明显的预设性,由学生的学习过程和教师的教学过程、评价过程交互作用而共同生成。

✲ 练习题

(1)谈一谈基于课程标准的教学评一致性对数学课程发展的意义。

(2)结合实例谈一谈一致性分析模型 Webb、SEC、Achieve 的特点。

(3)结合实例谈一谈数学课堂评价的方法。

(4)结合实例谈一谈数学课堂评价的原则。

(5)结合实例谈一谈学生数学学业成就评价有哪些方式。

(6)谈一谈学生数学学业成就评价要遵循的原则。

✲ 拓展阅读

国家中长期教育改革和发展规划纲要工作小组办公室. 国家中长期教育改革和发展规划纲要(2010-2020 年)[A/OL]. (2010-07-29)[2023-10-8]. http://www.moe.gov.cn/srcsite/A01/s7048/201007/t20100729_171904.html.

第九章　数学教学研究与教师专业发展

✳ 学习目标

(1)了解开展数学教育研究以及撰写论文的意义。

(2)能够结合当前中学数学教学实践,选择一个课题,并撰写课题申报书。

(3)能够结合当前中学数学教学热点话题,撰写一篇论文。

(4)了解教师专业发展机制与途径,能结合自身情况,规划教师专业发展路径。

✳ 导　语

英国作家萧伯纳曾形象地说过:两个人交换手中的苹果,结果各得一个苹果。思想或方案的交流使更多的新思想、新方案得以萌发。

俗话说,"名师出高徒",只有高素质的教师,才能培育出高素质的人才。数学教育论文是探索成果的记录,是研究水平的体现,也是教师交流的媒介,更能实实在在地反映教育研究进程的深广度,有助于将研究水平推向新高度。在教育科研中,教师应分析、研究教学中的现象与问题,找出解决教学问题的方法,从而提高教学质量。本章主要介绍数学教育研究中科研论文写作的意义,数学课题研究的类型与论文的格式,毕业论文答辩的过程和注意事项,以及教师专业发展模式。学习本章能帮助师范生更好地理解教育论文写作的意义、过程与方法,走好教师专业发展路径。

第一节　数学教育研究概述

一、数学教育科研论文的意义

具体包括以下几个方面。

(一)数学教育论文有助于学术交流

数学教育研究成果的交流方式目前主要有：口头方式，书面方式。书面方式的交流是普遍且重要的一种交流方式，其涉及面广，保存时间长。数学教育的研究成果如果不以论文形式呈现，其传播交流就会受到时间与空间的限制。只有形成科研论文，在杂志上刊登，或公开出版，或被翻译成不同文字，流传于世界各地，或在电子期刊数据库发布，供广大研究者随时检索，研究成果才能得以广泛传播。从时间上看，一个人的寿命是有限的，其研究成果只有形成文字著作才能长期流传。同时，教育工作者的研究成果只有形成教育论文并公开发表，才能得到实践的检验和公众的评鉴。因此，教育科研论文不仅能够检验学者研究成果的价值，提高其研究水平，还能促进学术交流。

(二)撰写数学教育论文有助于提高数学教师素质

中共中央在 1980 年 6 月全国师范工作会议上提出："教师要有高尚的情操、渊博的知识，懂得教育规律。"1993 年中共中央和国务院颁发的《中国教育改革和发展纲要》指出："教师是人类灵魂的工程师，必须努力提高自己的思想政治素质和业务水平；热爱教育事业，教书育人，为人师表；精心组织教学，积极参加教育改革，不断提高教学质量。"1999 年颁发的《关于深化教育改革全面推进素质教育的决定》又强调："建立高质量的教师队伍，是全面推进素质教育的基本保证。"2021 年教育部颁发的《教育部等六部门关于加强新时代高校教师队伍建设改革的指导意见》明确："以强化高校教师思想政治素质和师德师风建设为首要任务，以提高教师专业素质能力为关键。"因此，广大数学教育工作者需要提升自身专业素养以适应教育变革。

开展数学教育科学研究是提高教师业务素质的最好途径之一。开展教育科研，需要教师不断更新教育观念和教育思想，了解并掌握先进的教学方法和教学手段，及时关注数学学科的新进展、新成果，接受新信息。不了解数学发展现状，就无法展现数学的创造性活动过程；没有科研能力或没有从事过科研工作的教师不可能引导学生体验发现数学的学习过程，更无法指导学生进行创造性活动；科研是一个积极的思维过程，没有积极思维能力的教师难以培养出有良好数学思维能力的学生。

提高教师的素质，培养学科带头人也是科学研究的重要任务。钱伟长曾说："教师不仅要完成教学工作，而且还要全力进行科学研究和学术创新的工作。那些只进行教学工作而不进行科学研究的教师，只能做到教死书的水平，缺乏发展的观点，从而贻误青年。"写数学教育论文是发展教学能力的手段之一，它能将教师肤浅的、驳杂的、不系统的经验认识提高至系统认识，从而提高其理论水平和专业素养。

(三)数学教育论文有助于探索数学教育规律，推进数学教育改革

教育承担着提高劳动者素质、培养人才的任务，是一个民族振兴发展的根本事业。国民经济的发展、现代化的实现，乃至国家要在世界各国中占有一席之地，在世界竞争中屹立，都要依靠科学技术。邓小平明确指出："科学技术人才的培养，基础在教育。"[①]由此可见，祖国

---

① 中共中央文献编辑委员会.邓小平文选[M].第 2 卷.北京：人民出版社，1983：95.

赋予了教育严肃的历史使命,人民赋予了教师光荣的时代重任。

数学教育改革的实质是使数学教育工作更加科学化。"教育要改革,教育科研需先行。"①数学教育改革的决策必须有理论依据,才能提高决策的正确性,减少盲目性。大到席卷大半个世界的"新数"运动、当前我国正在进行的数学课程改革,中等的如顾泠沅小组在上海青浦县(现上海市青浦区)进行"尝试指导,效果回授"的数学教改实验,小型的如教师个人进行的数学教学方法改革实验,都需要有充分的理论准备、明确的理论指导依据。在教学改革进行的过程中,研究者还需要不断地将实践经验上升为理论。例如,顾泠沅小组经过十几年教改探索,不断总结、提炼,在 1991 年出版理论著作《学会教学》②,其中介绍了他们通过吸收现代国内外有关学习理论的研究成果,批判地继承我国学习理论,最终揭示出数学教学的 4 条基本原理,即情意原理、循序渐进原理、活动原理与反馈原理,为进一步推广青浦经验指明了方向。

教育科研是不断认识教育规律、更新教育观念和思想的过程,也是改进教学方法、提高教学质量的研究过程。教育科研是学习、掌握和应用现代科学技术于数学教学的过程。数学教师在面对数学教育质量发展这一重要课题时,要敢于通过数学教育研究来挖掘教育探索的深度,善于透过论文写作来提高认识的高度。

(四)研究数学教育教学中的实际问题有助于提高数学教学质量

目前我国数学教育正由应试教育向素质教育转化,但由于多种因素影响,教育观念、教育思想、教学内容和教学方法仍不同程度地脱离生活实际。"题海战术""讲得多、练得多、考得多"等现象依然存在;讲授不甚得法,学生学习负担过重、高分低能等问题比比皆是。可见,应试教育的束缚仍然存在,教学还没能完全遵循教育规律。

教育要发展,就必须改革;教育要改革,又必须积极开展教育研究。教育改革与教育科研的结合,是现代教育改革与发展的显著特点之一。

数学教育论文具有理论性和学术性。教师学习、吸收、内化系统的理论知识,能够形成指导教学工作的认知定势,并转化为提高数学教学质量的动力源泉。因此,广大数学教育工作者在数学教学改革的实践中,不仅要有改革的热情、品格和精神,更要把数学教学改革与数学教学有机结合。

(五)数学教育科学研究有助于职称的晋升

毋庸置疑,数学教育研究论文也是教师晋升职称的"硬件"之一。

首先,论文能够体现教育工作者对教育规律的认识深度与运用能力。教师只有对教育规律进行深入研究、实践探究,才能理解其教学适用性与可行性。

其次,论文是标记教育工作者教学能力与教学水平的具体标志。

在当前教育背景下,人们逐渐认识到仅用成绩去评判学生的学习水平与教师的教学能力是片面的,并且对教师教学能力的评价方式也发生了变化。正如日本教育家向山洋一所说:"一个教师至少发表 100 篇教育研究文章,才可能成为一个成功的教师。"数学教师要提

---

① 李迅.十九届五中全会精神指导下以教科研支撑高质量教育发展[J].教育评论,2021(1):3-8.
② 青浦县数学教改实验小组.学会教学[M].北京:人民教育出版社,1991.

高自身的教学水平,必须投入教育研究,开展数学研究。

同时,论文是教育工作者提高教育研究水平、发展教育质量的重要举措。

"提高教育质量"是教育事业的目标之一。要实现该目标,取得硕果,教师应在讲台上、在实践中,着意地展开探索,有机地结合研究。教师可以在教育实践中发现问题,从而提出研究课题;也可收集解决问题的素材,进而提高到理论高度上予以分析,得出结论;最后,将自己得到的新观点,应用于教育实践。

最后,目前国内外中小学数学教育正处于重大变革时期,我国数学教育还比较落后,教育理论贫乏,教材陈旧,教学手段简陋。很多教育问题亟待解决,很多教育研究空白需要填补,教育实践迫切需要正确的理论指导,因此,数学教育工作者不仅需要全面学习教育理论,更需要不断探索、实践,提升教育科研能力。

二、数学教育研究课题的特征

具体包括以下几个方面。

(一)问题必须有价值

选定的问题不仅对本学科研究领域要具有较好的内部价值(即理论上有新突破,实践上对教育改革有重要的指导作用),而且对其他相关领域,如心理学、哲学等,也有较高的外部价值。问题的意义是确立选题的重要依据,它制约着选题的根本方向。

如何衡量选定课题有无意义及意义的大小,主要是看两个基本方面。一是所选择的研究课题是否符合社会发展、教育事业发展的需要,是否有利于提高教育质量,促进青少年全面发展。这方面强调的是课题要具有重要的应用价值,选题范围要广,要从当前教育发展的实际出发,针对性要强,即选取有代表性的、被普遍关注、争论较大的亟须解决的问题。二是所选择的研究课题是否遵循教育科学本身发展的需要,是否符合检验、修正、创新和发展教育理论,建立科学的教育理论体系的需要。这方面课题一般较专深,具有重要的学术价值,在理论上有所突破和建树,或有重要的补充和完善。教育研究的实际课题,有的强调应用价值,有的强调学术价值,有的二者兼而有之。但无论哪一种,都要选择那些最有意义的教育问题作为研究对象。正如列宁所指出的"从全部总和""从联系中去掌握事实",那种"胡乱抽出一些个别事实和玩弄事例"的做法,"是没有任何意义的""或是完全起相反的作用"。这就要求我们要"从大处着眼",用综合的普遍联系的全面观点去分析研究个别事物及其相互关系。

这里需要说明的一点是,我们对选定问题的价值不应做狭隘的理解,不能以一个课题在研究中的成败来判定它所提出的问题的意义。原因在于,人们正是从错误问题所导致的失败中获得了许多重要知识,从正反对比中得到了经验和教训。

(二)问题必须有科学的现实性

选题的现实性,集中表现为选定的问题要有科学性,指导思想及目的明确,立论根据充实、合理。选题的科学性,首先表现在要有一定的事实依据,这就是选题的实践基础。研究课题是从实践中产生的,具有很强的针对性;实践经验同时又为课题的形成提供一定的、确定的依据。选题的科学性,其次表现在以教育科学基本原理为依据,这就是选题的理论基础。教育科学理论将对选题起到定向、规范、选择和解释作用。没有一定的科学理论依据,选定的课题必然起点低、盲目性大。应该看到,选题的实践基础和理论基础制约着选题的全过程,影响着选题的方向和水平。为了保证选题具有科学的现实性,还需要对选定的课题进行充分的论证。

(三)问题必须具体、明确

选定的问题一定要具体化,界限要清,范围要小,不能太笼统。原因在于问题是否具体往往影响全局的成败。那种大而空、笼统模糊,针对性不强的课题往往科学性差。只有对问题有清晰、透彻的了解,才能为建构指导研究方向的参照系统提供最重要的依据。因此,不宜把课题选得太宽、太大、太复杂。韩非子在《喻老》篇中指出:"天下之难事必作于易,天下之大事必作于细。"这就是说,要从小处着手。

(四)问题要新颖,有独创性

选定的问题应是前人未曾解决或尚未完全解决的问题,通过研究应有所创新,有新意和时代感。

要做到选题新颖,就是要把研究课题的选择放在总结和发展过去有关学科领域的实践成果以及理论思想的主要遗产的基础上。没有这个基础,任何新发展、新突破都是不可能的。因此,要通过广泛、深入地查阅文献资料和调查,搞清所要研究的课题在当前国内外已达到的水平和已取得的成果,要了解是否有人已经或者正在研究类似的问题。如果要选择同一问题作为研究课题,就要多对已有工作进行认真审视,从理论本身的完备性和研究方法的科学性高度进行评判性分析。在此基础上,重新确定自己研究的着眼点。只有在原有研究成果基础上的突破和创新,才具有研究的意义。

(五)问题要有可行性

所谓可行性,指的是问题是能被研究的,存在现实可能性。具体分析,可行性包含以下3个方面的条件:

一是客观条件。除必要的资料、设备、时间、经费、技术、人力、理论准备等条件外,还有科学上的可能性。这就是恩格斯指出的:"我们只能在我们时代的条件下进行认识,而且这些条件达到什么程度,我们便认识到什么程度。"[①]有的选题看起来似乎是从教育发展的需要出发,但由于不符合现实生活实际,违背了基本的科学原理,也就没有实现的可能,如1958年有人提出的"关于中国十五年内普及高等教育的对策研究",这样的选题不仅徒劳,并且常常会导致实践的盲目性。

二是主观条件。指研究者本人原有的知识、能力、基础、经验、专长,所掌握的有关这个课题的材料以及对此课题的兴趣。也就是说,要权衡自己的条件寻找结合点,选择能发挥自己优势特长的课题。有的人擅长实践操作,就不一定非选理论研究课题;反过来,有的人擅长理论思维,就不一定非要选择实验研究课题。而在一个课题协作研究组当中,不同特长的

---

① 恩格斯.自然辩证法[M].北京:人民出版社.2018:5

人优势互补,才能真正发挥出整体研究效益。对于"刚学步"的年轻人,最好选择那些本人考虑长久、兴趣最大的课题。而在教育第一线从事实践工作的教师,选题最好小而实。自己提出的研究问题,更容易激发信心和责任感,更容易发挥创造性。总之,知自己之短长,扬长避短,才能尽快出成果。

三是时机问题。选题必须抓住关键时期,什么时候提出该研究课题要看有关理论、研究工具及条件的发展成熟程度。提出过早,问题会攻不下来。如前几年有人曾尝试从生理学角度,通过对脑电图的研究来考虑人的认知规律,但由于各方面条件还不具备而需要调整。提出过晚,又会被认为是亦步亦趋、毫无新意。这里有一个胆识问题,既要善于抓住新课题,又要注意时机。正如贝弗里奇所说,如何辨别有希望的线索,是研究艺术的精华所在。具有独立思考能力,并能按照其本身价值而不是按照当时的主流观点去判断论证的科学家,最有可能认识某种确属新东西的潜在意识。

在教育科学研究中经常出现以下几种选题不当的情况。一是范围太大、无从下手;二是主攻目标不十分清楚;三是问题太小,范围太窄,意义不大;四是在现有的条件下课题太难,资料缺乏;五是经验感想之谈,不是科研题目。因此,正确选题并非一蹴而就,它要求研究者不仅有科学的教育理论指导,还要坚持唯物主义观点,从实际出发,通过对事实材料的分析比较,善于发现和抓住重要问题。不仅要把握该领域理论研究的全局,而且对教育实际有深入的了解;不仅有问题意识,而且了解和掌握选题的有关知识和方法,不断提高自己的选题能力和创新、判断、评价等综合能力。

第二节　数学教育课题类型

学会选择数学教育研究课题,应该对数学教育研究课题的分类有一个基本的认识。按照不同的标准可以将课题进行不同的分类,在这里我们重点介绍了三种分类方法。

一、按照数学教育研究课题功能分类

具体包括基础研究课题和应用研究课题两类。

(一)基础研究课题

基础研究课题是关于数学教育基本规律的理论性研究课题。研究的目的在于探索和创新知识,扩展和完善数学教育理论。例如"数学教育本质的研究""数学教育功能的研究""数学教育目的的研究"等属于数学教育研究的基础性课题。这类研究侧重探索数学教育现象的本质与规律,试图解决数学教育的根本性问题,强调研究的深刻性和系统性,对于数学教育的发展具有深远的意义和影响。这类研究,有的实践意义比较清楚,有的则不能完全预见。

一般地说,基础课题研究要求研究者不仅具有较深厚的数学教育理论功底,而且还要研究者具有良好的数学素养。在课题的研究过程中,研究者需要查阅大量的教育理论、数学教育理论、数学理论文献资料,需要研究者具有相当的研究基础和成果积累,需要有较多的宏观背景资料和国内外研究信息。而这些往往是中学一线数学教师难以胜任的,因此,基础研究课题的研究者往往是高校的理论工作者以及教育科研部门的研究工作人员。

(二)应用研究课题

应用研究课题是着重将已有的数学教育理论研究成果应用于数学教学实践,使数学教育理论与数学教育实践相结合,同时探索数学教学实践工作的规律,使数学教育理论在数学教学实践中得到检验。研究数学教学经验,探索数学教育经验中的普遍规律,使经验上升为数学教育科学理论,这些也属于应用研究课题。

这类研究不仅能解决当前数学教育中存在的问题,对提高数学教育质量有重要意义,而且能促进数学教育理论研究的深化和发展。例如,"数学教师对中学生数学学习自信心形成的实验研究""中学数学研究性学习的实践探索"等都属于应用性研究。总之,凡属于教育学、心理学的理论,应用于数学教学实践的研究或数学教育实践经验,上升为一般规律认识的研究,都属于这类课题。

例如:青浦经验——"诱导—尝试—归纳—回授—调节"就是应用性研究课题。

为了大面积提高教学质量,顾泠沅先生自1977年开始在上海青浦县进行了教学改革实验,经过20多年的实践,形成了青浦经验——"诱导—尝试—归纳—回授—调节"教学法。

"诱导—尝试—归纳—回授—调节"教学法立足于"抓起点、抓基础、抓关键",以实现让所有学生都有效地学习,将原先被当成教学负担的"差生"视作大面积提高教学质量的依据。其主要特点是:教师将教材组织成一定的尝试层次,学生在教师的指导下,通过尝试来进行学习,同时,教师十分注意回授学习的效果,以强化所获得的知识和技能的教学策略。除了将教育改革的立足点和着眼点放在让所有学生有效学习上,青浦经验还积累了"让学生在迫切要求下学习""开发自主学习活动,促进学习过程积极化""活动情感因素,建立新师生关系"等经验,在基本实现教学质量大面积提高之后,又在宏观与微观层面逐步确立"单科突破,各科迁移,诸誉并进,整体受益""加强基础,开发潜能,发展个性,提高素质"等改革思想。

这种教学法大致包括"诱导—尝试—归纳—回授—调节"等步骤。具体分析如下。

1.创设问题情境,启发诱导

教师根据教材的重点和难点,选择尝试点,编成问题。教学过程中先与学生一起对问题进行考察和磋商,逐渐造成这种情况——这个问题学生急于解决,但仅利用已有知识和技能却又无法立即解决,形成"认知冲突",以此激发学生的学习动机。

2.探究知识的尝试

这种尝试最重要的是充分发挥学生的学习主动性,改变以往那种被动的、单纯听讲的学习方式。在尝试过程中,学生一般可进行这样几项活动:阅读教材或其他有关图书;重温某些概念和技能;对数、式和图形进行细致的观察;做一些简单的数学实验;对数学问题进行类比、联想或归纳、推演。通过逐步试探和试验,学生在讨论和研究中发现新的知识和方法,解决提出的问题。教师应拟定适合学生水平的尝试层次,确定"高而可攀"的步子,防止难易失度。

3.概括结论,纳入知识系统

教师引导学生根据尝试所得,概括出有关知识和技能方面的一般结论,然后通过必要的讲解,揭示这些结论在整体中的相互关系和结构上的统一性,从而将其纳入学生的知识系统。

4.变式练习的尝试

对于一般的结论,教师运用概念变式、背景复杂化和配置实际应用环境等手段,编制好顺序排列的训练题,让学生进行变式练习方面的尝试。编制练习必须注意:应使练习的思维过程具有合适的梯度,逐步增加创造性因素;有时可将一道题进行适当的引申和变化,并使之与尝试学习过程有机地结合起来;题的组合应有利于学生概括各种解题技能或从不同的角度更换解题的技能和方法。此外,还可用多种形式给出问题条件,使学生受到训练。

5.回授尝试效果,组织答疑和讲解

教师搜集与评定学生尝试学习效果的途径是多种多样的,如观察交谈、提问分析、课堂巡视、课内练习、作业考查等。教师通过及时回授评定的结果,有针对地组织答疑和讲解。答疑要答在疑处,解决疑难问题;讲解则是在学生尝试的基础上,使研究的问题进一步明确,并通过帮助学生克服思维障碍,对那些不易被学生发现的问题给予适当的指点。

6.阶段教学结果的回授调节

在一个单元、一章或一册内容教学完毕之后,要进行关于教学结果的回授调节,其中尤以"阶段过关"最为重要。教师应当给掌握阶段内容有困难的学生以第二次学习机会,针对学生存在的问题,通过回授调节帮助其"过关"。教学细节的调节与阶段结果的调节相结合,可以大大改善教学系统的控制性能。

中学数学教师是数学教育教学活动的实践者,有着丰富的数学教学经验。他们进行数学教育科研,重点是应用研究课题。

二、按照课题的内容分类

具体包括综合性研究课题和单一性研究课题两类。

(一)综合性研究课题

综合性研究课题是指同时涉及数学教育若干领域或若干方面内容的课题。例如,"构建素质教育的数学新课程体系的研究""素质教育下的数学教学模式研究""中学数学教育课程改革的实证研究"等课题都属于综合性研究课题。一个人在较短的时间内往往难以完成综合性研究课题,需要分成几个子课题,组织较多的研究者团结协作,用较长的时间来完成。

(二)单一性研究课题

单一性研究课题主要是指对中学数学教育的某一方面或某一现象进行的研究。例如,"中学数学课堂教学过程中创新能力培养的实验研究""现代教育技术与中学数学开放式教学改革的实验研究"等都属于单一性研究课题。由于单一性研究课题的范围较小,所以研究需要的人力和时间也相对比较少,因此,比较适合中学数学教师选择研究。例如,"MM"教学法,即数学方法论(mathematical methodology)教育方式就是单一性研究课题。20世纪30年代起,波利亚运用方法论模式提高美国的教育水平,为美国成为世界数学强国做出显著贡献,同时,这种探索法研究为今天美国的"问题解决"等现代教学研究奠定了必要的基础。现今欧美国家正在不断发展波利亚的数学教育思想,大力提倡科学方法论,因而,MM教学方式日益受到教育界人士的普遍关注。

三、按照课题的研究方法分类

具体可分为实验性研究课题和实证性研究课题。

(一)实验性研究课题

实验性研究课题是指通过实验设计来实现研究目的的课题。也就是研究者根据一定的研究假设,在数学教育活动中创设能够验证假设的环境和条件,主动地控制对象,排除无关因素的干扰,从而探索事物的因果关系。

(二)实证性研究课题

实证性研究课题主要是通过调查研究、资料分析、逻辑推理等方法实现研究目的的课题。例如"中学数学教师专业发展状况的分析研究"这一课题,就要通过对大量的中学数学教师的专业发展状况,包括数学教育信念、知识和能力、自我发展的需要、专业发展的困难、专业发展的动力、专业发展的途径等进行广泛的调查,并对调查进行分析,探索当今数学教师专业发展的现状以及专业发展的有效途径。

以上我们从不同的角度对中学数学教育研究课题进行了分类,但是这种分类是相对的。在实际的数学教育研究中,可以根据实际需要加以选择。

四、中小学数学研究论文分类

论文通常有多种分类方法。按写作要求可分为刊用论文和学位论文;按篇幅数量和规模可分为单篇论文和系列论文;按研究的特点、层次和水平又可分为经验性论文、研讨性论文、评述性论文、学术性论文等。

论文以阐述对某一事物、问题的理论性认识为主要内容,要求能提出新的观点或新的理论体系,并阐述新、旧理论之间的关系。反之,如不能对研究的问题提出新观点,或新的研究方法,或得出新的结论,或站在新的角度做出新的解释和论证,都不能称作有价值的数学教育科研论文。

中小学数学研究论文与数学教育科研论文不同,在科学性和逻辑性方面要求较高。科学性,即要求中小学数学研究论文表述的内容符合数学事实,其理论准确无误,严谨而富有逻辑性,还要求文章符合数学科学发展的最新水平,并经得起实践的检验,绝不能凭主观臆断或个人好恶随意取舍素材或得出结论。逻辑性,即要求数学文章脉络清晰、结构严谨、前提完备、演算正确、文字通顺、图表精制,且前后呼应、自成系统。

中小学数学研究论文的内容形式很多,较为常见的是中小学数学专题研究文章、解题方法研究文章和科普文章。

（一）中小学数学专题研究文章

中小学数学专题研究文章是对中小学数学中某个问题或某种方法进行专门论述与探讨的论文。一般分为两类：一类是对中小学数学定理中的结论的推广、引申、改进以及证明简化工作。另一类是综合性专题，是在他人探讨的基础上，做综合的全面叙述。这种叙述比较全面精练，且归类合理、例题典型，一般在教学上有广泛的参考价值。

（二）中小学数学解题研究文章

在数学教学活动中，解题是最基本的教学活动形式，是评价学生的知识和发展水平的主要手段，也是数学教师教学基本功的具体体现。

目前，中小学数学解题研究仍局限于具体论述解题方法技巧、解题思路分析与程序等。例如：可以围绕有关课题进行研究，包括解题类型与方法技巧、题目的剖析、问题的简捷解法与多种解法等。可以围绕解题程序，例如抓住审题程序，论述审题中需注意的几个问题，正确使用概念、图形，充分利用题设，挖掘隐含条件，利用图形助析，一题怎样多变，一题怎样多解。可以对某一常用方法及其应用进行探讨，可以按数学思维方法去探索解题的思路与技巧，也可以对错题及错误解法进行辨析，等等。

研究中小学数学解题方法的文章要求短小精悍，能抓住应表达的主要内容一事一议。标题就是主题和摘要，应醒目、清晰；材料要潜心构思、精心组织；内容要通俗易懂、针对性强。

（三）中小学数学科普文章

数学教育杂志和中小学生学习刊物中也常登载知识性的数学科普文章，一方面向中小学生传播数学科学知识，另一方面进行潜移默化的思想教育，提高学生学习数学的兴趣。

中小学数学科普文章一般以浅说、史话、趣题等形式来表达。或以浅显的语言、形象的比喻，将一些枯燥乏味的数学知识解释得具体而生动，以辅助读者建立正确的科学概念；或以史话文体，从数学发展史的角度去阐述数学的发展，通过连续的或相互联系的故事或典故，提出问题或得出错误结果，让学生独自进行解答或辨别是非等。

第三节　数学教育论文写作

一、数学教育论文的基本要求

一篇数学教育科研论文是否有意义，取决于它的质量。为了保证教育科研成果表述的质量，必须遵循以下基本要求。

第一，科学性。科学性是科学研究成果的生命所在。数学教育科研成果的表述必须观点正确、材料可靠，论证要以事实为依据，无论是阐述因果关系，问题的利弊和价值，还是结论的实用性和可行性，都必须从事实出发。推理要合乎逻辑，不可无根据地臆断。

第二,规范性。数学教育科研成果的表述虽无定法,但有常规可循。在撰写数学教育科研论文时,要按照一定的格式,遵循最基本的规范要求。写作之前要有明确的计划和提纲,要根据研究的结构特点和逻辑顺序,研究课题的任务和内容,来考虑表述的形式和方式。

第三,创造性。创造性是衡量数学教育科研成果质量水平高低的重要依据。凡别人没有提出过的理论、概念、教学方案,实验方法,别人没有观察到的现象,以及在实验和调查中第一次获得的数据等,都应视为创造性的研究成果。

第四,可读性。为了便于传播和交流,表述数学教育科研成果的语言必须精确、通俗,在不损害规范性的前提下,尽可能使用简洁的语言。不得故弄玄虚,滥用专门的名词术语。切忌带个人色彩,以个人的好恶、习惯进行表述。一般不采用比喻、拟人、夸张等修辞手法。不可把日常概念当作科学概念,不宜采用口语化的文字。一篇高质量的论文,不仅要有创见,也要讲究辞章,达到科学与文学、科学与美学的最佳结合。

二、论文的基本结构与写作要求

论文结构由"首部、主体和尾部"三部分组成。即:首部,具体包括题目、署名与单位、摘要与关键词;主体,具体包括前言、正文、结论或讨论;尾部,具体包括致谢、参考文献、附录。

由于每篇论文的内容、形式和长短不同,上述三大部分九项内容,并不是每篇论文均要出现,可视具体情况适当增减。

(一)论文的首部

论文的首部一般包括论文的题目、著者姓名和工作单位、论文摘要和关键词这三项具体内容。

1. 论文的题目

题目又称标题、总题目。论文的题目应该既能概括整篇论文的中心内容,把握论文的基本论点和立意,又能引人注目,使读者由此可以初步判断有无阅读的价值。因此,题目用词要求确切、恰当、鲜明、简短,且一般不超过 20 个字。同时,还要考虑到所用的每一个词语都应有助于选定关键词和编制目录、索引等二次文献,可以提供检索的特定适用信息。有时,为了便于更充分地表现主要内容,可以在题目后面加上副标题。

2. 署名与工作单位

论文完成后,一般须在论文上签署作者的真实姓名及工作单位,这样既表示作者文责自负的认真态度,又反映研究成果的归属,也表示作者对论文所拥有的版权。署名以是否直接参加全部或主要工作,能否对研究工作负责,是否做出较大贡献为衡量标准。因此,通常以贡献大小作为署名顺序的标准。

3. 摘要、关键词

摘要,是论文内容不加注释和评论的简短陈述。它是论文基本思想的缩影,可作为论文的简要介绍。它一般是课题研究的意义、目的、方法、成果和结论的高度"浓缩"。摘要的写作要求是文字应完整、准确、简练,一般不超过 300 字;必须对原文作客观介绍,一般不加评论;要独立成文,表达要完整,使其可独立使用。

关键词,一般是从文献的标题以及摘要、正文中抽取出来的,它是对表述文献主体内容具有实际意义的词汇,也是标引文献主体内容特征的语言。因为这些具有实际意义的词汇对能否检索到该篇文献起到关键性的作用,故称为关键词。它是适应目录索引编制过程自动化的需要而产生的,在计算机情报检索中有着广泛的应用。近年来,很多刊物要求提供关键词 3~5 个,且要求另起一行,排在摘要之后的左下方。

(二)论文的主体

论文的主体包括前言、正文和结论这 3 部分。在论文的主体中,作者指出自己的观点,运用充分的论据,采取恰当的方法,进行严密的论证。这是论文不可缺少的部分。

1.前言

前言又称引言、序言,它是论文的开场白。一般包括课题研究的背景,研究这一课题的实际意义和价值。前言的内容一般包括:①选题提出的缘由和重要性;②对本文课题已有研究情况的评述,即介绍前人研究的进展、存在问题的情况以及有什么分歧等;③本文对本课题研究的目的,采用什么方法、手段,计划解决什么问题,在学术上和实践中有什么意义和价值。

2.正文

论文的正文是整篇论文的主体和核心,它体现学术论文的质量优劣和学术水平的高低。正文部分必须对研究内容进行全面的阐述和论证,包括整个研究过程中观察、测量、调查、分析的材料,以及由这些材料所形成的观点和理论。论文中的论点、论据和论证,都要在正文中得到充分的展示。为了使论述具有条理性,正文部分一般都划分为若干小节,每一小节都应有一个标题。正文部分撰写的基本要求是:有材料、有观点、有论述;概念清晰,论点明确,论据充分,论述严密,合乎逻辑,无科学性差错;叙述条理应清楚,文字通顺流畅,能用准确、鲜明、生动的词句和语言来表达。

3.结论或讨论

论文的最后,需要对正文所论及的内容做归纳小结,以便读者阅读该篇论文后,能加深对论文的概括了解,掌握其核心思想。论文结论可根据文章具体内容不同,分为如下三种常见写法。

第一,做出明确的结论。在全文的结尾,作者给出本文的明确结论。也即把论文中的观点或论点用肯定的、明确的、精练的语言,简洁地表达出来,包括用公式或定理的形式表达。这对全文起着画龙点睛的作用,是整篇论文的归结。

第二,讨论的形式结尾。有一些论文的结束语,作者采用讨论的形式,这是由于作者通过论文的叙述,感到有些问题需要与读者讨论交流,这是一种留有余地的做法。一般来说,用讨论式结尾有 4 种方法:①提出待解决的问题;②提出对某一数学命题的猜想、推测;③对一些数学问题、教育问题提出不确定的看法;④提出本文研究结果与他人研究结果的比较性看法。

第三,写结束语的形式结尾。有一些论文采用写结束语的形式进行结尾,写结束语就不能像下"结论"那样写得干脆、明确,也不能像"讨论"那样把一些主要问题列出进行讨论,而是将两者"合二为一",兼而有之。即既有结论性的意见,又有讨论、推论、建议等。中学数学论文中采用写结束语的形式作为文章结尾较为普遍。

(三)论文的尾部

论文的尾部包括致谢、参考文献和附录或英文摘要 3 个部分。

1.致谢

这是作者对完成研究或撰写论文起重要作用的人员,表示感谢而在论文的后面书面致谢。致谢不是每篇论文最后都需要的部分,可视情况而定。

2.参考文献

参考文献是指作者在撰写论文的过程中所引用的图书资料,包括参阅或直接引用的材料、数据、论点、语句,而必须在论文中注明出处的内容,如中外著作、期刊、学术报告、学位论文、科技报告、专刊和技术标准等。注明出处是论文科学性的要求,也是作者尊重前人或别人研究成果的具体体现,同时还可向读者或同行提供研究同类问题或阅读理解可以参阅的一些文献或资料。

《数学教育学报》对附注和所列参考文献就有这样的具体要求:正文后的注释及参考文献应完整、准确,注释序号用①、②……表示,参考文献序号用[1]、[2]……表示,各类注释及参考文献的书写格式为:

①专著:序号　主要责任者.书名[M].出版地:出版者,出版年:起止页码

②学位论文:序号　主要责任者.题目[D].保存地方:保存单位,授予年

③期刊文章:序号　主要责任者.题目[J].刊名,年卷(期):起止页码

④论文集中的析出文章:序号　析出文章主要责任者.析出文章题目[A]//原论文集主要责任者.原论文集名称[C].出版地:出版者,出版年,析出文章起止页码

⑤报纸文章:序号　主要责任者.文章题目[N].报纸名,出版日期(版次)

3.附录或英文摘要

附录是指因内容太多或篇幅太长而不便写入论文,但又必须向读者交代清楚的一些重要材料。有些内容列入正文撰写恐影响主体突出,为此在论文的最后部分用附录的方式进行弥补,主要包括有关座谈会提纲、问卷表格、测试题与评分标准、各类图表等。

文章到了最后还可以提供英文的题目、姓名、单位、摘要和关键词,以便论文进行国际交流和检索。这项工作要根据具体要求而定,有些刊物不需要则可以省略。

三、撰写论文的一般过程

撰写数学教育论文一般来说都要经历选题与选材、立纲与执笔、修改与定稿的过程。

(一)选题与选材

对自己所写的文章,是属于理论探讨方面、教材教法方面、解题方法技巧方面、教学经验总结方面,还是争鸣、综述方面,以及对所阐述问题的深度和广度等,作者首先要心中有数,有明确的研究方向和目的。

如果经查阅资料后,发现这是一个别人没有搞过的课题,固然会得到鼓舞,但这也意味着要在更大的范围内索取资料,并认真展开研究,在冷静地分析为何这是一个"空白点"后,再进一步核查、分析自己已取得的成果。如果确有突破,就应鼓足勇气钻研下去。

　　如果经查阅资料后,发现这是一个老课题,已有很多人做过探讨与阐述,也不要轻易否定,失去信心。在深入钻研这些资料的过程中,可以思考能否得到进一步启示和有新的见解,有无必要写出综述,有无必要进一步展开讨论。事实上,目前多数中学数学论文的选题一再重复,屡见不鲜,问题是你能否从类似的题材中以不同侧面,结合不同实例,根据不同对象的需要,写出一定的新意来,使观点更明确,方法更有效,实用性更强。

(二)立纲与执笔

　　选题选材确定后,如何进行执笔写作?这不仅有一定的方法技巧,也有一个文字功底的问题。首先要将内容、结构布局好,这与写普通文章一样,要先拟定一个写作提纲,如准备分几个部分,各个部分介绍什么问题,这些部分之间的关系如何,等等。这些都需要经过一番精心设计,使其结构严谨,层次分明,具有科学性、逻辑性。

(三)修改与定稿

　　论文写好后,往往需要有修改的过程。修改是写作的最后一道工序,是文章的完善阶段,是提高论文质量的重要环节。

　　修改论文,必须有严肃、认真的态度,做到引用资料翔实,推证无讹,有根有据,并虚心接受有关专家与同行的意见。如果一时没有找到合适的人员指导,也可将论文自行"冷处理",即先将论文初稿搁置起来,等过上一阵子,再拿出来修改,也许这时更容易发现其中的不足之处,而便于进一步修改提高。

　　综观数学教育研究论文,常见的问题有如下几种。

　　第一,论文题目不当。有的论文题目过大,涉及面过宽、过深,所定题目的容量超过了论文应有的限度,超越了研究者的能力水平,导致论证时面面俱到,但论述不深、不透,内容残缺,结构失衡。有的论文题目过小,仅限于某一个别事物的分析,限于"就事论事",难以从理论上进行充分探讨、发挥。有的论文题目用语陈旧或重复别人用过的题目,老生常谈,缺少新意。有的论文题目用词粗糙、冗长,或空泛、模糊、不确切,使读者不了解论文所论述的内容,抓不住中心和要领。

　　第二,观点不鲜明,重点不突出。有的论文对事物不加具体分析,一概论之,或断章取义,主观武断,导致观点上的偏颇或错误;有的论文抽象笼统,叙事不具体,条理不清晰,观点空泛,缺乏针对性;有的论文对中心论点提炼不够,没有把问题的实质讲清楚,抽象概括也不准确,观点含糊不清;有的论文过多地叙述工作过程,论据贪多且杂,众多的材料缺乏认真的整理、消化,导致中心论点不明显,重点不突出,论点不鲜明。

　　第三,论述不力,逻辑混乱。有的论文只有理论分析,没有任何事实支撑,论点无依据或依据不足;有的论文讲的道理正确,可论证的表述却过于笼统,概括不具体;有的论文中的观点与资料之间缺乏有机的联系,或观点不能统帅资料,或资料不足以证明观点的正确性,或缺乏严密的逻辑推理;有的论文中使用的观点与资料、论点与依据自相矛盾,"牛头不对马嘴";等等。

　　第四,词句不当,语言烦杂。有的论文词汇贫乏,文章枯燥无味,没有生气;有的论文用词不当,词序不妥,句子成分残缺,语句结构混乱,词不达意,语义不明;有的论文半文半白,故弄玄虚,令人费解;有的论文堆砌形容词,生造字词,乱用术语,使人烦腻;有的论文句子冗长,语言啰嗦;等等。

四、论文的格式规范化

论文写成后,其格式要求是:

第一,文字要规范,不可潦草马虎,滥用、误用简化字、异体字或生造汉字;文中的标点要准确;格式要统一(含文中的译文、阿拉伯数字及单位的使用),文字的字体大小前后要一致等。写完后认真校对,以防病、错语句。

第二,文稿要完整。

第三,论文章节标题层次及同级标题序码,必须层次分明,规格统一。除篇、章、节以外的分层码,可参照下列文字等级规格。

第一级:一、二、三;

第二级:(一)、(二)、(三);

第三级:1、2、3;

第四级:(1)、(2)、(3);

第五级:①、②、③。

还可增加拉丁字母 A、B、C……和罗马字母Ⅰ、Ⅱ、Ⅲ ……为序数。全文的章节、辅文、注文、参考文献的编排次序的数字必须统一,要防止序数与序数之间的混淆。

图、表的附注必须规范化,其要求是:

首先,绘制曲线图(包括结构图、示意图、方框图、流程图、记录谱图等),可参考以下习惯做法。

①绘图必须科学,线条必须准确无误,主次分明。且选用图必须少而精,附图标号必须和正文保持一致。

②除统计图和变化过程不呈现函数关系情况外,凡是具有连续变化规律的数据,均应画成光滑曲线。

③附图必须有简明的图题。

④图必须给读者以美的感受,照片图要求主要显示部分和主题轮廓鲜明突出,清晰美观。

其次,表达实验数据的表格应精心设计。制表时有以下习惯用法可供参考。

①实验结果已用图表示的一般不再列表。表中内容不必在正文中再作说明,应尽量避免重复。

②每个表要有序号和表的名称,且与正文中一致。

③表头各项目一般要有名称、代号和量纲单位。表内数据后不再附注单位。

④如有需要说明的细节,可用脚注列于表下。脚注序号用"(1)、(2)……"标于相关词的右上方。

其他有关表达实验结果的方法如下:如有照片和图版,均应经过精选,遇到有数字时,应该注意转行的规定,不要赘述不必要的中间运算和变化过程。

最后,正文中的公式、算式或方程等应编排序号,序号标注于该式同行(当有续行时,应标注于最后一行)的最右边。

较长的数式,另行居中横排。如式子必须转行时,只能在"+、-、×、÷、<、>"处转行。

上下式尽可能在"＝"号处对齐等。

五、毕业论文写作的基本要求

毕业论文又称学位论文,是学生用以申请授予相应的学位而提出作为考核和评审的文章。它体现了作者本人从事创造性科学研究而取得的成果和独立从事专门技术工作具有的学识水平和科研能力。由于论文写作的目的是获得学位,因而它具有不同于一般学术论文的特点、要求和价值。

(一)毕业论文的特点

毕业论文是高等院校毕业生在毕业前必须独立完成的一次作业和考核,是高等院校教学过程中的一个环节。它是一项比较复杂的学习、研究和写作相结合的综合训练,是学生在大学阶段全部学习成果的总结。高等师范院校数学教育专业的学生,在教师指导下通过撰写数学教育论文,受到了一次良好的教育科学研究的训练,获得了初步的教育研究和论文写作能力,可为今后的研究工作打下良好的基础。

国家学位条件中规定,本科毕业生要取得学士学位,必须达到以下两点要求:

第一,较好地掌握了本学科的基础理论、专业知识和基本技能。

第二,具有从事本学科科学研究工作和担负专门技术工作的初步能力。

学士论文一般都是在有经验的教师(讲师以上职称)指导下完成的。只有学士论文合格,方可取得学士学位。

(二)毕业论文的结构与要求

毕业论文的结构比一般学术论文的要求更完备,格式更严密。各院校根据实际情况,对其论文的格式设计略有不同,但大体上应由以下几个方面的内容组成。

1.封面与扉页

封面是毕业论文的外表面,能提供有用的信息,同时起保护作用。其主要内容有:①分类号。注明在左上角,其作用是便于信息交流和处理。一般应按照《中国图书馆分类法》的分类号进行标注。②本单位编号。③密级。④题名和副题名。⑤完成者姓名。⑥指导教师姓名、职务、职称、学位、单位名称及地址。⑦申请学位级别。⑧专业名称。⑨论文提交日期、答辩日期。

2.题名页

题名页是论文进行著录的依据。除应有封面和扉页的内容并取得一致外,还应包括单位名称、地址,责任者的职务、职称、学位、单位名称及地址,以及部分工作的合作者。

3.摘要

学士学位论文的摘要可以比较简短,其写法与学术论文摘要相同。

4.目录

由论文的章、节、条款、附录等的序号、题名或页码组成。

6.引言

引言的主要内容有:①选题理由,阐述论文的选题理由、意义和论文中心,要求能够反映作者对论文课题的研究方案的充分论证。②文献综述,其目的是考核学生检索、搜集文献资料后综述文献的能力,了解其研究工作范围和质量。它综合叙述关于本课题的产生、发展过程,既有历史回顾和关于学科概念、规律的理论分析,也有前景展望和前人所做工作的介绍,还要说明现在的知识空白。它要能够反映作者具有坚实的理论基础和系统的专门知识,具有开阔的科学视野和对文献综合、分析、判断的能力,从而展开作者在本学科发展上的见解。③学术地位,阐述本课题解决的具体问题及其工作界限、规模和工作量,说明本课题在本学科领域内的学术地位,能够反映作者在论文所属领域的学术水平。

7.正文、结论、致谢、参考文献、附录

这几部分的写作要求与一般学术论文基本一致。

(三)毕业论文的答辩报告

毕业论文的答辩是审查论文的一种补充形式,是对论文的最后检验,是对学生学术水平和研究能力的综合考核,也是学生再学习、再提高的一个过程。通过论文答辩,学生能够明确存在的问题及今后的努力方向,答辩结果是授予学位的主要依据。

论文答辩须在有领导、有组织的答辩会中进行。答辩前须提交答辩报告。答辩报告应该既是内容的简述,更是论文的提炼、充实和评析,应做到突出重点,抓住关键,简要清晰,逻辑性强。只有事先拟好答辩报告,并对应答情况有所准备,才能收到好的答辩效果。答辩报告的内容应包括以下7个方面:①选题方面,包括选题的动机、缘由、目的、依据和意义,以及课题研究的科学价值;②研究的起点和终点,即该课题前人做了哪些研究,其主要观点或成果是什么,自己做了哪些研究,解决了哪些问题,提出哪些新见解、新观点,主要研究途径和方法等;③主要观点和立论依据,即论文立论的主要理论依据和事实依据,并列出可靠、典型的资料、数据及其出处;④研究成果,即研究获得的主要创新成果及其学术价值和理论意义;⑤存在的问题,即有哪些问题需要进一步研究、探讨,并提出继续研究的打算和设想;⑥意外发现及其处理,即设想和研究过程中有哪些意外发现还未写入论文中,对这些发现有何想法及处理意见;⑦其他说明,即论文中所涉及的重要引文、概念、定义、定理和典故是否清楚,还有哪些需要说明的问题等。

第四节　数学教师专业发展模式实践探索

终身教育旨在整合各自资源,构建充分考虑社会与个人发展需要,具有持续而全面,有机而开放之特征的一体化教育体系。① 终身教育理念下的教师教育改革以整合资源促进教师专业发展核心要义。② 教师专业发展的核心是获得产生于处理复杂性和不确定教学情境过程的实践性知识,而关键在于如何形成有效的知识增长和更新的机制。③ 其中教育问题

---

① 高志敏.关于终身教育、终身学习与学习化社会理念的思考[J].教育研究.2003,24(1):79-85.
② 吴锋民.教师教育课程一体化建设的实践与思考[J].课程・教材・教法,2013,33(1):101-105.
③ 顾泠沅,周超.教师专业化的实践与反思:顾泠沅教授专访[J].苏州大学学报(教育科学版),2017(2):86-93.

的实践性、教师专业发展的自主性是保障专业发展的基本条件①,高校学科教学专家与一线专家型教师的引领与指导,是教师专业发展实现的保障。PSTE 成长共同体教师专业发展模式下的高校与中小学校多元合作运行机制与优质资源共享机制,是完成职后教师研训一体化,教师职前培养与职后培训一体化,深化落实教师专业发展的重要举措②。

一、PSTE 教师专业发展模式构建

(一)PSTE 教师专业发展模式

　　教师的专业发展贯穿于职前培养与职后进修全过程③,在这个过程中,除了小部分教师有很强的主观能动性与执行力,大部分教师需要外部条件的激发与推动,这里的教师主要指职前教师与一线非专家型教师,而推动者则主要是来自高等师范院校学科教学法教授与中小学一线专家型教师。为此,构建如图 9-1 所示由学科教学方向的高校教授(professor)、学生(student)、一线教师(teacher)及专家型教师(expert)组成的成长共同体(以下简称 PSTE 成长共同体)。其中专家型教师为省级中小学数学特级教师,学生为高校团队培养的数学专业师范生及学科教育(数学)方向的硕士研究生,一线教师来自研究团队发展学校、实践基地。PSTE 成长共同体中的高校教授与专家型教师分别作为一线教师与学生的理论导师与实践导师。

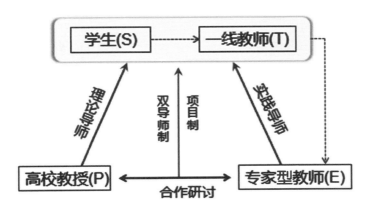

图 9-1　PSTE 成长共同体

　　教师专业发展的核心在于如何形成有效的知识增长和更新机制,教师专业发展机制即专业实践的改善机制。④ 经过多年与基础教育合作的实践尝试,以共同成长、追求卓越为目标,构建指向职前、职后教师专业发展的 PSTE 教师专业发展模式。如图 9-2 所示:从知识转化上看,即教师以数学知识为载体,协调各种知识,整合形成数学教学知识;从转化过程上

---

①　钟启泉.“教师专业化”的误区及其批判[J].教育发展研究,2003(4):119-123.
②　张伟坤,熊建文,林天伦.新时代与新师范:背景、理念及举措[J].高教探索,2019(1):32-36,110.
③　教育部师范教育司.教师专业化的理论与实践[M].北京:人民教育出版社,2003:72.
④　顾泠沅,周超.教师专业化的实践与反思:顾泠沅教授专访[J].苏州大学学报(教育科学版),2017
(2):86-93.

看,是教师以课例研究为载体,以一种"在行动中反思"的方式发现问题、形成假设、开展研究、采取对策的机制。[①] 该模式运行的契机在于从学科教学实践中发现的学科教学问题[②],教研员、特级教师等专家型教师对教师实践的改善发挥着难以替代的作用[③],而高校学科教学法专家们的加入则弥补了专家型教师在解决教学实践问题时,重经验轻实证存在的不足。

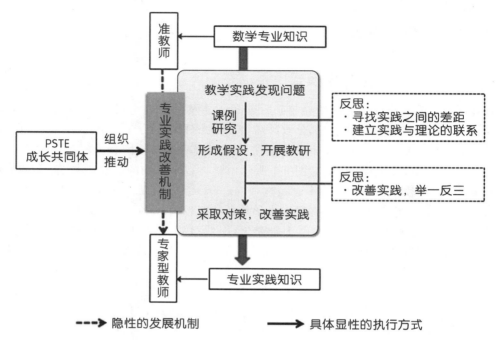

图 9-2　PSTE 教师专业发展模式

(二)PSTE 教师专业发展机制

1. 导师制引领教研方向,促进多方有效协同

"双导师"指高校教授(P)与专家型教师(E)分别作为理论导师与实践导师联合指导学生和一线教师(S 和 T)。一方面,为避免以往大学与中小学合作呈现的"三天打鱼,两天晒网"这种不稳定的合作关系,高校教育研究者以"挂职"的形式扎根进中小学(如"科研副校长"),长期指导该学校的科研工作。如此,不仅高校教育研究者可深入了解中小学一线教师的教学工作,更好地按其所需开展研究活动;且中小学教师的专业发展也能够系统地、可持续地进行下去。另一方面,借助高校与发展学校、实践基地的合作平台,邀请专家型教师加入 PSTE 教学共同体,即邀请几位专家型教师各自领衔成立名师工作室。结合名师教研兴趣与教师发展需求,每位名师皆与从教师发展学校、实践基地中选择的 6 名左右一线骨干教师结对。根据合作学校教师教学实践发现的问题,高校教授与专家型教师协商确定名师工

① 陈向明.实践性知识:教师专业发展的知识基础[J].北京大学教育评论,2003(1):104-112.
② 毋丹丹.论教师专业发展的特质及其实践路径[J].教师教育研究,2017(3):81-86.
③ 顾非石,顾泠沅.中国教研活动中教师发展指导者的工作框架[J].全球教育展望,2015(9):104-114.

作室的教研主题,协同指导工作室学员,围绕各自教研主题分阶段开展项目教研活动。

高校数学教育团队与名师工作室的专家型教师不仅分别以理论导师和实践导师的身份,在合作学校开展深度指导,与此同时,还通过组织研究生参与到各名师工作室定期的、合作学校不定期的数学教研活动中开展教育教学研究,在高校面向师范生联合开授教师教育类课程,落实教师教育双导师制。如邀请名师工作室负责人参与到师范生实践教育的名师示范、技能训练、模拟实训、专题讲座等环节,组织师范生以教育见习、实习的方式参与到名师工作室的教学研讨活动中。

2.以项目制为抓手,推进教研有序开展

为推动合作学校教研活动整体化有序发展,团队借助高校教研平台,采用项目制将各名师工作室的教研主题项目化。各工作室针对教育实践中发现的问题,与高校教授协商明确项目主题,进而形成研究假设,确定各阶段研究要点,制定研究框架,申报教研项目,高校教授组织评委评审立项,并对项目实施、绩效评价等环节进行指导与动态管理。如"初中数学拓展性课程开发与实施""中学数学课堂教学行为研究""中小学数学核心素养及教学研究""高中数学课程标准与教材研究"等项目。

在项目实施过程中,一方面,高校教授协同名师带领学员围绕项目主题,在合作学校定期、分阶段开展工作室内部、工作室之间的教学研讨与合作研究,并通过全国数学教育协会平台,为名师工作室定期开展科研、论文投稿方面的培训,从教学实践、研究等方面提升在职优秀教师的专业发展水平。同时,以点带面带动各合作学校与实践基地的一线教师参与各项教研工作。另一方面,引导高校数学学科教育硕士研究生到合作学校与实践基地开展研习,并参与到名师工作室开展的各项教研活动中。研究生收集、分析研究数据的同时,完成其学位论文数据搜集、撰写工作。高校教授在教研基础上协同各项目,结合研究结果提出教学问题对策,并付诸教学进行实践检验。

二、行动举措

在上述行动机制的推进下,具体行动举措如下。

(一)同课异构促进教师实践反思

教师专业发展机制即专业实践的改善机制,同课异构是优化教师专业实践性知识的有效途径之一。[①] 根据各名师工作室的项目规划,面向 PSTE 成长共同体中的"S"与"T",结合活动目的同课异构可分为 3 种类型。

第一类,新教师之间相互切磋,共同进步。组织合作学校教龄 5 年内的某位新教师与其他合作学校同样教龄 5 年内的新教师展示同一教学内容。课前,合作学校数学组各自集体备课,帮助新教师完善教学设计;课后,在高校教授指导下,双方教师讨论交流,共同成长。

第二类,请进名师,展示引领。首先,由合作学校的数学教师提出需求,可以是对某一类新授课课型的教学研究,可以是对某一重要教学内容的教学研究,也可以是对复习课、试卷

---

①　孙德芳.同课异构:教师实践知识习得的有效路径[J].天津师范大学学报(基础教育版),2012(3):22-24.

讲评课等的教学困惑。接着,邀请名师工作室的名师或其他优秀教师到合作学校与工作室骨干老师开展同课异构,合作学校其他教师在一旁观摩、学习,并将整个教学过程拍摄下来,方便以后再次观摩学习。课后,名师将与合作学校教师交流讨论,阐明自己的设计思想,同时合作学校教师亦可表达各自的观点与教学上的困惑。随后,团队带领教育研究生,再对实践过程加以理论分析,指导合作方教师总结经验以及接下来的工作。最后,在交流、研究过后,合作方教师继续进行教学实践,探索出符合自身学校实际的教学活动。

第三类,师范生先自己微格教学,后观摩同课名师教学。上述教研资源经上课老师同意后,可作为高校师范生教师教育资源。师范生针对给定课题,自行设计教学并在微格教室模拟上课,学科教学方向的高校教授在课堂中展示优秀教学视频,再现"同课异构",结合教研资源,落实教研反哺教学,促进师范生习得教师实践性知识。

(二)考察学习、开阔眼界

中小学教师的专业成长,仅把名师请进来展示课堂教学显然不够,教师还需要一个整体性的学习。所以,教师必须"走出去"学习,学习其他名校整个教学工作的运作过程,即所谓"开阔眼界"。"走出去"活动是根据合作学校学科教研需求,由理论导师负责联系在该方面有突出成果的名校学科教学团队。一方面,合作学校以团体出行的形式,学习名校的教学团队如何备课,如何上课,如何开展其他教学、研究工作和如何合作交流共同发展;另一方面,通过团队资源,让合作学校数学教研组组长通过短期挂职学习的形式深入名校学科教学各项工作,进行深度观摩学习。这为合作学校学科教学团队教研及教学实践能力的整体提升提供了一个较好的学习平台。不仅能让教师们开阔视野,敦促与时俱进;同时也给合作学校的教师提供了一个冷静思考的机会,即通过甄别比较,重新审视自身的教学、研究等现状,正视自身与名校、名师、优秀教学团队的差距,探索适合本校的学科教学发展之路。

(三)课题研究提升教师理论素养

协同科研与教学不仅是高校教授的职能[1],也是中小学教师专业成长的重要途径。依托 PSTE 成长共同体,指导一线教师积极开展项目制推动下的课题研究。课题研究素材一方面来自上述同课异构过程,即将教学及课后研讨过程全程录像,并收集好相应的教学设计、前后测,高校教授与名师指导研究生、工作室学员将上述素材围绕教师研究课题进行分析,研究结果亦能反馈教师解决教学问题。

该过程在培养研究生与工作室学员教学研究能力的同时,亦能帮助其从研究视角深化对教学的理解。在教学实践中开展研究,实质上是教师的反思性实践,是教师专业发展必由之路。此外,课题研究素材还来自于教师教学资源,如对数学的拓展性课程开发过程、实施案例的提炼研究,对数学的拓展性课程与基础性课程教材编写特征的研究,初中数学基础性课程教材与课标的一致性研究等。PSTE 成长共同体推动下的课题研究,不仅能提升一线教师与学科教育研究生的理论素养,为他们今后在校开展校本教研奠定基础,也有助于高校学者融合教学与科研,促进青年教师专业化成长。

---

① 张云选.教学、科研协同发展是重点高校建设的关键[J].云南大学学报(自然科学版),1996(S1):94-95.

（四）讲习合一，耦合教研理论与实践

为弥补教师培训理论有余、实践不足的情况，并避免出现以经验为主的校本研修模式，在上述教研活动的基础上，结合各项目学员的教学实践需求，理论导师在负责邀请专家型教师进行教学展示的基础上，邀请高校教授、一线专家型教师开展讲座、研讨会，对学员在教学实践中存在的问题，进行实践与理论相结合的教研培训，并指导教师开展后续教研。如在富阳 DW 小学，为解决学员在几何复习课教学中存在的困惑，邀请小学数学特级教师进校开设几何复习公开课，并在课后以讲座的形式，为学员介绍如何设计、实施几何复习课。这种"讲习合一"的教研形式由专家型教师亲身示范教学，并以此为基础及时进行归纳提升，获得了学员的一致好评。在多次的专家引领和研讨过程中，教师从各自角度观察、思考、交流分析，激发了研讨热情，在实践、反思、学习中不断提升教研水平，从而实现学校教师队伍教研专业水平的整体提升。

（五）共建、共享优质教育资源，反哺高校教学

高校教授与专家型教师带领本科师范生、学科教育研究生以见习、实习、研习的形式参与上述教研过程，指导研究生、本科生以课题研究或毕业论文的形式开展教学研究。同时，高校教授协同一线专家与教师，积极汲取优秀项目教研成果，共建、共享优质数学教育资源，出版数学教育课程高水平教材，反哺高等师范数学教育。如出版《数学课程与教学论》《初等数学研究》《数学方法论》等优秀教材，提升师范生理论素养与数学解题能力；通过开设双师课程，落实双导师制，实现以教研促教学，使学生在常态化学习中真正"卓越"起来，在促进师范生教师专业成长的同时，推进教师职前、职后一体化专业发展。

三、可见成效

（一）现场即时反馈，提高教师专业实践知识

教学具有较强的实践性、现场生成性；已有的研究结果也表明，教学现场是教师改善实践性知识的有效场域。[①] 上述教研活动无论是面向一线教师，还是师范生，都着眼于高校教授与专家型教师在教研过程中的现场指导、即时反馈。在做中学，在学中做，对教师在教研过程中发现的问题，双导师都给予现场及时指导。该过程能帮助一线教师与师范生在行动中形成反思，改善其实践性知识，同时适时组织师范生以见习、实习的方式参与现场教研过程，将教师教育着眼于教师现场教学经验，使师范生更好地理解理论与实践的关系，紧密联系大学指导教师教授的教育理论内容与教育实际，以改善其实践性知识。

（二）研训一体，促进教师教学行为转变

PSTE 教师专业发展机制是在教学实践的基础上，通过讲习、研讨、课题研究的方式，在合作学校形成科研、培训相结合的"研训一体"专业发展机制。通过教学实践（或观摩）后反

---

① 田景红,邓涛.美国德克萨斯州的教师教育改革:现场教学[J].外国教育研究,2002(11):62-64.

思交流,在专家指导下利用教育理论解读案例,解决课题研究中的问题等方法,新教师掌握了基本的教师技能,老教师冲破瓶颈,养成了思辨性实践的习惯,对教材、教学内容有自身独到的见解。同时,由于中小学教师感悟到"研究改进教学"的成效,便开始积极、主动地邀请高校教师走进中小学教学课堂,学习他们的研究方法,并将研究落实到日常工作中。教师的工作不再是简单的机械操作,而是在不断地创新,并在这种创新中体验惊喜与愉悦。

(三)职前职后一体,实现全程协同育人

基于终身教育思想和教师专业发展需要,教师职前、职后一体化培养已逐渐成为我国教师教育变革与转型的显著特征。[①] PSTE 成长共同体围绕教学实践中出现的问题,各项目组有组织地开展"研训一体"的系列教研活动。高校教授与专家型教师从各自视角出发提出建设性意见深入教学研讨,从而促进一线教师进行教学实践反思,促成共享的生成性对话。高校教授在指导工作室学员教研的同时,将收集的优秀案例、获得的教学研究成果通过建设教材,落实双导师制,实施"见习、实习、研习"一体化的实践教学等途径反哺于高校教学,本科师范生或学科教学硕士研究生从理论与实践相结合的案例与现场教学中获得专业发展。

终身教育理念下的教师专业发展旨在把原来相互割裂的各种教师教育、资源加以系统化。PSTE 教师专业发展模式充分考虑教师专业发展的自主性、阶段性、实践反思性等特征,以合作学校为载体,在双导师制与项目制的推动下,系统、有序地进行各项教学实践、研究、培训工作,并积极吸收优质中小学数学教研资源,建设高等师范数学教师教育课程,落实高校数学教育类课程双导师制,反哺高校教学。在研训一体化、职前职后一体化的推动下,促进学生与一线教师专业成长的同时,也促进教授与专家型教师的专业提升。

当然 ,仍有一些问题值得思考:比如由于教师在不同的职业发展阶段的需求不同,如何为不同职业发展阶段的教师提供不同的专业发展内容;再如,团队研究者有限,合作面窄,如何以点带面,扩大收益教师群体。

✱ 练习题

1.结合实际,谈谈开展数学教育研究以及撰写论文的意义。
2.结合当前中学数学教学实践,选择一个课题,并撰写课题申报书。
3.结合当前中学数学教学热点话题,撰写一篇论文。
4.结合自身情况,制定一份教师专业发展规划。

✱ 拓展阅读

[1]叶立军.初等数学研究[M].上海:华东师范大学出版社,2008.
[2]叶立军.数学方法论[M].杭州:浙江大学出版社,2008.

[①]　陈时见,王雪.教师教育一体化课程体系的构建与实施[J].教育研究,2015(8):109-112.